JN089441

前 島 良 弘 著

新版
看護を学ぶための
法と社会保障制度

生活者の健康を
主体的に支援するために

ふくろう出版

はじめに

　この本は、主にこれから看護師国家試験を受験する看護学生及び現職の看護職（看護師、助産師、保健師）を対象に書かれたものです。

　平成7年、看護師養成校で始まった「関係法規」の講師歴も今年で25年目を迎えました。年々より閉塞感が漂う社会保障制度に対しての積極的提言を加味して、満20周年を迎える年に改訂した「看護のための法と社会保障制度」を大幅に改編・改訂し、標記のような題で世に問うてみることにしました。もちろん、時の変遷の中で横の糸である「関係法規」に連関する様々な専門基礎分野である「公衆衛生学」「社会福祉学」「医療行政論」「社会保障論」なども意識しながら、"座学から現場へ"の橋渡しの教本となることを目標にしています。

　看護に携わる方々がリテラシーを強化するのは、対象となる生活者の社会的背景ひいては様々な社会制度の積極的な理解なくしては活動ができないからであることは言うまでもありません。（（看護職が）人々が生涯を通じて、健康や障害の状態に応じて社会資源を活用できるように必要な知識と基礎的な能力を養う内容とし、保健医療福祉に関する基本概念、関係制度、関係する職種の役割の理解を含むものとする—通達「看護師等養成所の運営に関する指導要領について」）。来たる2025年頃には、病床数、病院数が大幅に減少し、医師の数も多くの増加を期待できない状況で、看護職とりわけ看護師の果たす社会的役割は大きなものとなります。人間が人間らしく健康的に暮らす社会とは何か、またどうあるべきかについて、これまでの受け身的姿勢ではなく主体的に取り組まざるを得ない医療福祉環境になると予想されます。

　さりとて現状を激変させることは不可能な故、生活者を取り巻く社会制度とりわけ社会保障制度について具体的事例を用いながらあるべき形を模索した臨場感のある教科書に仕上げました。フランスの詩人のルイ・アラゴンの詩の一節を紹介しこの本の使用方法に代えたいと思います。「教えるとはともに希望を語ること、学ぶとは心に誠実を刻むことである。」

　本書の構成は以下の通りです。①学習の端緒となる社会生活上の事故事例及び我が国を取り巻く地球規模の課題とこれから学ぶ学問との関係を知る　②看護の対象及び看護者自身の人生の営みを鳥瞰する　③「国民衛生の動向」を反面教師にしてこの国のありのままの姿を直視する　④①〜③における具体的な課題を、関連する法規及び社会保障制度の概説の中で披歴する。

　より良い形を求めて追求する姿勢は変わりませんが、利用者各位の忌憚のないご意見をお待ちしております。

2019年（平成31年）3月

前島　良弘

新版　はじめに

　約２年前、四半世紀を経た講師歴の集大成としてこの教本を書きましたが、この度、時代の変化に沿うよう改訂することになりました。

　不安定要素を抱えつつ進んでゆく資本主義経済の中で、2019年に発生したCOVID19の影響を大きく受けた医療界、とりわけ感染症患者に寄り添う看護師には敬意を超えた、畏敬すら感じざるを得ません。奇しくも2020年は看護の母であるナイチンゲール女史生誕200年を迎え、さらなる発展進化を遂げるはずの業界にあって、離職が進むという嘆かわしい現象も散見されます。看護の社会性、看護師の社会的地位の向上について、今こそ看護のパワーを発揮するときかと思っているのは私だけではないはずです。

　政府は地域包括ケアシステムを来る2025年を目途にその推進をしていますが、informal serviceを合言葉により多くの負担が国民にのしかかってくるように思います。後期高齢者の医療保険負担割合の引き上げ、一部の介護保険サービスの国から自治体への移行などがその例です。そのために同じく2025年を目途に進んでいるのは看護労働者の確保です。医療の最前線で、国民への負担の圧力を受けるのは、患者や利用者だけでなく、利他愛を旨とする職業的に看護をする人たちです。

　法や制度を学ぶ意義は、看護の対象となる人たちの権利擁護だけでなく、労働者としての国家資格者：看護師自身の身を守るためであります。この新版で今一度それを実感する時間を共有しましょう。

2021年（令和３年）３月

目　　次

はじめに

第1編　総　　　論 ……………………………………………………………… *1*

第1章　学習内容の概要 …………………………………………… 2

第2章　看護の対象および看護者自身の人生と法律 ……………… 6

第3章　国家試験必出項目（重要な法改正）………………………… 8

　　1．健康保険法・国民健康保険法・高齢者の医療の確保に関する法律
　　　　【病気やけがで医療（診察、治療、投薬など）を受けるとき】　8
　　2．介護保険法【寝たきり、認知症で介護サービス
　　　　（要介護5段階・要支援2段階認定が前提）を受けるとき】　9
　　3．保健師助産師看護師法　10
　　4．看護師等の人材確保の促進に関する法律　12

第4章　生命の始期・終期を考える（法と倫理の狹）………………… 13

　4－1　生命の始期はいつか（生命はなぜ尊いのか）………………… 13

　　4－1－1　NIE：中絶胎児を「一般ごみ」を読んで考えよう　14

　　4－1－2　法制度の現状―以下の現行法規や制度等から論理を進めてみよう　16

　　4－1－3　科学による生命操作　18

　　　1．遺伝子治療（キーワード：異常と正常）　18

　　　2．生殖医療（生殖補助医療）（キーワード：いのちの始まり、自然の摂理、
　　　　bio ethics、幸福追求権、中絶の肯否）　19

　4－2　生命の終期はいつか（生命はなぜ尊いのか）………………… 22

　　4－2－1　脳死と臓器移植（人の死はいつか）

　　　　　　（キーワード：death care、grief care、embalming、

　　　　　　脳死は人の死か、延命優先主義）　22

　　4－2－2　法制度の現状　23

　　4－2－3　様々な死（安楽死、尊厳死、平穏死）

　　　　　　（キーワード：積極的安楽死の適法要件、

　　　　　　「終末期医療における要望書」、人称別の死）　25

　4－3　生命中間期における問題点――インフォームドコンセントと自己決定権 ……*28*

  1．インフォームドコンセント（informed consent）

   （キーワード：インフォームドコンセント、裁量権と説明義務、自己決定権） *28*

  2．自己決定権（L.M.D）（キーワード：宗教的輸血拒否、

   「輸血拒否と免責に関する証明書」、親権停止） *30*

第5章 看護行為の法的性格についての考察 ················· *32*

 5−1 看護行為の意義（関係する法律・条文・学説の渉猟） ················· *32*

  5−1−1 導入（看護職が学ぶのは生きた法律）（キーワード：静脈注射、

     内診行為、スキルミクス、アドボカシー） *32*

  5−1−2 看護行為に関係する重要な法律・条文 *34*

  5−1−3 看護行為の定義と学説 *36*

  5−1−4 看護行為が適法とされるための条件—法社会学的考察

     （キーワード：成育史に影響される生命倫理観、

     パターナリズム、マターナリズム） *38*

  1．倫理的適合性 *38*

  2．法的適合性（法社会学的看護行為論） *38*

  3．社会的適合性 *39*

 5−2 看護行為に関する重要な通達 ················· *40*

  1．看護師等による静脈注射の実施について *40*

  2．産婦に対する看護師業務について *41*

  3．医師及び医療関係職と事務職員等との間等での役割分担の推進について *41*

 5−3 医療現場を取り巻く法令遵守の要請 ················· *48*

 5−4 医療現場の法律関係と注意義務 ················· *50*

 5−5 注意義務違反の場合の責任 ················· *51*

  1．《事例1》「新人看護師の起こした事故」 *51*

  2．《事例2》「看護師の過失」 *53*

  3．《事例3》「末期医療における看護の役割」 *54*

 5−6 補遺（看護行為を理解するために必要な最低限の法律知識—

   憲法、民法、刑法等） ················· *56*

  5−6−1 法規の成り立ちとその種類 *56*

  5−6−2 憲法の重要事項との関係について

     （キーワード：自己決定権、幸福追求権、自然の摂理、公序良俗） *57*

  5−6−3 民法の重要事項との関係について

     （キーワード：委任契約、債務不履行責任、履行補助者、指導監督、

     不法行為責任、使用者責任） *61*

5－6－4　刑法の重要事項との関係について

（キーワード：業務上過失致死傷罪、保護責任者遺棄罪、

出生前診断の適・違法性）　*67*

5－6－5　行政法の重要事項との関係について　*73*

第6章　看護職・看護学生にとっての基本法 ……………………………… *74*

6－1　保健師助産師看護師法［制定：昭和23年7月30日、

最終改正：平成30年6月27日］ ……………………… *74*

6－1－1　逐条要諦　*74*

6－1－2　業務関係と業務分担　*110*

1．保健師助産師看護師法を中心とした、他の医療職との業務関係図　*110*

2．医療職の業務分担に関する現行法の状況　*111*

6－1－3　刑事処分と行政処分　*112*

1．保健師助産師看護師法上の刑事処分一覧　*112*

2．保健師助産師看護師法上の行政処分　*113*

3．行政処分後の現職復帰（業務再開）に関する事項　*113*

6－2　看護師等の人材確保の促進に関する法律

〔平成4年6月26日公布、平成26年6月25日最終改正〕 ……………… *114*

第2編　各論Ⅰ　看護に関連する法令の概説 …………… *123*

第7章　現行法規総覧 ……………………………………………………… *124*

第8章　衛生法規一覧 ……………………………………………………… *125*

1．基本　*125*　　2．保健　*125*　　3．予防　*126*　　4．医事　*126*

5．保険　*127*　　6．社会福祉　*127*　　7．労働　*128*　　8．学校　*128*

9．環境　*128*　　10．環境衛生　*128*

第9章　保健衛生法規 ……………………………………………………… *129*

9－1　概要 …………………………………………………………………… *129*

9－2　地域保健関係 ………………………………………………………… *130*

9－3　健康増進関係 ………………………………………………………… *132*

9－3－1　健康診査制度　*132*

9－3－2　母体保護関係　*133*

9－3－3　特定疾患・がん対策関係　*133*

9－3－4　栄養、生活習慣病関係　*133*

9－4　母子保健関係 ………………………………………………………… *135*

9－5　高齢者保健関係 ……………………………………………………… *136*

9－6　精神障害者保健関係 ………………………………………………… *137*

9－7　学校保健関係 ………………………………………………………… *140*

9－8　環境関係・放射能汚染関係 ………………………………………… *141*

　9－8－1　環境関係　*141*

　9－8－2　放射能汚染関係　*141*

9－9　その他の現代的問題 ………………………………………………… *141*

第10章　予防衛生法規 …………………………………………………… *142*

10－1　感染予防関係 ……………………………………………………… *142*

10－2　外来感染関係 ……………………………………………………… *146*

第11章　医事関係法規 …………………………………………………… *147*

11－1　医療法関係 ………………………………………………………… *147*

　医療法改正のポイント　*147*

　1．医療実施の場所　*147*

　2．医療関係者　*149*

第12章　薬事関係法規 …………………………………………………… *150*

　1．薬事一般　*150*

　2．医薬品副作用被害者救済　*150*

　3．薬事従業者　*152*

　4．取り締まり関係　*152*

第13章　環境衛生法規（保健所の業務内容） …………………………… *153*

　1．環境衛生―営業関係　*153*

　2．環境衛生―畜産衛生　*153*

　3．環境衛生―生活環境の整備改善　*154*

　4．環境衛生―墓地埋葬関係　*155*

　5．食品衛生関係　*155*

　6．予防衛生関係　*155*

　7．自然保護関係　*155*

第14章　公害関係法規（環境省の業務内容） …………………………… *156*

14－1　国内法関係 ………………………………………………………… *156*

14－2　地球環境問題 ……………………………………………………… *157*

第15章　労働関係法規 …………………………………………………… *158*

15－1　労働関係、産業保健関係 ･････････････････････････････････ 158

15－2　労働環境関係法規（社会基盤整備関係）･･････････････････ 161

第16章　学校関係法規 ･･ 164

第3編　各論Ⅱ　看護に関連する社会資源の概説 ･･････････ 167

第17章　社会保障制度の概説 ･･･････････････････････････････････ 168

17－1　概要 ･･･ 168

17－2　所得保障と医療保障 ･･･････････････････････････････････････ 171

1．所得保障（所得の喪失・中断・減少によってもたらされる
生活不安の予防と回復）　171

2．医療保障（傷病によって損なわれた健康の回復維持）（その1）　172

3．医療保障（傷病によって損なわれた健康の回復維持）（その2）　173

第18章　社会保険制度の概説 ･･･････････････････････････････････ 178

社会保険（医療保険）制度のポイント　179

18－1　医療保険制度 ･･･ 180

18－2　介護保険制度 ･･･ 182

18－3　年金保険制度 ･･･ 183

18－4　労働保険制度 ･･･ 184

18－4－1　雇用保険制度　184

18－4－2　労災保険制度　185

18－5　補遺（共済制度、訪問看護制度）･････････････････････････ 186

18－5－1　共済制度（特殊職域労働者の医療年金、労働に関する制度）･･･ 186

18－5－2　訪問看護制度　186

第19章　公的扶助制度の概説 ･･･････････････････････････････････ 189

19－1　法制度 ･･･ 189

19－2　NIE：「『お金ない』治療を断念」を読んで考えよう ･････････････ 192

第20章　社会福祉制度の概説 ･･･････････････････････････････････ 195

20－1　社会福祉の概要と歴史 ･･･････････････････････････････････ 196

20－1－1　導入　196

20－1－2　概括となる法制度　197

20－1－3　福祉制度の主な変遷　198

20 - 2 　児童福祉 ··· 201

　20 - 2 - 1 　法制度　*201*

　20 - 2 - 2 　NIE：「児童虐待　最悪2万8923人」を読んで考えよう。　*205*

　　　　　　NIE：「児童虐待　最多3万7000人（上半期）」を読んで考えよう。　*206*

20 - 3 　母子父子福祉 ··· 207

　20 - 3 - 1 　法制度　*207*

　20 - 3 - 2 　NIE：「ママの悩み　途切れぬ支援」を読んで考えよう。　*208*

　　　　　　NIE：「妊産婦の死因　自殺が最多」を読んで考えよう。　*210*

20 - 4 　障がい者福祉 ··· 215

20 - 5 　高齢者福祉 ·· 221

　20 - 5 - 1 　法制度及び現状　*221*

　　　2015年（平成27年）夏以降の介護保険制度改正のポイント　*223*

　20 - 5 - 2 　NIE：「報われぬ国―負担増の先に」を読んで考えよう。　*225*

20 - 6 　被災者福祉（災害対策と復興） ································ 227

20 - 7 　貧困者福祉 ·· 231

　20 - 7 - 1 　法制度及び現状　*231*

　20 - 7 - 2 　NIE：「生活困窮　なぜ救えなかった」を読んで考えよう。　*233*

20 - 8 　補遺（いわゆる社会的弱者に対する虐待（暴力）問題） ············· 234

　20 - 8 - 1 　法制度のまとめ及び国試対策上のポイント　*234*

　20 - 8 - 2 　今後の課題　*235*

第4編　各論Ⅲ　国家試験対策用資料 ····································· *237*

第21章　医療関連の手帳・記録 ··· 238

　1．医療関連の手帳　*238*

　2．医療に関する記録の保存期間　*238*

第22章　医療・福祉に関する施設一覧 ································ 239

　1．社会福祉関係　*239*

　2．保健衛生関係　*244*

　3．介護及び医療（看護）両分野共通　*246*

第23章　過年度出題精選問題演習（第107回～第109回） ············· *247*

第5編　附　論　看護を取り巻く社会の現況 ……………………… *303*

第24章　「国民衛生の動向 2020/2021」より抜粋 ……………………… *304*

　　1．人口静態　*304*

　　2．人口動態　*307*

　　3．健康状態と生活習慣病　*309*

　　4．医療保険・介護保険・公的扶助　*310*

　　5．社会保障給付費・社会保障関係費　*313*

第6編　附　論　看護行為の法社会学的一考察 ………………… *315*

第7編　資料集 ……………………………………………………… *325*

　　1−1　世界白地図　*326*

　　1−2　婚姻届　*327*

　　1−3　離婚届　*328*

　　1−4　妊娠届出書　*329*

　　1−5　死産届　*330*

　　1−6　死産証書（死胎検案書）　*330*

　　1−7　出生届　*331*

　　1−8　終末期医療に関する要望書　*332*

　　1−9　死亡届・死亡診断書（死体検案書）　*333*

　　1−10　輸血拒否と免責に関する証明書　*334*

　　2−1　国家試験願書（共通）　*335*

　　2−2　看護師国家試験受験　写真用台紙　*336*

　　2−3　保健師免許申請書　*337*

　　2−4　助産師免許申請書　*338*

　　2−5　看護師免許申請書　*339*

　　2−6　診断書（免許申請時　共通）　*340*

　　2−7　業務従事者届　*342*

　　2−8　籍（名簿）登録抹消（消除）申請書　*344*

　　2−9　臓器移植記録書　*345*

　　3−1　生活保護申請書　*346*

索引　*347*

参考文献　*356*

第1編　総　　　論

第1章
学習内容の概要

　—この本を使用するにあたっての留意点
　（講義を受けられる場合は"講義の導入"となります。）—

　看護師国家試験出題基準の「健康支援と社会保障制度」の分野は、日本国内にある憲法第25条（☞p.60）をはじめとする法制度をその範疇としています。本来なら現代日本の成り立ちから歴史的に紐解き解説するべきところですが、特に医療界における身近な諸問題に目を向け帰納的に今の日本の法制度、日本を取り巻く国際社会の確立したルールに目を向けることも肝要と考え講義の進行を考えました。一過的な表象的変化ではなく、質的な変化を捉える力が身につくよう編集しました。

　さて、本書の中に世界地図があります。その地図に様々な加工を施して、これから考えてゆく社会保障制度の根源的問題を大局的に捉えてみましょう。（なお、講義を受けられない方は、ふくろう出版まで問い合わせいただければポイントをまとめた世界地図をお送りいたします。）

☞p.326

　第二次世界大戦後、世界はその姿を大きく変えることになりましたが、ポイントは四つあります。①戦争による疲弊衰退の一途にあった一部の国々が競い合うように復興を遂げる中で、戦争の原因の一つにもなった化石燃料（石炭、石油等）の大量消費による地球規模の環境破壊についてです。②復興に伴う高度経済成長は引き返す勇気を手に入れることができず、効率性だけを追い求めることで環境破壊ひいては健康破壊を生んでしまいました。③広く戦争の犠牲となった多くの生命について振り返る時、生命はその誕生時に死への階段を上ってゆく運命を与えられます。人類の歴史は、いのちとどう向き合うかを考える歴史といっても過言ではありません。核兵器をはじめとする人類の脅威となるものは一向に無くなる気配はありませんが、いのちとどう向き合ってきたかの歴史を知ることは不確定要素の多くある歴史を検証するのに有益です。④環境、健康、生命を守るための地球規模的な取り組みが進み始めています。……看護職であれば国境人種を越えて活動する可能性を持つことから国家試験問題の出題が予想されます。

☞p.326

　我が国に焦点を当ててみると、1995年（平成7年）阪神淡路大震災、2011年（平成23年）東日本大震災、2016年（平成28年）熊本地震、2017～2018年（平成29年～30年）風水害など、近年想定できなかった災害が発生し多くの犠牲者を出すことになりました。また、2005年（平成17年）4月JR福知山線列車脱線事故で106名（運転士の方を入れると107名）の犠牲者を出すことになった事実も忘れることができません。さらに2019年（令和元年）末のCOVID19のパンデミックは人類史に残りますが、社会の様々な価値観の見直しを求めているように思います。看護師をはじめとする医療従事者が多くの命に向き合いあらためて災害医療、救急医療における医療の大切さを学ぶことになりました。一方で、社会の高齢化が進行し、国際社会すら想定できないレベルにまで高齢化率が上昇し、高齢者の定義を変える裏技まで登場するようになりました。被災者、高齢者だけでなく多くの社会的弱者が犠牲を強いられる社会であってはならないはずが、方向性が見えにくい資本主義経済の中ではむしろ単発的破綻の影響をいち早く受けることになるのはどこにその責めを求めればよいのでしょう。ともあれ看護が目を向けるのは、その多くが社会生活上の様々な事故に遭遇した社会的弱者であります。医療保険、介護保険をはじめとする社会保険や、医療・住宅・職業その他社会参加のための対人的サービスとしての社会福祉制度などの理解は治療の裏側にある見えない世界ですが、それを受ける側に立てば喫緊の課題でもあります。対処療法的解決はなしえても、根本的解決にまでは至らないのが現代社会の特徴の一つです。社会的弱者に寄り添う看護職にとって、このような社会保障システムを理解することは社会的責務の一つといえます。

　この社会保障システムと今後の国家試験の出題傾向をどのように有機的に理解するか、関連分野の指摘も含めて、次に指標を掲げますので共に考えてみましょう。

(1)　近年の社会情勢（社会保障問題を含む）の変化について

 ①　児童の保健福祉とりわけ児童虐待問題—小児看護学、母性看護学、社会福祉学

                  ☞p.203

 ②　母子保健福祉とりわけDV問題—母性看護学、小児看護学、民法学　☞p.212

 ③　認知症高齢者の増加とその擁護に関する問題—老年看護学、在宅看護学　☞p.221

 ④　医療・介護保険制度を利用する訪問看護の問題—在宅看護学、医療総論　☞p.186

 ⑤　精神障碍（がい）者に必要な社会資源—精神看護学、社会福祉学　☞p.137

(2)　国民の生活の様子や、医療における法と倫理の碩の問題といった身近な社会問題について

 ①　人口動態、人口静態、国民の生活基礎調査といった統計問題—公衆衛生学　☞p.304

 ②　貧困問題と社会保障、自死（殺）と社会福祉的問題といった社会と人間に関する問題

   生活保護制度と生活困窮者救済制度（☞p.189）—社会福祉学

   自死（殺）問題（☞p.141）—社会福祉学、精神看護学

   子どもと貧困問題（☞p.233）—小児看護学、社会福祉学

 ③　医療における法と倫理の連関—総合医療論

   脳死問題（☞p.22）

   性の同一性に関する問題（☞p.21）

   生殖補助医療問題（☞p.19）

   終末期医療にどう向き合うかといった問題（☞p.25）

(3)　看護職員の身分や労働環境について

 ①　保健師助産師看護師法—看護学概論、基礎看護学

  免許に関する義務、業務独占・名称独占の保護、臨床研修の義務、守秘義務、特定

  行為の研修・実施に関する規定の創設など　☞p.10〜p.11

 ②　看護師等の人材確保の促進に関する法律—看護学概論

  看護職の臨床研修に関する国・地方公共団体・病院等の開設者の責務

  病院等の離職時等の住所等届け出義務（ナースセンターの業務内容）　☞p.12

 ③　看護職の生活と人生設計としての社会保険制度—労働関係法

  産休—育児—職場復帰に関する制度（☞p.159、p.162）

  特に妊娠中の身分保障に関する制度—短時間勤務正職員制（☞p.162）

 ④　看護職の人としての生活と看護労働の問題—労働関係法

時間外労働問題、職場ハラスメント問題等雇用に関する問題―（☞p.161～p.162）

(4)　最近の法律（制度）の改正（改正予定）で注目すべきものは以下の通りです。

　①　障害者総合支援法―難病患者の保護を加えた。（☞p.217）

　②　医療保険制度―2019年4月から、70歳以上74歳以下の自己負担割合は原則2割

（☞p.8）

　③　介護保険制度―2018年8月から、1号被保険者の負担割合が所得に応じて3段階となる。（☞p.9）

　④　後期高齢者医療制度―保険料負担の引き上げ及び、自己負担割合の3分化が決定した。（2022年度中に実施）

　以上で、これから学ぶ「看護を学ぶための法と社会保障制度」の概要と、看護師国家試験対策の傾向と分析の導入は終わります。特に法律の改正に関しては、改正後1年を経過して出題されます。また、統計資料については、国家試験実施前年度出版の「国民衛生の動向」が参考になります。

　ただこの分野は、医療と同じく日進月歩で変化し、国の「税と社会保障の一体改革」の動向によっては大きくその変容を余儀なくされる恐れがあります。看護職の方は、リアルタイムの内容の再確認を行ってください。

第2章
看護の対象および看護者自身の人生と法律

2019年（令和元年）

主な時期	出来事	根　　拠	参照ページ
29.6歳	平均婚姻年齢（女性）		
31.2歳	平均婚姻年齢（男性）		
	婚姻⇒婚姻届	戸籍法	p.327
最終生理日	妊娠届提出→市町村	母子保健法	p.327
受精成立	母子健康手帳交付←市町村	母子保健法	p.207
（☞p.17）			
着床	妊婦・児童の保護開始	児童福祉法	p.201
3か月（8週）	胎児	母性/小児看護学	
	権利能力の始期	民法	p.16
4か月（12週）	死産届提出義務期間開始	死産の届出に関する規程	p.330
（22週）	人工妊娠中絶禁止期間開始	母体保護法	p.212
周産期医療期間開始（22週）			
7か月（24週）	死産児24時間後火葬埋葬義務開始	墓地埋葬等に関する法律	p.16
22週〜　　　　　：早　産			
37週〜41週6日　：正常産			
42週〜　　　　　：過産期			
周産期医療期間終了（〜産後7日満了未満）			
0歳	産前6週間、産後6〜8週間休業期間	労働基準法	p.159
	出生届→市町村	戸籍法	p.331
	医療保険加入（就学前までは2割の自己負担）	各種医療保険	p.8
	基本的人権の獲得	憲法	p.59
	予防接種適用開始（生後2か月〜13歳未満）	予防接種法	p.144
	少年法適用開始（〜14歳未満）	少年法	
	親権の発生	民法	p.202
	定期幼児健康診断（1歳半、3歳）	母子保健法	p.132
	臓器移植提供可能年齢	臓器移植法	p.22

年齢	事項	法律	参照
6 歳	就学前健康診断	学校保健安全法	p.132
7 歳	定期健康診断開始	学校保健安全法	p.132
	義務教育開始	学校教育法	
	医療保険加入（就学後は 3 割の自己負担）	各種医療保険	p.8
15 歳	遺言可能年齢	民法	p.66
	生産年齢人口加入年齢（15歳誕生日の次の 4 / 1 以降）	労働基準法	p.159
	義務教育終了	学校教育法	
18 歳	結婚適齢（男性・女性）―成年擬制（2022年.R4.4施行）	民法	p.62
	選挙資格取得	憲法、公職選挙法	
	国民投票（憲法改正）の投票権（平成30年 7 月 1 日以降）	国民投票法	
	社会情勢によっては前後の年齢基準に変更が生じる場合がある		
20 歳	成人（2022年より18歳となる）	民法	
	国民年金（老齢基礎年金）加入年齢	国民年金法	p.183
	喫煙・飲酒可能年齢	未成年者喫煙禁止法、未成年者飲酒禁止法	
40 歳	介護保険 2 号被保険者資格取得	介護保険法	p.9
	特定健診制度開始	高齢者医療確保法	p.132
45 歳			
50 歳			
60 歳	一部の老人福祉施設利用開始年齢	老人福祉法	
	国民年金加入期間満了（40年間）	国民年金法	p.184
65 歳	介護保険 1 号被保険者資格取得	介護保険法	p.182
	老年人口加入年齢（前期高齢者）		
	各種年金支給開始年齢	各種年金法	p.183
	〔寝たきりになれば後期高齢者医療制度の適用〕	高齢者医療確保法	p.8
	予防接種適用開始（B類疾病）	予防接種法	p.145
70 歳	医療保険窓口負担割合 2 割開始	各種医療保険	p.8
75 歳	後期高齢者医療制度開始	高齢者医療確保法	p.8
	医療保険窓口負担割合 1 割開始	高齢者医療確保法	p.8
81.41歳	男性平均寿命←平均約72歳から介護期間開始	介護保険法	
87.45歳	女性平均寿命←平均約75歳から介護期間開始	介護保険法	
死	死亡届→市町村	戸籍法	p.333

第3章
国家試験必出項目（重要な法改正）

1. 健康保険法・国民健康保険法・高齢者の医療の確保に関する法律
　【病気やけがで医療（診察、治療、投薬など）を受けるとき】 ····················· 8
2. 介護保険法
　【寝たきり、認知症で介護サービス（要介護5段階・要支援2段階
　　認定が前提）を受けるとき】 ················· 9
3. 保健師助産師看護師法 ··················· 10
4. 看護師等の人材確保の促進に関する法律 ··················· 12

1. 健康保険法・国民健康保険法・高齢者の医療の確保に関する法律【病気やけがで医療（診察、治療、投薬など）を受けるとき】☞p.180〜p.181

	若年者		前　期　高　齢　者		後期高齢者
	年少人口	*生産年齢人口*	*老年人口*		
年齢	0歳 〜義務教育就学前	義務教育就学後 〜65歳未満	65歳 〜70歳未満	70歳 〜75歳未満	75歳以上
(2019年令和元年人口) 総人口 約1億2,616万人	（約9,028万人）		約3,572万人		
	約1,521万人	約7,507万人	約865万人	約864万人	約1,843万人
窓口負担割合 （自己負担分）	2割	3割		2割	1割／2割 【注2】
				現役並み所得者は3割	
保険料負担	世帯主である被保険者 （65歳以上については制度間の医療費負担の不均衡の調整）				10%【注1】

【注1】後期高齢者医療費の財源は、公費（国：都道府県：市町村＝4：1：1）約50%、各医療保険（健保、国保等）被保険者の保険料約40%、高齢者の保険料10%

【注2】後期高齢者の自己負担割合が2割なのは、年金等収入の年間所得が200万円以上383万円未満のグループである。（2022年度中）

２．介護保険法【寝たきり、認知症で介護サービス（要介護５段階・要支援２段階認定が前提）を受けるとき】☞p.182～p.183

年齢	40歳～65歳未満（第２号被保険者）	65歳以上（第１号被保険者）
負担割合	原則１割【注１】（施設サービスのうち、標準負担額分の食費、居住費は自己負担【注２】）	
保険料負担	世帯主である被保険者（別途計算）	
賦課・徴収方法	医療保険料（税）【注３】	段階別定額保険料、特別徴収（天引き）他
保険証	認定を受けたか又は交付申請した人	65歳の誕生日前日の属する月に対象者全員
受給条件	特定疾病に罹患したとき	

【注１】第１号被保険者について、年金等収入が、～280万円未満：１割、280万円以上～340万円未満：２割、340万円以上３割（単身世帯の場合）となる。

【注２】生活保護受給者及び住民税非課税世帯（所得に応じて）には、特定入所者介護サービス費を支給して負担軽減。

【注３】介護保険財政は、公費（国：都道府県：市町村＝２：１：１）50％、保険料（１号23％、２号27％）50％

3．保健師助産師看護師法　☞p.74〜p.113

《平成18年6月改正・追加分―平成19年4月1日施行》★

（1）	第7条第1項	保健師免許申請要件	保健師国家試験合格＋看護師国家試験合格又は看護師免許
（2）	第7条第2項	助産師免許申請要件	助産師国家試験合格＋看護師国家試験合格又は看護師免許

要諦　看護師国家試験に合格していなくても、平成19年3月31日までに免許申請すれば、保健師国家試験合格のみで保健師免許、助産師国家試験合格のみで助産師免許が取得できた。しかし、同年4月1日以降に保健師免許、助産師免許を申請する場合は看護師国家試験に合格していることが最低必須条件となった。

（3）	第14条第1項 ☞p.80	行政処分の種類の改定	種類：戒告＜3年以内の業務停止＜免許の取消し 対象行為：第9条各号、品位損失行為（第14条第1項） 対象者：現免許所持者
（4）	第15条の2 ☞p.83	再教育研修	対象：行政処分を受けた者 ⅰ戒告処分を受けた者　ⅱ3年以内の業務停止処分を受けた者 ⅲ免許取消し処分を受けた者【注】

【注】取消し処分後、現職復帰（業務再開）を希望して再免許申請する時点で再教育研修を受けることになる。なお、免許取消し事由が消滅していること（第9条第1号、第2号及び品位損失行為違反者にあっては処分日から起算して5年間は再免許申請自体ができない。）、再免許付与に相応しい事情が存することが受講条件となる。☞p.83

（5）	第42条の3 ☞p.104	名称独占（全看護職）	保健師（第29条に既定）、助産師、看護師、准看護師

要諦　業務独占は、助産師、看護師、准看護師のみ。保健師の行なう業務である保健指導は、保健師に独占されない。

《平成21年7月改正・追加分―平成22年4月施行》★★

（1）	第19条、第20条	保健師・助産師国家試験受験資格	大学で学ぶ者は、1年以上修業することが条件【注1】
（2）	第21条	看護師国家試験受験資格	大学で学ぶ者は、卒業することが条件【注2】
（3）	第28条の2【注3】	臨床研修の努力義務化	免許取得後の臨床研修その他の研修を受ける努力義務

【注1】これまでの6ヶ月以上から1年以上へ改正　☞p.85〜p.87

【注2】これまでの3年以上から卒業が条件へ改正　☞p.87〜p.88

【注3】「看護師等の人材確保の促進に関する法律」の改正（☞p.114）と連係して理解すること。☞p.94

《平成26年6月追加分—平成27年10月施行》★★★

◇業務関係　☞p.99

（1）	第37条の2	特定行為について ①呼吸器（気道確保に係るもの）関連 ②呼吸器（人工呼吸療法に係るもの）関連 ③呼吸器（長期呼吸療法に係るもの）関連 ④循環器関連 ⑤心嚢ドレーン管理関連 ⑥胸腔ドレーン管理関連 ⑦腹腔ドレーン管理関連 ⑧ろう孔管理関連 ⑨栄養に係るカテーテル管理（中心静脈カテーテル管理）関連 ⑩栄養に係るカテーテル管理（末梢留置型中心静脈注射用カテーテル管理）関連 ⑪創傷管理関連 ⑫創部ドレーン管理関連 ⑬動脈血液ガス分析関連 ⑭透析管理関連 ⑮栄養及び水分管理に係る薬剤投与関連 ⑯感染に係る薬剤投与関連 ⑰血糖コントロールに係る薬剤投与関連 ⑱術後疼痛管理関連 ⑲循環動態に係る薬剤投与関連 ⑳精神及び神経症状に係る薬剤投与関連 ㉑皮膚損傷に係る薬剤投与関連	●手順書に基づいて特定行為を行う看護師は、指定研修機関において、特定行為の特定行為区分に係る特定行為研修を受けなければならない。 ●用語の定義： ・「手順書」：診療の補助（患者の病状の範囲、行為の内容、省令で定める内容）の指示内容を記載した文書又は電磁的記録 ・『特定行為』：診療の補助として省令で定めたもの 　（実践的な理解力、思考力及び判断力ならびに高度かつ専門的な知識及び技能が特に必要とされるもの） ・「特定行為区分」：省令で定めるもの ・「指定研修機関」：指定行為区分の指定行為研修を行う厚生労働大臣指定の学校、病院等 ・「特定行為研修」：手順書により特定行為を行うのに必要な研修のことで、省令で規定する基準に適合しているもの ●医道審議会の意見聴取 　「特定行為」「特定行為研修」に関する省令を規定、変更するときは審議会の意見を聴くこと
（2）	第37条の3	指定研修機関について	●指定研修機関としての申請、指定について ●厚生労働大臣の指定及び指定取り消しに関する医道審議会の意見聴取
（3）	第37条の4	厚生労働省令への委任	指定に関する事項について

◇雑則関係（第42条の4〜6）及び罰則関係（第45条の2）☞p.105、p.107

４．看護師等の人材確保の促進に関する法律　☞p.114～p.122

《平成21年改正分―平成22年４月施行》★★

（１）	第３条	基本指針	研修等による看護師の資質の向上
（２）	第４条、第５条	国及び地方公共団体、病院等の開設者等の責務（研修機会の確保義務）	「国等は…勤務する看護師の処遇の改善その他の措置に努め…病院等は…看護師に対する臨床研修等の機会の確保に努める」
（３）	第６条	看護師等の責務（主体的研修受講義務）	「研修を受ける等自ら進んで能力の開発及び向上に…努める」

《平成26年６月追加分―平成27年10月施行》★★★

（１）	第15条	業務の追加	●就業促進に関する情報提供、相談等の援助
（２）	第16条	見出し等改定	［公共職業安定所との連携］「都道府県（ナース）センターは、地方公共団体、公共職業安定所その他の関係機関との密接な連携の下に無料職業紹介事業業務を行わなければならない。」
（３）	第16条の２	情報提供について	●都道府県センターの、都道府県その他の官公署に対する情報提供の要求
（４）	第16条の３☞p.119	看護師等の届出義務	●病院等を離職等したとき（省令で規定）の、都道府県センターへの届出義務（努力義務）●届け出事項の変更の場合の、都道府県センターへの届出義務（努力義務）●届け出に関する病院等の支援について
（５）	第16条の４	秘密保持義務	●都道府県センターの役職員（含退職者の守秘義務）
（６）	第16条の５	業務委託等	●都道府県センターの業務（無料職業紹介を除く）委託（省令で規定）●受託業者及びその役職員の守秘義務

要諦　この法規は、看護職の臨床研修義務を規定する保健師助産師看護師法とともに看護職の労働環境を規定する重要なものである。

第4章
生命の始期・終期を考える
（法と倫理の硲）

４－１　生命の始期はいつか（生命はなぜ尊いのか）………………………… 13
　４－１－１　NIE：中絶胎児を「一般ごみ」を読んで考えよう ………………… 14
　４－１－２　法制度の現状―以下の現行法規や制度等から論理を進めてみよう ……………… 16
　４－１－３　科学による生命操作 …………………………………………………… 18

４－２　生命の終期はいつか（生命はなぜ尊いのか）………………………… 22
　４－２－１　脳死と臓器移植（人の死はいつか）………………………………… 22
　４－２－２　法制度の現状 …………………………………………………………… 23
　４－２－３　様々な死（安楽死、尊厳死、平穏死）……………………………… 25

４－３　生命中間期における問題点
　　　　──インフォームドコンセントと自己決定権 ………………………… 28

４－１　生命の始期はいつか（生命はなぜ尊いのか）

　看護師が行う看護行為は、その対象である人間の生と死という現実を避けては行なえないものである。およそ38億年かけて育まれてきた"いのち"の不思議の前に畏敬の念しか持ち得ないのであるが、人間が意識できない瞬間である"生"（誕生）と"死"（死亡）について考えることは、医療に関る者の責務であると意識すべきである。"いのちの尊厳性"について考えることは、人類の永遠のテーマでもある。
（キーワード：生命の萌芽　妊娠満22週未満　妊娠４ヶ月以後の死胎）

４－１－１　NIE：中絶胎児を「一般ごみ」を読んで考えよう

朝日新聞　2004年7月20日（火）（一部改変）

横浜の病院　2年前まで

中絶胎児を「一般ごみ」
手足切断し捨てる

妊娠12週以上

違法廃棄続く

　横浜市内の病院で、妊娠12週以上の中絶胎児を一般ごみとして捨てていたことがわかった。法律で火葬・埋葬することになっているが、一般ごみに紛れ込ませるために細かく切っていたという。12週以上の中絶を受け付けなくなった2年ほど前にやめたが、12週未満の胎児や胎盤については、朝日新聞が最近指摘するまで一般ごみとして捨て続けており、廃棄物処理法違反の疑いが強い。中絶という繊細な問題の陰で胎児の扱いに関する論議は深まっておらず、同種の問題を抱えた医療機関は少なくないとみられる。

　中絶胎児を切断していたのは横浜市中区の病院。横浜市と中福祉保健センターは廃棄物処理法と医療法に違反する疑いもあるとみて、同病院に関連書類の提出を求めるなど調査を始めた。

　人工妊娠中絶は、母体保護法に基づく通知で、22週未満であれば罪に問われない。一方、人の姿をした妊娠12週以上の胎児は、墓地埋葬法で「死体」として扱い、火葬・埋葬することになっている。

　同病院の元職員や複数の関係者によると、12週以上の胎児の中絶は、月に1、2度程度で、何年も続けられたという。元職員は「院長に命じられやむを得なかった。一般ごみに入れるために、胎児とわからないようにするのだと思った」と説明した。

　この元職員が、切断の時の様子を詳細に証言した。胎児は金属の盆に載せられて流し台に運ばれる。そこではさみで体や手足を切った。ある元職員は、心の中で「ごめんね」と繰り返し、作業を続けたという。母親に「赤ちゃんを見せて」と頼まれ、「血の塊だから」と言葉を濁す一方、院長が見ていないすきに切らずに捨てた胎児も多かったという。水子を供養するお守りを白衣に忍ばせていたという別の元職員は「仕事と割り切らざるを得なかった。でも慣れることはなかった」と話した。

　15週で中絶され、同院で切断されたという胎児の小さな手足を、元職員が「いずれ世に問うときが来る」とホルマリン容器で保存していた。

人間の姿をした胎児を切断したら死体損壊罪、捨てれば死体遺棄罪になるとの判例がある。

同病院では2年前から12週以上の中絶手術を中止したが、未満の中絶は続け、出てくる胎児や胎盤などをポリ袋で包み、一般ごみとして捨てていたという。

廃棄物処理法は、中絶胎児や胎盤などは、血液や体液を含んだ脱脂綿、注射針、臓器などと同じ「感染性廃棄物」として扱うよう定めている。密閉した容器に入れて許可業者に依頼し、焼却処分しなければならない。

院長は全面否定

院長は朝日新聞の取材に「（12週未満の胎児や胎盤などは）感染性廃棄物として適正に処理している。入院施設がないので、12週以上の胎児の中絶は以前から受け付けていない」と話し、胎児の切断や違法投棄について全面的に否定している。

規制不明確、見えぬ実態

解説

厚生労働省によると、国内の人工妊娠中絶は年間30万件（2018、平成30年：約16万件）を超えるが、中絶胎児の扱いについては明確な法制度がなく、実態はわかっていない。

妊娠12週以上の中絶胎児は墓地埋葬法で火葬・埋葬することになる。家族が引き取らない場合は、結果として医師が葬祭業者に扱いを依頼するが、仮に捨ててしまっても同法違反に問うのは難しい。刑法には死体遺棄罪があるが、通常ごみの中身が知られることはなく、医師が立件されることはまずなかった。

「死体」とはみなされない12週未満となると扱いはさらに不明確だ。厚労省母子保健課は「医療的な廃棄物」とするが、廃棄物処理を管轄する環境省は「倫理上の考え方もあり、直ちにごみとは言いづらい」。判断は自治体に預けられている。

ごみとして捨てる場合は廃棄物処理法で感染性廃棄物としての処理が義務づけられ、多くの自治体がそう扱っている。

一方、独自の条例で中絶胎児や胎盤などを感染性廃棄物とは別の専門業者に許可を与えて扱わせている自治体もある。

朝日新聞社の調べでは、北海道、東京、神奈川、愛知、三重、京都、大阪、兵庫の全国8都道府県だ。

それぞれの条例は元々、勝手に埋めたり売買したりすることがないよう、公衆衛生上の観点からつくられた。神奈川県では80年代、「廃棄物に統一してはどうか」と条例廃止の議論が

あったが、「12週に1日足りないだけで『ひと』が『ごみ』になるのはおかしい。胎児の尊厳にも配慮すべきだ」と存続が決まった。

　ただ、各地の条例も取り締まり対象を許可業者に限定しており、医師を規制するのは難しい。条例に反しても廃棄物処理法通りに処理していたら、どうなるのかもはっきりしない。

　総合科学技術会議の生命倫理専門調査会は13日、受精卵について「ひとの生命の萌芽（ほうが）」とする最終報告書をまとめた。中絶胎児は、さらに「ひと」に近いが、実際には「ひと」の扱いを受けていない実態がある。統一した法制度の必要性も含め、タブー視しない議論が必要だ。

4－1－2　法制度の現状─以下の現行法規や制度等から論理を進めてみよう

【死産の届出に関する規程】☞p.24、p.330
　第1条〔目的〕
　　この規程は、公衆衛生特に母子保健の向上を図るため、死産の実情を明らかにすることを目的とする。
　第2条〔死産、死児の定義〕
　　この規程で、死産とは妊娠第4月以後における死児の出産をいひ、死児とは出産後において心臓膊動、随意筋の運動及び呼吸のいづれをも認めないものをいふ。

【墓地、埋葬等に関する法律】
　第2条〔定義〕
　　この法律で「埋葬」とは、死体（妊娠4箇月以上の死胎を含む。）を土中に葬ることをいう。
　第3条〔24時間以内の埋葬・火葬の禁止〕
　　埋葬又は火葬は、他の法令に別段の定めがあるものを除く外、死亡又は死産後24時間経過した後でなければこれを行なつてはならない。但し、妊娠7箇月に満たない死産のときは、この限りではない。

【民法】☞p.62～
　第3条〔権利能力の始期〕
　　私権の享有は出生に始まる。
　第721条〔損害賠償請求権に関する胎児の権利能力〕
　　胎児は、損害賠償請求権については、既に生まれたものとみなす。

第783条〔胎児の認知〕

　父は、胎内にある子でも認知することができる。この場合においては、母の承諾を得なければならない。

第886条〔相続に関する胎児の権利能力の始期〕

　胎児は、相続については、既に生まれたものとみなす。

第965条〔第886条の遺贈の規定への準用〕

　胎児は、遺言に関して、受遺者となる。

【刑法判例】（刑法第199条関係）☞p.71

　「胎児が既に母体から一部露出した以上、母体に関係なく侵害を加えることが可能であり、殺人罪の客体としての人といえる。」（大審院判例　大正8・12・13）

課題①

　「生命の始期はいつか。」について、現行法規や制度を参考に、1,200字程度で論ぜよ。

【参考論文の抜粋】

　私の講義を受講して下さった多くの学生のレポートの中から、この課題を考察するにあたって参考になる論文の一部を抜露します。考察の一助にしてください。

「…精子と卵子が受精した瞬間、魂がどこかからやってきて、命が宿るのだ。そして、最後を迎えたとき、魂は別の世界へ行く。…」　　　（Aさん：B看護専門学校）

「…人間は神秘から生まれてきたのに、神秘に近づくことさえできない…」

（Cさん：D看護短大）

「…受精卵自体に、精神は存在していなくとも、精神活動の源となる物体であり、精神活動が存在することが人間の定義だとしても受精卵が生命の起源である…」

（Eさん：F看護専門学校）

「…科学の進歩により、命に対する畏敬の念が薄れていっているのではないか…医療・科学の発達は人間を進化させているのではなく、人間を退化させている…」

（Gさん：H看護短大）

「…人間は自分たちでコントロールできるようにきまりを作っている。…自分の存在を地球規模でとらえる価値観を養っていかなくてはならない…。生命に時間的にここから人といった区別は必要なく、生命は永遠であるととらえて、生命の尊厳ということに重きを置いて考えて…」　　　（Iさん：J看護専門学校）

「12週未満の胎児は未熟だが、命は既に宿っており、…神秘的な部分を人間が勝手に
　乱してはならない…。…二人の遺伝子を受け継いだ命には、人間として、人類がこ
　れからも続くことを願う本能がある…」　　　　　　　　（Ｋさん：Ｌ看護専門学校）

「…地球上の生物の生命活動には…子孫を残すための本能が組み込まれている…」
　　　　　　　　　　　　　　　　　　　　　　　　　　（Ｍさん：Ｎ看護専門学校）

「…子どもが生まれることはずっと前から確定していて、…別の場所からやってくる
　魂が宿った瞬間が生命の始まり…。…魂は、形はないが存在を示すことができる…
　それが生命である…」　　　　　　　　　　　　　　　　　（Ｏさん：Ｐ看護短大）

「…命そのものにはすでに存在しており、役割をもって初めて身体に宿り生まれ
　る…。…命の始まりと終わりはなく、身体の始まりと死だけが存在しており、この
　世やあの世での、命の輪廻で成り立っている…」　　　　　（Ｑさん：Ｒ看護短大）

「…受精が確立し、その細胞の核の中の遺伝子に魂が宿ったときにスタートし、…遺
　伝子の影響を受けながらゴールに向かって進み…身体が火葬されたときに魂は天へ
　と昇ってゆく…」　　　　　　　　　　　　　　　　　　（Ｓさん：Ｔ看護専門学校）

４－１－３　科学による生命操作

１．遺伝子治療（キーワード：異常と正常）

　遺伝子治療とは、人の体細胞の中に外からの遺伝子を導入する技術を応用する疾病の治療法である。遺伝子に欠陥がある遺伝子病のほかエイズなど感染症や癌などがその対象とされる。現代医療においてこの治療が許容される理由は「生命の尊厳を侵す要素がない」からで、実施可能となるための条件（注）のすべてがクリアーされていることである。しかし、治療の場面が生殖医療となる場合にその適法性、倫理性が問題となる。

　（注）遺伝子治療が許容される条件
　　①　体細胞に限定されること
　　②　治療が目的であること（異常を正常に近づけること）
　　③　他に治療の手段がないこと（生存の可能性、健康になる可能性を追求するのは個人の
　　　　幸福追求権として認められている）
　　④　治療法の安全性が確立していること
　　⑤　患者の同意があること

2．生殖医療（生殖補助医療）（キーワード：いのちの始まり、自然の摂理、bio ethics、
　　幸福追求権、中絶の肯否）

　一般的に生殖医療の問題点は、精子と卵子が受精する(1)前の段階(2)後の段階(3)成長途中で起こる性同一性障害の問題に分けられる。

(1)　受精する前の段階では、いわゆる不妊治療が問題となる。夫婦間の普通の性交渉によって受精卵が体内受精をすれば問題はなく、この受精卵が体外受精をし、その後人工授精をすることまでわが国の法律は否定していない（正確には規制する法律はない）。

　　ところが1950年：昭和25年頃、夫以外の男性の精子を用いた体外受精→人工授精による子の出生があって以来、①夫以外の男性の精子を用いた体外受精は許されるのか、②精子は夫のものでも卵子が妻以外のものを用いた体外受精は許されるのか、③精子は夫のもので卵子が妻のものでも体外受精によって第三者が出産することは許されるのか（いわゆる代理出産）、また、④代理出産が許されるとして、夫婦の実子としての出生届は受理されるのか、といった問題が生じてきている。

《配偶者間・非配偶者間の体外・体内受精に関する論点整理》
○：適法（夫婦以外の卵子や精子を使った不妊治療で生まれた子の親子関係を認める民法の特別
　　法案が国会で成立：2020年令和２年12月４日）

	卵子	精子	出産者（妻）	出産者（第三者）	論　　点
体外受精	妻	第三者	○		夫が同意すればよいが、遺伝的な父親との法律問題は残り、子どもが自分の出自を知る権利については、2022年以降に法律を整備する。
体外受精	第三者	夫	○		出産した女性を母親とする。
体外受精	妻	夫	○	×	最高裁判所決定（2007年３月）：「出産者が第三者の場合（代理出産）は、親子関係不認定」
体外受精	妻	夫	○		（ⅰ）冷凍保存していた夫の精子を夫死亡後受精させて生まれた子の認知請求が認められるか？ （ⅱ）受精卵移植ミスによる人工妊娠中絶の可否？
体内受精	妻	第三者	○		人工授精の可否
体内受精	妻	夫	○		なし

(2)　一方、受精した後の段階では、これまで、①人工妊娠中絶の是非が問題となっていたが、②羊水検査や絨毛検査といった出生前診断をして、障がいを持つ子を合法的に人工妊娠中絶することの是非や、③体外受精技術を用いた着床前診断による異常な受精卵の破棄の是非などが近年問題となっている。

《受精後の問題の論点整理》

①	人工妊娠中絶	人工妊娠中絶手術は、刑法第212条（堕胎罪）、同第213条（同意堕胎罪及び同致死傷罪）、同第214条（業務上堕胎及び同致死傷罪）、同215条（不同意堕胎罪）、同第216条（不同意堕胎致死傷罪）により、犯罪である。 　しかし、法の後法優越の原理（☞p.56）により、母体保護法第14条により、胎児が母体外で生命を保続できない時期に、手術によって胎児を母体外に排出することは違法性が阻却されて犯罪が不成立となる。 　堕胎罪等が不成立であっても、子（人）に対する殺人罪になるのではないか。 　いつを人の始まりと見るかによって諸説が分かれる。
②	狭義の出生前診断	母体保護法第14条は、出生前診断によって胎児が障がいを持つことが判明したという理由での中絶は認めていないが、経済的理由ではそれが可能になる。この法解釈でよいのか。
③	着床前診断 （受精卵診断）	出生前診断に比べて母体への精神的、肉体的影響が少ないことから、1990年代以降実施されてきた。 　生殖補助医療としての可否は、治療が目的かどうかによって判断が分かれる。また、法的規制がない。 　□ 遺伝性疾患（デュシャンヌ型筋ジストロフィー）：日本産婦人科学会は承認 　□ 習慣性流産：日本産婦人科学会は承認を検討中 　□ 男女の産み分け：禁止（「致死的な病気」でない）

(3)　さらに、出生後成長して行くなかで、自らの性に違和感を覚える性同一性障害による
性別適合手術（性転換手術）の是非も問題になった。一般的には、出生時に決まる生
物学的性（セックス）に対して、社会・文化的な性（ジェンダー）は３、４才で確立
されるが、その後の成長過程で自分の持つ解剖学上の性に違和感を感じるようになり
性別適合手術（性転換手術）によって反対の性になりたいと思うようになるのを性同
一性障害という。

WHO（世界保健機関）は、2019年（令和元年）５月17日、「国際疾病分類（ICD-11）」
の、「精神障害」の分類から性同一性障害を外し、「性の健康に関連する状態」という
分類の中の「性別不合」に変更した。（2022年（令和４年）１月１日に発効）

①　1998年（平成10年）10月16日、埼玉医科大学総合医療センターにて医療行為として
公認され、性別適合手術（性転換手術）が行われた。1999年（平成11年）には日本
精神神経学会が、性別適合手術（性転換手術）のためのガイドラインを発表、その
後、2004年（平成16年）「性同一性障害特例法」が成立した。

②　戸籍性別変更の要件は、①20歳以上　②結婚していない　③子供がいない　④手術
を受けた、であった。2008年（平成20年）６月には、「改正性同一性障害特例法」
が施行され、子供がいる場合に戸籍の性別が変えられなかった「子なし要件」が緩
和され、子供が成人すれば性別を変更することができるようになった。

③　また、2013年（平成25年）12月11日、性同一性障害で女性から男性に性別を変更し
た夫とその妻が、第三者との人工授精でもうけた子どもを嫡出子として戸籍に記載
するよう求めた裁判の決定で、最高裁第三小法廷は、「血のつながりがないことが
明らかでも夫の子と推定できる」として法律上の父子関係を認める初判断を示し
た。これにより、わが国の家族制度の在り方、生殖補助医療の是非などについての
議論を呼び起こしそうである。

④　2018年（平成30年）４月から、同手術に公的医療保険が適用されることになった
が、自由診療のホルモン療法を併用すると保険が効かなくなるといった問題も生じ
ている。

課題②
今後こういった生殖補助医療問題を考えるにあたっては、憲法第13条の幸福追求権に基づ
く人間の限りない欲望と科学技術の進歩との倫理的融合が、人間が生かされているこの自
然の摂理にどう適応できるかが解決の糸口になる。何れにしても国民的コンセンサスに基
づく正しい生命倫理観の確立とそれを保障する法整備が急務である。各自にその方策を論
じてみよう。

第４章　生命の始期・終期

4－2　生命の終期はいつか（生命はなぜ尊いのか）

4－2－1　脳死と臓器移植（人の死はいつか）
（キーワード：death care、grief care、embalming、脳死は人の死か、延命優先主義）

⑴　脳死とは「脳幹を含めた脳全体のすべての機能が非〈不〉可逆的に停止した状態」だが、これまで、脳死を確実に診断する方法と基準及び脳死を即個体の死と見なしうるか否か意見の一致がなかった。

⑵　「臓器移植法」改正案が、2009年6月に国会で可決成立（施行は2010年7月）し、15歳未満の児童であっても、本人に提供拒否の意思がないか、意思が明瞭でない場合は、家族が同意すれば移植が実質的に可能になった。しかし、以下のようにすべて問題点が解決したわけではない。

①　これまで15歳未満に臓器提供ができなかった法的根拠である民法の趣旨（遺言能力は満15歳以上）との解釈の整合性の問題。

②　長期脳死患者の扱いについては、脳死判定拒否権や臓器提供拒否権の留保で保護できるとした。

③　脳死判定方法について、年齢区分による明確な判定基準の確立。

④　児童虐待を受けた子の臓器提供を移植の対象外とする判断基準の確立。

参考例　（臓器移植法が、1997年：平成9年に施行される前の事例）

《事例》「平成8年10月、千里救命センターで、脳死判定後、心停止の後に臓器を摘出した件で、市民グループは『脳死後、臓器保存のための保存液注入によって心停止したので刑法第199条（殺人罪）に該当し、心停止後の臓器摘出は同第190条（死体損壊罪）に該当する』として告発した。事故死の場合の検死は「心臓死後」（警察庁の通達）に行うことになるから、本件を死体損壊容疑として立件しなかった。その後、刑事訴訟法第250条第5項2より3年の公訴時効にかかった。なお、「殺人容疑」の公訴時効は30年（2004年（平成16年）時効期間が改正された）なので捜査は継続中である。」

4－2－2　法制度の現状

【臓器の移植に関する法律（H9）】

1）法改正の経緯

　　1997年（平成9年）施行、1999年（平成11年）改正、2009年（平成21年）7月改正、2010年（平成22年）7月17日施行

2）基本理念

　　①　提供意思の尊重、提供の任意性　　②　移植の適切性

　　③　移植を受ける機会の公平性

3）臓器の定義

　　人の心臓、肺、肝臓、腎臓、内臓（厚生労働省令―膵臓、小腸）、眼球

4）脳死の定義（臓器移植を前提とした）

　　脳幹を含む全脳の機能の不可逆的な停止

5）臓器摘出条件（第6条）

> ①　死亡した者の書面による臓器提供の意思表示がある場合、
> 　ⅰ　遺族が拒否しないときにはできる。　　ⅱ　遺族がいないときもできる。
> ②　死亡した者が臓器を提供する意思がないことを表示している場合はできない。
> ③　死亡した者の意思が不明な場合は、遺族が拒否せず、書面により承諾すればできる。

　　④　脳死状態での提供が可能な施設に入院し、治療を受けていること

　　⑤　提供者（ドナー）と提供を受ける者（レシピエント）の年齢制限はない。

　　　※なお、厚労省は運用指針で、改正法施行まで「民法を参考に、15歳以上の意思表示を有効なものとして扱う」と通知していた。

　　⑥　親族に優先的に提供する旨の意思表示ができる。（配偶者、子、父母）

　　⑦　提供意思確認：提供意思カード記載、運転免許証の裏面記載、健康保険証の裏面記載等

6）意思表示に関する注意点

　　①　書面による方法であればいかなる形でも良い

　　②　記入後に意思が変わった場合は、その都度更新する

　　③　家族にその旨を伝えておくこと

　　④　脳死以外に、臓器の提供ができる場合は、「心臓が停止した死後」に、家族の書面による承諾があれば、膵臓・腎臓・眼球・組織（皮膚、血管、心臓弁、骨など）の提供ができる。

7）記録の保存　☞p.238

　　臓器移植記録（☞p.345）―5年

8）その他

　　①　臓器売買の禁止（対価としての利益供与の禁止）

　　　　※交通・通信費用、臓器の摘出・保存・移送の費用、移植手術費用は含まれない。

　　②　臓器提供にかかる斡旋の対価としての利益供与の禁止

9）今後の問題点

　　①　移植の前提として「臓器提供拒否権」「脳死判定拒否権」を認めたことは、長期脳死患者の問題を回避することになった。

　　②　脳死判定方法にも再検討の余地あり。

　　③　提供年齢撤廃に関して、民法との解釈の整合性をどうするか。

　　④　脳死を人の死とするのは臓器移植に限定するべきか。

　　⑤　6歳未満の子の脳死について、小児科医の40％は否定的。（2011.2.15　朝日新聞）

【死体解剖保存法（S24）】

【死産の届出に関する規程（S21）】　☞p.16

1）目的

　　「公衆衛生特に母子保健の向上を図るため、死産の実情を明らかにすることを目的とする」（同第1条）

2）死産の定義：妊娠4月以後における死児の出産（同第2条）

3）死児の定義：出産後心臓拍動、随意筋の運動及び呼吸を認めないもの（同第2条）

4）死産の届出（☞p.330）

　　記載事項　(1)父母の氏名　(2)父母の婚姻の届出直前の本籍（婚姻届出をしていないときは、死産時）　(3)死産児の男女の別及び嫡出子又は嫡出子でない子の別　(4)死産の年月日時分及び場所　等

5）届出義務者（届出人）：父→母→同居人→医師→助産師→その他の立会人

6）死産証書又は死胎検案書（医師又は助産師が記名捺印）を添付☞p.330

【死産届出、死産証書及び死胎検案書に関する省令（S27）】
【医学及び歯学の教育のための献体に関する法律（S58）】
【再生医療等の安全に関する法律（H25年11月）】

４－２－３　様々な死（安楽死、尊厳死、平穏死）
（キーワード：積極的安楽死の適法要件、「終末期医療に関する要望書」 ☞p.332、人称別の死）

　人の終末期の定義及びあり方、医療現場で迎える終末期に関しては、患者のQ.O.Lをどう臨床の現場で実現するかという問題と同時に解決しなければならない。特に、ホスピスにおける尊厳死などは、緩和ケアなどターミナルケアのあり方を考える上で重要な課題となる。☞キューブラー＝ロス「死の受容のプロセス」

(1)　**安楽死の定義**：激烈な肉体的苦痛のある末期患者に対して、肉体的苦痛を除去・緩和することによって安らかに死に致す行為

《安楽死の分類と論点》

分　　類	定　義　及　び　論　点	評　　価
純粋な安楽死	医学的な苦痛除去処置が生命の短縮を伴わない場合	適法
不作為による安楽死	積極的な治療・延命処置をせずに生命を短縮させる場合	適法 ただし、患者が治療処置について、明示的に拒絶している場合、医師には診療契約上の治療義務はない。
間接的安楽死 （狭義の安楽死）	医学的な苦痛除去処置の副作用として、生命が短縮される場合	原則適法 医師の治療行為が適法であれば合法 ただし、麻酔剤によって生命短縮の危険性が加速する場合は違法の可能性あり。
積極的安楽死	医学的な苦痛除去処置が直接的に生命を絶つ場合（注１）	違法（注２） 刑法第199条（殺人罪） 刑法第202条（嘱託殺人罪）に該当。

（注１）致死量の塩化カリウムの静脈注射、致死量の青酸カリの投与

（注２）積極的安楽死が適法と解釈されるための要件についての裁判所の判断基準

　　　　―東海大学附属病院事件における横浜地方裁判所の判断―平成７年３月28日

　　　　　①患者が耐え難い激しい肉体的苦痛に苦しんでいること

　　　　　②患者の死が避けられず、かつその死期が迫っていること

　　　　　③医師により苦痛の除去・緩和のために容認される医療上の他の治療手段が尽くされ、他に代替手段がない事態に至っていること

　　　　　④生命の短縮を承諾する患者の明示があること

第4章　生命の始期・終期

(2)　**尊厳死の定義**：患者の意思（治療処置の拒否）を前提に、植物状態を含む人格性を損失した状態に対して、死期をいたずらに引き延ばすに過ぎない医療的干渉を差し控える行為

(3)　**平穏死**—NIE：「胃ろうやめ平穏死」を読んで考えよう。

2011年6月30日付読売新聞夕刊「いやす」

胃ろうやめ平穏死
—石飛幸三さんに聞く—

『「平穏死」のすすめ（講談社）』を昨年2月に出版した、特別養護老人ホーム常勤医の石飛幸三さんは、終末期の高齢者には過剰な水分や栄養補給を控え、穏やかな最期をと訴え続けている。（藤田　勝）

——本は4万5000部も売れたそうですね。

　予想外です。出版社は「2000部いけばいい」と言っていましたが、出版後、全国から講演に呼ばれて、もう100回近くやりました。来年1月まで予定が入っています。

——反響の理由は？

　40年以上も外科医として働いた人間が、自身も高齢になり、人の最期を考えようと老人ホームで働いた。そして延命と正反対のことを書いた。それが興味を持たれたのかなとも思いましたが、実は、みんなが感じていたことを書いたからだと思います。出版後、「よく言ってくれた」というメールがいっぱい来ました。

——老衰で食べられなくなったら、人工的な水分や栄養の補給は控えて、枯れるような最期を迎えることを勧めていますが、「年寄りの命を粗末にするな」との批判はなかったですか。

　覚悟していましたが、全くありません。口から食べられないというのは老衰の終点、生物体の最期です。そうなった時に胃ろう（腹部に穴を開けて管で栄養剤を直接入れる方法）を望むか、と聞けば大抵の人は嫌がります。胃ろうをよく知る医療関係者も大半が「ノー」です。

　ところが、口で食べられなくなると、胃ろうが当たり前のように行われています。自分が嫌なことを、人にするのは倫理にもとります。医師は医療放棄を訴えられるのが怖くて、責任を先送りしています。

――水分や栄養の補給をしないことは、餓死させることではないですか。

　食べられないから死ぬのではないんです。人生の終焉（しゅうえん）を迎えようとしているのに、食べさせないといけないと思うのが間違いです。水分も栄養も要らない人に与え過ぎれば、体の中がおぼれたような状態になり、逆に本人を苦しめます。

　もちろん、リハビリ時に一時的に使うなど、意味のある胃ろうもあります。でも胃ろう患者の７割以上は、食べる力が回復することはありません。

――１日でも長生きして欲しいと願うのは、家族なら当然ではないですか。

　胃ろうで長く生き延びたとして、どれだけ意味のある延命になるのか、が問題です。「息をしているだけでいい」という気持ちは分かりますが、自分が寂しいから頑張らせている面はないでしょうか。本人はどうしたかったのでしょう。

――人の死期は見極められるのですか。

　人の死期は、こちらが決められません。素直に自然な経過を見守ればいいのです。食べなくなり、何も与えなければ、ずっと眠り続けるうちに、余計な水分はなくなり、いつの間にか、枯れるように穏やかに亡くなります。それが平穏死です。それを、医師が我が身かわいさで水分を与えたら、全く穏やかではない「不穏死」になってしまいます。

課題③

　4－1で生命の始期がいつであるか考えたプロセスを参考に、「生命の終期がいつであるか。」、様々な死の実態を通して考えよう。死の兆候、心臓死、脳死、自然死、病死、不慮の事故死、自死といったキーワードを用いて、1200字程度で論ぜよ。

4-3　生命中間期における問題点──インフォームドコンセントと自己決定権

1. インフォームドコンセント（informed consent）（キーワード：インフォームドコンセント、裁量権と説明義務、自己決定権）

(1) 第二次世界大戦中ヒットラー率いるナチス・ドイツが行なった人体実験に対して連合国が1945年ドイツのニュルンベルグで行なった国際軍事裁判の中で承認された諸原則（「ニュルンベルグ宣言（綱領）」）の中のひとつの「人道に対する罪」の規定の中に初めて登場した。このとき人体実験において被験者の同意が絶対的条件であると認められたのである。その後、1975年世界医師会において、「ヘルシンキ宣言」（☞p.326）として採択された。

(2) この考え方をいち早く取り入れたアメリカにおいては、当初医療裁判における医療者側の免罪符に代用された経緯があるが、この法理は、医学的処置や治療に先立って、それを承諾し選択するのに必要な情報を医師から受ける患者の権利として、医療における人権尊重上必須な概念として各国に普及した。これまで我が国では、患者の医療者側に対する全幅の信頼を前提とした父権主義が根強くあり、この法理が定着するには時間がかかった。しかし、憲法第11条（基本的人権）（☞p.59）の新しい権利としての「知る権利」、同第13条（個人の尊厳）（☞p.59）の「幸福追求権」に存在根拠をおく患者の自己決定権（Let me decide）を保障する重要な概念として国民的コンセンサスを得つつある。

(3) しかし、患者の「知りたくない権利」との関係において医療者側の診療義務（説明義務）をどこまで認定するか、また自己決定権を尊重するあまり患者側に思わしくない結果が生じたときに責任を転嫁する方策に利用される危惧はないかなど、告知する側（医療者側）と承諾する側（患者側）との対峙関係の中で「裁量権」と「自己決定権」とのバランスをどう取り持つかが今後の課題として残る。

5-3（☞p.48）で扱うcomplianceのところで再考してみよう。

考察　　　《裁判事例　①》平成15年6月12日最高裁判所第1小法廷決定

　乳ガンの手術で、乳房を摘出された女性が、開業医に「乳房温存療法（病巣を切除によらず治療する方法）を説明すべき診療契約上の義務を怠った」として、損害賠償を求めた裁判で、最終的に最高裁判所は「乳がんの手術に当たり、当時医療水準として確立していた胸筋温存乳房切除術を採用した医師が、未確立であった乳房温存療法を実施している医療機関も少なくなく、相当数の実施例があって、乳房温存療法を実施した医師の間では積極的な評価もされていること、当該患者の乳がんについて乳房温存療法の適応可能性のあること及び当該患者が乳房温存療法の自己への適応の有無、実施可能性について強い関心を有することを知っていたなど判示の事実関係の下においては、当該医師には、当該患者に対し、その乳がんについて乳房温存療法の適応可能性のあること及び乳房温存療法を実施している医療機関の名称や所在をその知る範囲で説明すべき診療契約上の義務（乳房は女性を象徴するもので、医師は患者の精神や家庭生活の質の向上にも配慮し、本人に選択の機会を失わせないように）がある。」として医師の説明義務を認め、不法行為によって患者の自己決定権を侵害したので損害賠償義務を負うと認定した。

《裁判事例　②》平成17年9月8日最高裁判所第1小法廷判決

　骨盤位（逆子）と診断され、帝王切開術を希望したのに、医師が自然分娩を決定し、長男を出産したが仮死状態で生まれ約4時間後に死亡した。帝王切開術を強く希望していた夫婦に経腟分娩を勧めた医師の説明が、同夫婦に対して経腟分娩の場合の危険性を理解した上で経腟分娩を受け入れるか否かについて判断する機会を与えるべき義務を尽くしたものとはいえず、医師の不法行為によって自己決定権を侵害されたとして損害賠償請求訴訟を起こした事例。

　最高裁判所は、「帝王切開術を希望するという上告人らの申出には医学的知見に照らし相応の理由があったということができるから、被上告人医師は、これに配慮し、上告人らに対し、分娩誘発を開始するまでの間に、胎児のできるだけ新しい推定体重、胎位その他の骨盤位の場合における分娩方法の選択に当たっての重要な判断要素となる事項を挙げて、経腟分娩によるとの方針が相当であるとする理由について具体的に説明するとともに、帝王切開術は移行までに一定の時間を要するから、移行することが相当でないと判断される緊急の事態も生じ得ることなどを告げ、その後、陣痛促進剤の点滴投与を始めるまでには、胎児が複殿位であることも告げて、上告人らが胎児の最新の状態を認識し、経腟分娩の場合の危険性を具体的に理解した上で、被上告人医師の下で経腟分娩を受け入れるか否かについて判断する機会を与えるべき義務があったというべきである。」と判断し、患者の請求を認めた。

2．自己決定権（L.M.D）（キーワード：宗教的輸血拒否、「輸血拒否と免責に関する証明書」、親権停止）

　前項で述べたインフォームドコンセントの法理を患者側で指示する権利のことを「自己決定権」という。ここでは、具体的な裁判事例にその法理を見る。

《裁判事例　①》平成12年2月29日最高裁判所第3小法廷判決
　宗教上の信念からいかなる場合にも輸血を受けることは拒否するとの固い意思を有している患者に対して医師が、ほかに救命手段がない事態に至った場合には輸血するとの方針を採っていることを説明しないで手術を施行して輸血をした場合において医師の不法行為責任が認められた事例。
　最高裁判所は、「医師が、患者が宗教上の信念からいかなる場合にも輸血を受けることは拒否するとの固い意思を有し、輸血を伴わないで肝臓の腫瘍を摘出する手術を受けることができるものと期待して入院したことを知っており、右手術の際に輸血を必要とする事態が生ずる可能性があることを認識したにもかかわらず、ほかに救命手段がない事態に至った場合には輸血するとの方針を採っていることを説明しないで右手術を施行し、患者に輸血をしたなどの事実関係の下においては、医師は、患者が手術を受けるか否かについて意思決定をする権利を奪われたことによって被った精神的苦痛を慰謝すべく不法行為に基づく損害賠償責任を負う。輸血する可能性のある手術を受けるか否かについて意思決定する権利を奪ったことについては、医師が患者の自己決定権を尊重するためにどんな治療を行い、それにはどんなリスクが含まれるかを説明する義務があるにもかかわらずそれを履行せず、また自己決定権は、私的な医療契約上の権利にとどまらず、憲法13条（個人の尊厳）の幸福追求権から導かれる人格権として認められるので、病院及び医師に損害賠償責任がある。」と判断し、医療者側は患者の信念（自己決定権＝意思決定権）を尊重すべきと判断した。

《裁判事例　②》昭和60年12月2日大分地方裁判所決定
　左足大腿骨の骨肉腫の転移防止のための切断手術に必要な輸血に関して、宗教（エホバの証人）上の理由により拒否する息子に代わり、その両親が手術をする病院に対して、輸血を含めた医療行為の委任の仮処分を申請した宗教上の輸血拒否者の両親からの輸血委任仮処分申請事案に対して、大分地方裁判所は、「真摯な輸血拒否は、患者の意思として尊重されるべきものである。」として、両親からの仮処分申請を却下した。

課題 上記2件の裁判例はいずれもエホバの証人の輸血拒否事案であるが、輸血拒否とその結果に関する医療者側の責任免除に関して問題点を指摘しておく。

（ⅰ）輸血拒否の意思あるいは判断能力の基準年齢を何歳におくか。

（ⅱ）信仰上の輸血拒否を患者の意思として認めることができるのか。

（ⅲ）本人が意識不明又は幼少である時、親が自己の信仰に基づいて、本人への輸血を拒否できるか。

（ⅳ）本人が意識不明になる前に、輸血拒否の意思表示をしている場合その意思表示は有効か。

（ⅴ）輸血拒否の意思表示に反して治療をした場合の医師の責任はどうなるのか。

（ⅵ）輸血拒否の意思表示に従った治療をした場合の医師に責任はどうなるのか。

参考 さらに学習を深めたい場合は、「宗教的輸血拒否に関する合同委員会報告」（2008年2月28日）で示された宗教的輸血拒否に関するガイドライン及び"輸血拒否と免責に関する証明書"（☞p.334）を参考にして下さい。

第4章　生命の始期・終期

第 5 章
看護行為の法的性格についての考察

5－1　看護行為の意義（関係する法律・条文・学説の渉猟）……………………32
　　5－1－1　導入（看護職が学ぶのは生きた法律）………………………………32
　　5－1－2　看護行為に関係する重要な法律・条文………………………………34
　　5－1－3　看護行為の定義と学説…………………………………………………36
　　5－1－4　看護行為が適法とされるための条件―法社会学的考察……………38
5－2　看護行為に関する重要な通達…………………………………………………40
5－3　医療現場を取り巻く法令遵守の要請…………………………………………48
5－4　医療現場の法律関係と注意義務………………………………………………50
5－5　注意義務違反の場合の責任……………………………………………………51
5－6　補遺（看護行為を理解するために必要な最低限の法律知識―
　　　　憲法、民法、刑法等）………………………………………………………56
　　5－6－1　法規の成り立ちとその種類……………………………………………56
　　5－6－2　憲法の重要事項との関係について……………………………………57
　　5－6－3　民法の重要事項との関係について……………………………………61
　　5－6－4　刑法の重要事項との関係について……………………………………67
　　5－6－5　行政法の重要事項との関係について…………………………………73

5－1　看護行為の意義（関係する法律・条文・学説の渉猟）

5－1－1　導入（看護職が学ぶのは生きた法律）（キーワード：静脈注射、内診行為、スキルミクス、アドボカシー）

(1)　看護学生が法規に触れる場面は、法学系の科目だけでなく、基礎看護学、小児看護学、母性看護学、成人看護学、老年看護学、精神看護学、在宅看護学、看護管理学、倫理学、総合医療論など枚挙に暇がないほど多い。各科目が縦の糸であるとすれば、「法規と社会保障制度」は横の糸の役割を果たすといっても過言ではない。「生活者の健康と社会保障制度」の分野の看護師国家試験問題の多くが専門科目と強く繋がっていることから明らかであろう。

(2)　「法」を語る前に、その背後に存在する社会に、さらにまたその社会に存在基盤を与えている規律に、さらにまたその規律を生み出す倫理に目を向けることからはじめよう。看護師が医療現場で直面する数多くの問題点の根底には、網の目のように張り巡らされた法律関係・社会関係があり、さらにそれを形成している社会的人間関係が存在する。生活支援能力だけでなく、問題解決能力も求められる看護師にとって、<u>社会を構成する倫理</u>を抜きにして法は学べないといえる。

(3)　看護師の行う所謂看護行為の意義とそれを取り巻く様々な社会的法律的関連を学習してゆく中で、本書の目的は、看護行為の対象となる患者に対していかにすれば最適な医療サービスができるかと、人間としての看護師の成長・進化（主体性の確立）を追求することに置く。もちろんその根底には成育史に裏付けられた<u>基本的生活習慣から醸成される価値観</u>が存在し、それこそが倫理であるともいえる。

(4)　生命はなぜ尊いのかについて学び、看護師が患者の人間としての「生」から「死」に至るまでの人生にかかわる上での最低限わきまえておくべき規範意識および看護行為の前提となる道徳規範・行為規範についての理解を深めてきた。明快な答えのないまま、社会は動き、政治は変化してゆく中で、<u>生命の尊厳という不変な真理を追究する</u>ことも、医療人としての看護師に課せられた責務といえる。

(5)　「看護」、「看護行為」、「看護をとりまく環境」の法律的な裏付けおこなってゆくが、現存する法や制度は決して無欠陥ではないし、論理的に完結しているものでもないという前提に立って<u>現行法や社会諸制度を考察する</u>。

(6)　例えば、看護師の行う「静脈注射」が適法とする厚生労働省医政局長通達や、看護師が内診行為を行なうことは許されないとする厚生労働省医政局長通達などは、<u>医療現場と机上の法律との間隙を埋める現象</u>であり、その典型例である。また、昨今規制緩和の流れの中で議論されている「看護師の業務拡大—医師業務の一部解禁」についてもNIE等を通してその内容を検証してゆく。

(7)　看護師及び看護学生が、「看護」の社会的意味、「看護行為」の法的意味を十分理解し、法的センスを身につければ、様々な医療上の問題点を、<u>患者の権利擁護者としての「看護者」として主体的に円滑に解決する</u>ことができるし、医療界での「<u>看護の自立</u>」を実現できることになる。また、昨今問題視されている医療従事者の倫理観欠落や法令違背についても、医療行為としての看護行為における<u>業務上の注意義務とは何か</u>を解明することで大方の批判は免れ、むしろあるべき看護者像を実感するのも、「法と社会保障制度」を学ぶ達成目標の一つである。

【課題】　看護師の活動フィールドについて、「看護師をどのように養成するか」「看護師の主体性をどう確立するか」「看護師のパワーをどう結集するか」の観点から考察しよう。

５－１－２　看護行為に関係する重要な法律・条文

　国家資格である看護師の法的存在根拠は保健師助産師看護師法（以下「保助看法」という。）にある。看護行為を法律的に評価するに当たって参考となる法令は、保助看法だけでなく医師法や薬剤師法にも存在する。以下に重要な法令や条文を列挙する。その解釈の整合性を検証してみよう。

保助看法第５条　（看護師の定義）この法律において、「看護師」とは、厚生労働大臣の免許を受けて、傷病者もしくはじょく（褥）婦に対する療養上の世話又は診療の補助を行うことを業とする者をいう。

保助看法第７条　（保健師免許・助産師免許・看護師免許の積極的要件）①保健師になろうとする者は、保健師国家試験及び看護師国家試験に合格し、厚生労働大臣の免許を受けなければならない。
②助産師になろうとする者は、助産師国家試験及び看護師国家試験に合格し、厚生労働大臣の免許を受けなければならない。
③看護師になろうとする者は、看護師国家試験に合格し、厚生労働大臣の免許を受けなければならない。

保助看法第31条　（看護師業務の制限）①看護師でない者は、第５条に規定する業をしてはならない。ただし、医師法又は歯科医師法の規定に基づいて行う場合は、この限りでない。
②保健師及び助産師は、前項の規定にかかわらず、第５条に規定する業を行うことができる。

保助看法第37条　（特定行為の制限）保健師、助産師、看護師又は准看護師は、主治の医師又は歯科医師の指示があった場合を除くほか、診療機械を使用し、医薬品を授与し、医薬品について指示をしその他医師又は歯科医師が行うのでなければ衛生上危害を生ずるおそれがある行為をしてはならない。ただし、臨時応急の手当てをし、又は助産師がへその

緒を切り、浣腸を施し、その他助産師の業務に当然附随する行為をする場合は、この限りでない。

保助看法第37条の2　（特定行為研修）

医師法第17条　（医師でない者の医業禁止）医師でなければ、医業をしてはならない。

薬剤師法第24条　（処方せん中の疑義）薬剤師は、処方せん中に疑わしい点があるときは、その処方せんを交付した医師、歯科医師又は獣医師に問い合わせて、その疑わしい点を確かめた後でなければ、これによって調剤してはならない。

　（ⅰ）保助看法第５条と同第37条の解釈の整合性について考察してみよう。

　　　　（ⅱ）保助看法第７条と同第31条第２項但書との解釈の整合性について、平成18年の制度改正を踏まえて考察してみよう。

５−１−３　看護行為の定義と学説

(1)　医療行為には、医業類似行為と、広義の医療行為が含まれている。後者はさらに、医療行為と看護行為に分けられ、現行法による分類は以下の通りとなる。

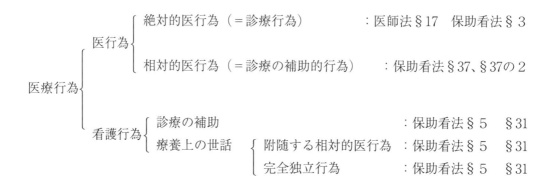

(2)　論点提示（キーワード：医原性自殺防止義務、包括的指示）

　　看護師は絶対的医行為である診療行為を行なえないが、相対的医行為に関しては医師の指示があればできると解釈できることから、「診療の補助」と「診療の補助的行為」の境界事例が、医療現場と机上の法律の乖離を生んでいる。

論点　「看護師の行なう看護行為について、どの程度まで医師の指示を必要とするか。」を考察してみよう。〔保助看法第５条と同第37条との関係における学説の整理〕

① 学説の整理

	A説 主体性 完全否定説	B説（通説） 主体性 一部否定説	C説 主体性 一部認容説	D説（医行為代行説） 主体性 完全認容説
相対的医行為	必要	必要	必要	条件付必要
診療の補助	必要	必要	必要	不要
附随する相対的医行為	必要	★条件付必要	不要	不要
完全独立行為	必要	不要	不要	不要

② 　★B説にいう条件【医学技術水準、看護技術水準の変動や環境によっては多少の差異が生じ
得る】

Drの指示を必要とする場合	Drの指示を必要としない場合
医学的判断が必要とされる項目	医学的判断が必要とされない項目
1．入浴の許可 2．運動量の決定（歩行開始時期） 3．特別食、水分摂取量の指示 4．全身清拭 5．洗髪の許可	1．患者の物理的・精神的環境の調整 2．安全安楽に対する配慮 　【注目】「療養上の世話」で注意すべき 　　義務

【注目】患者の自殺に関する義務

(1)病室の安全確保義務　(2)危険物管理義務　(3)医原性自殺防止義務【注】

【注】治療者の言動や治療態度により患者の自殺の危険性を高めることがないようにする義務

③ 　解釈上の指針

　　これまでの通説的解釈を変遷させるには、１．患者の病態構造の変化　２．病院外診療行為の
増加　３．高度医療化　などの医療の置かれている現実的な課題の解決も不可欠な要素となる。

課題―番外

　「医師の指示には絶対服従しなければならないか。そうでないとするとその法的根拠は何
か。」についてこれまでの考察に基づいて論ぜよ。

〔ヒント〕

　医師の指示に疑念がある場合にも、看護行為を行なうべきかは現場でのジレンマのひと
つである。先の論点に関する学説に従ってその解決策を考察してみると…

　D説によれば、看護行為を主体的独立行為と見るので、医師の指示は一部の相対的医行
為を除いて必要なく、結果に関して看護師が責任を負わねばならない可能性は高くなる。

　一方、A説によれば、看護行為を補助的行為と見るので、医師の指示は常に必要なの
で、看護師はほとんどの場合結果に関して責任を負うことはない。

５－１－４　看護行為が適法とされるための条件―法社会学的考察
　　　　　（キーワード：成育史に影響される生命倫理観、パターナリズム、マターナリズム）

　看護行為が、医療事故（本書では特に看護事故を指すが）を回避したことは、それが適法に実施された証左でもある。看護行為の医療的評価（問題解決能力、生活支援能力、看護診断能力）は、基礎看護学をはじめとする看護基礎科目の諸論に譲るとして、ここでは、看護行為に内在する人間性の倫理的適合性、法的適合性及び社会的適合性について考察してみる。

１．倫理的適合性
　看護行為に表象化された意思・能力は、その行為者の人格形成にその基礎におくといえる。人格形成すなわち成育史における様々な体験を通して価値の多様性を学び、何が真理で、その真理によってより多くの人が幸せになれるかを実感してくることが、ひいては看護行為の倫理性を向上させることにも繋がる。生命の尊さを感謝できるということは、表象化された看護行為の倫理的意思決定のプロセスの正当性が証明されたことでもある。ただ、普遍的であるべき倫理的適合性は、様々な社会的要因（文化、政治、宗教など）によって揺らぐ可能性を秘めていることも事実である。

　　　法的適合性へ変化する倫理的適合性の醸成過程

　　　　看護師として意思決定に用いる基準――個々の業務基準、看護者の倫理綱領

　　　　　↑　この過程で、深化された適性＋知・技・心が醸成される

　　　　人格形成（成育史）の基盤―体験、実感、実験

２．法的適合性（法社会学的看護行為論）
　法的適合性は、いうまでもなく順法意識を指すが、全ての法が論理的に完結しているわけではないことを考えると、杓子定規に法律を解釈するだけでは得られないといえる。法社会学的観点から、対象となる法律の是々非々を問うた上で、個々の看護行為の法的適合性を判断すべきである。なお、現行の保助看法は、患者の守護者としての看護職者のための法規としては大幅に改正されるべき未解決要素を孕んでいるといえる。

3．社会的適合性

　医療の最終目標は、全ての人が人間らしく健康に生き抜く（生を全うする）ことができる社会を構築することであり、それは社会の最終目標でもある。倫理的にも法的にも適合した看護行為が一般社会に受け容れられるためには、看護に主体性（市民権）が認められることが必要である。そのための課題は、父権主義（パターナリズム paternalism）からの脱却であり、母権主義（マターナリズム maternalism）への依存の危険性の認識であり、論理的思考能力を用いた「看護」の科学的なアプローチであり、そして看護エラー撲滅へ向けた闘いである。こういった看護の主体性を発揮できる職場環境の構築こそが、看護行為の社会的適合性を生み出すのである。

5－2　看護行為に関する重要な通達

1. 看護師等による静脈注射の実施 について　☞p.76

〔 平成一四年九月三〇日　医政発第〇九三〇〇〇二号 〕
〔 厚生労働省医政局長発各都道府県知事宛 〕

　標記については、これまで、厚生省医務局長通知（昭和二六年九月一五日付け医収第五一七号）により、静脈注射は、医師又は歯科医師が自ら行うべき業務であって、保健師助産師看護師法（昭和二三年法律第二〇三号）第五条に規定する看護師の業務の範囲を超えるものであるとしてきたところであるが、今般、平成一四年九月六日に取りまとめられた「新たな看護のあり方に関する検討会」中間まとめの趣旨を踏まえ、下記のとおり取り扱うこととしたので、貴職におかれては、貴管下保健所設置市、特別区、医療機関、関係団体等に対して周知方お願いいたしたい。

　なお、これに伴い、厚生省医務局長通知（昭和二六年九月一五日付け医収第五一七号）及び同通知（昭和二六年一一月五日付け医収第六一六号）は、廃止する。

記

1　医師又は歯科医師の指示の下に保健師、助産師、看護師及び准看護師（以下「看護師等」という。）が行う静脈注射は、保健師助産師看護師法第五条に規定する診療の補助行為の範疇として取り扱うものとする。
2　ただし、薬剤の血管注入による身体への影響が大きいことに変わりはないため、医師又は歯科医師の指示に基づいて、看護師等が静脈注射を安全に実施できるよう、医療機関及び看護師等学校養成所に対して、次のような対応について周知方お願いいたしたい。
　(1)　医療機関においては、看護師等を対象にした研修を実施するとともに、静脈注射の実施等に関して、施設内基準や看護手順の作成・見直しを行い、また個々の看護師等の能力を踏まえた適切な業務分担を行うこと。
　(2)　看護師等学校養成所においては、薬理作用、静脈注射に関する知識・技術、感染・安全対策などの教育を見直し、必要に応じて強化すること。

2. 産婦に対する看護師業務について　☞p.75

〔平成一六年九月一三日　医政看発第〇九一三〇〇二号
厚生労働省医政局看護課長から愛媛県保健福祉部長宛〕

照　会

　下記の行為については、保健師助産師看護師法（昭和二三年法律第二〇三号）第五条に規定する診療の補助には該当せず、同法第三条に規定する助産に該当すると解するが、貴職の意見をお伺いしたい。

記

　産婦に対して、子宮口の開大、児頭の下降度等の確認及び分娩進行の状況把握を目的として内診を行うこと。

　但し、その際の正常範囲からの逸脱の有無を判断することは行わない。

回　答

　貴見のとおりと解する。

3. 医師及び医療関係職と事務職員等との間等での役割分担の推進について

〔平成一九年一二月二八日　医政発第一二二八〇〇一号
各都道府県知事殿　厚生労働省医政局長〕

　近年、医師の業務については、病院に勤務する若年・中堅層の医師を中心に極めて厳しい勤務環境に置かれているが、その要因の一つとして、医師でなくても対応可能な業務までも医師が行っている現状があるとの指摘がなされているところである。また、看護師等の医療関係職については、その専門性を発揮できていないとの指摘もなされている。

　良質な医療を継続的に提供していくためには、各医療機関に勤務する医師、看護師等の医療関係職、事務職員等が互いに過重な負担がかからないよう、医師法（昭和二三年法律第二〇一号）等の医療関係法令により各職種に認められている業務範囲の中で、各医療機関の実情に応じて、関係職種間で適切に役割分担を図り、業務を行っていくことが重要である。

　このため、今般、医師等でなくても対応可能な業務等について下記のとおり整理したので、貴職におかれては、その内容について御了知の上、各医療機関において効率的な業務運営がなされるよう、貴管内の保健所設置市、特別区、医療機関、関係団体等に周知方願いたい。

　なお、今後も、各医療機関からの要望や実態を踏まえ、医師、看護師等の医療関係職、事務職員等の間での役割分担の具体例について、適宜検討を行う予定であることを申し添

える。

記

1．基本的考え方

　　各医療機関においては、良質な医療を継続的に提供するという基本的考え方の下、医師、看護師等の医療関係職の医療の専門職種が専門性を必要とする業務に専念することにより、効率的な業務運営がなされるよう、適切な人員配置の在り方や、医師、看護師等の医療関係職、事務職員等の間での適切な役割分担がなされるべきである。

　　以下では、関係職種間の役割分担の一例を示しているが、実際に各医療機関において適切な役割分担の検討を進めるに当たっては、まずは当該医療機関における実情（医師、看護師等の医療関係職、事務職員等の役割分担の現状や業務量、知識・技能等）を十分に把握し、各業務における管理者及び担当者間においての責任の所在を明確化した上で、安全・安心な医療を提供するために必要な医師の事前の指示、直接指示のあり方を含め具体的な連携・協力方法を決定し、関係職種間での役割分担を進めることにより、良質な医療の提供はもとより、快適な職場環境の形成や効率的な業務運営の実施に努められたい。

2．役割分担の具体例

(1)　医師、看護師等の医療関係職と事務職員等との役割分担

　1）書類作成等

　　　書類作成等に係る事務については、例えば、診断書や診療録のように医師の診察等を経た上で作成される書類は、基本的に医師が記載することが想定されている。しかしながら、①から③に示すとおり、一定の条件の下で、医師に代わって事務職員が記載等を代行することも可能である。

　　　ただし、医師や看護師等の医療関係職については、法律において、守秘義務が規定されていることを踏まえ、書類作成における記載等を代行する事務職員については、雇用契約において同趣旨の規定を設けるなど個人情報の取り扱いについては十分留意するとともに、医療の質の低下を招かないためにも、関係する業務について一定の知識を有した者が行うことが望ましい。

　　　他方、各医療機関内で行われる各種会議等の用に供するための資料の作成など、必ずしも医師や看護師等の医療関係職の判断を必要としない書類作成等に係る事務についても、医師や看護師等の医療関係職が行っていることが医療現場における効率的な運用を妨げているという指摘がなされている。これらの事務について、事務職員の積極的な活用を図り、医師や看護師等の医療関係職を本来の業務に集中させることで医師や看護師等の医療関係職の負担の軽減が可能となる。

①　診断書、診療録及び処方せんの作成

　　診断書、診療録及び処方せんは、診察した医師が作成する書類であり、作成責任は医師が負うこととされているが、医師が最終的に確認し署名することを条件に、事務職員が医師の補助者として記載を代行することも可能である。また、電磁的記録により作成する場合は、電子署名及び認証業務に関する法律（平成一二年法律第一〇二号）第二条第一項に規定する電子署名をもって当該署名に代えることができるが、作成者の識別や認証が確実に行えるよう、その運用においては「医療情報システムの安全管理に関するガイドライン」を遵守されたい。

②　主治医意見書の作成

　　介護保険法（平成九年法律第一二三号）第二七条第三項及び第三二条第三項に基づき、市町村等は要介護認定及び要支援認定の申請があった場合には、申請者に係る主治の医師に対して主治医意見書の作成を求めることとしている。

　　医師が最終的に確認し署名することを条件に、事務職員が医師の補助者として主治医意見書の記載を代行することも可能である。また、電磁的記録により作成する場合は、電子署名及び認証業務に関する法律（平成一二年法律第一〇二号）第二条第一項に規定する電子署名をもって当該署名に代えることができるが、作成者の識別や認証が確実に行えるよう、その運用においては「医療情報システムの安全管理に関するガイドライン」を遵守されたい。

③　診察や検査の予約

　　近年、診察や検査の予約等の管理に、いわゆるオーダリングシステムの導入を進めている医療機関が多く見られるが、その入力に係る作業は、医師の正確な判断・指示に基づいているものであれば、医師との協力・連携の下、事務職員が医師の補助者としてオーダリングシステムへの入力を代行することも可能である。

２）ベッドメイキング

　　保健師助産師看護師法（昭和二三年法律第二〇三号）第五条に規定する療養上の世話の範疇に属さない退院後の患者の空きのベッド及び離床可能な患者のベッドに係るベッドメイキングについては、「ベッドメイキングの業務委託について（回答）」（平成一二年一一月七日付け医政看発第三七号・医政経発第七七号。以下「業務委託通知」という。）において示しているとおり、看護師及び准看護師（以下「看護職員」という。）以外が行うことができるものであり、業者等に業務委託することも可能である。

　　ただし、入院患者の状態は常に変化しているので、業務委託でベッドメイキングを行う場合は、業務委託通知において示しているとおり、病院の管理体制の中で、

看護師等が関与して委託するベッドの選定を行うなど、病棟管理上遺漏のないよう十分留意されたい。

３）院内の物品の運搬・補充、患者の検査室等への移送

　　滅菌器財、衛生材料、書類、検体の運搬・補充については、専門性を要する業務に携わるべき医師や看護師等の医療関係職が調達に動くことは、医療の質や量の低下を招き、特に夜間については、病棟等の管理が手薄になるため、その運搬・補充については、看護補助者等の活用や院内の物品運搬のシステムを整備することで、看護師等の医療関係職の業務負担の軽減に資することが可能となる。その際には、院内で手順書等を作成し、業務が円滑に行えるよう徹底する等留意が必要である。

　　また、患者の検査室等への移送についても同様、医師や看護師等の医療関係職が行っている場合も指摘されているが、患者の状態を踏まえ総合的に判断した上で事務職員や看護補助者を活用することは可能である。

４）その他

　　診療報酬請求書の作成、書類や伝票類の整理、医療上の判断が必要でない電話対応、各種検査の予約等に係る事務や検査結果の伝票、画像診断フィルム等の整理、検査室等への患者の案内、入院時の案内（オリエンテーション）、入院患者に対する食事の配膳、受付や診療録の準備等についても、医師や看護師等の医療関係職が行っている場合があるという指摘がなされている。事務職員や看護補助者の積極的な活用を図り、専門性の高い業務に医師や看護師等の医療関係職を集中させることが、医師や看護師等の医療関係職の負担を軽減する観点からも望ましいと考えられる。

　　また、個人情報の保護に関する法律（平成一五年法律第五七号）の遵守等、事務職員の適切な個人情報の取り扱いについて十分留意されたい。

⑵　医師と助産師との役割分担

　　保健師助産師看護師法において、助産師は助産及びじょく婦及び新生児の保健指導を担っているものである。医師との緊密な連携・協力関係の下で、正常の経過をたどる妊婦や母子の健康管理や分娩の管理について助産師を積極的に活用することで、産科医療機関における医師の業務負担を軽減させることが可能となる。こうした産科医療機関における医師の業務負担の軽減は、医師が医師でなければ対応できない事案により専念できることにより、医師の専門性がより発揮されることを可能とするとともに、地域のより高次の救急医療を担う医療機関における産科医師の負担の軽減にも資することとなる。

　　特に医療機関においては、安全・安心な分娩の確保と効率的な病院内運用を図るた

め、妊産婦健診や相談及び院内における正常分娩の取扱い等について、病院内で医師・助産師が連携する仕組みの導入も含め、個々の医療機関の事情に応じ、助産師がその専門性を発揮しやすい環境を整えることは、こうした業務分担の導入に際し有効なものである。

　医師と助産師の間で連携する際には、十分な情報の共有と相互理解を構築するとともに、業務に際しては母子の安全の確保に細心の注意を払う必要があることは当然の前提である。

⑶　医師と看護師等の医療関係職との役割分担　☞p.75

　医師と看護師等の医療関係職との間の役割分担についても、以下のような役割分担を進めることで、医師が医師でなければ対応できない業務により集中することが可能となる。また、医師の事前指示やクリティカルパスの活用は、医師の負担を軽減することが可能となる。

　その際には、医療安全の確保の観点から、個々の医療機関等毎の状況に応じ、個別の看護師等の医療関係職の能力を踏まえた適切な業務分担を行うことはもとより、適宜医療機関内外での研修等の機会を通じ、看護師等が能力の研鑽に励むことが望ましい。

１）薬剤の投与量の調節　☞保助看法第37条の２

　患者に起こりうる病態の変化に応じた医師の事前の指示に基づき、患者の病態の変化に応じた適切な看護を行うことが可能な場合がある。例えば、在宅等で看護にあたる看護職員が行う、処方された薬剤の定期的、常態的な投与及び管理について、患者の病態を観察した上で、事前の指示に基づきその範囲内で投与量を調整することは、医師の指示の下で行う看護に含まれるものである。

２）静脈注射　☞保助看法第５条

　医師又は歯科医師の指示の下に行う看護職員が行う静脈注射及び、留置針によるルート確保については、診療の補助の範疇に属するものとして取り扱うことが可能であることを踏まえ、看護職員の積極的な活用を図り、医師を専門性の高い業務に集中させ、患者中心の効率的な運用に努められたい。

　なお、薬剤の血管注入による身体への影響は大きいことから、「看護師等による静脈注射の実施について」（平成一四年九月三〇日医政発第〇九三〇〇二号）において示しているとおり、医師又は歯科医師の指示に基づいて、看護職員が静脈注射を安全にできるよう、各医療機関においては、看護職員を対象とした研修を実施するとともに、静脈注射の実施等に関して、施設内基準や看護手順の作成・見直しを行い、また、個々の看護職員の能力を踏まえた適切な業務分担を行うことが重要

である。

3）救急医療等における診療の優先順位の決定

　　夜間・休日救急において、医師の過重労働が指摘されている現状を鑑み、より効率的運用が行われ、患者への迅速な対応を確保するため、休日や夜間に診療を求めて救急に来院した場合、事前に、院内において具体的な対応方針を整備していれば、専門的な知識および技術をもつ看護職員が、診療の優先順位の判断を行うことで、より適切な医療の提供や、医師の負担を軽減した効率的な診療を行うことが可能となる。

4）入院中の療養生活に関する対応

　　入院中の患者について、例えば病棟内歩行可能等の活動に関する安静度、食事の変更、入浴や清拭といった清潔保持方法等の療養生活全般について、現在行われている治療との関係に配慮し、看護職員が医師の治療方針や患者の状態を踏まえて積極的に対応することで、効率的な病棟運営や患者サービスの質の向上、医師の負担の軽減に資することが可能となる。

5）患者・家族への説明

　　医師の治療方針の決定や病状の説明等の前後に、看護師等の医療関係職が、患者との診察前の事前の面談による情報収集や補足的な説明を行うとともに、患者、家族等の要望を傾聴し、医師と患者、家族等が十分な意思疎通をとれるよう調整を行うことで、医師、看護師等の医療関係職と患者、家族等との信頼関係を深めることが可能となるとともに、医師の負担の軽減が可能となる。

　　また、高血圧性疾患、糖尿病、脳血管疾患、うつ病（気分障害）のような慢性疾患患者においては、看護職員による療養生活の説明が必要な場合が想定される。このような場合に、医師の治療方針に基づき看護職員が療養生活の説明を行うことは可能であり、これにより医師の負担を軽減し、効率的な外来運営が行えるとともに、患者のニーズに合わせた療養生活の援助に寄与できるものと考える。

6）採血、検査についての説明

　　採血、検査説明については、保健師助産師看護師法及び臨床検査技師等に関する法律（昭和三三年法律第七六号）に基づき、医師等の指示の下に看護職員及び臨床検査技師が行うことができることとされているが、医師や看護職員のみで行っている実態があると指摘されている。

　　医師と看護職員及び臨床検査技師との適切な業務分担を導入することで、医師等の負担を軽減することが可能となる。

7）薬剤の管理

　病棟等における薬剤の在庫管理、ミキシングあるいは与薬等の準備を含む薬剤管理について、医師や看護職員が行っている場合もあると指摘されているが、ミキシングを行った点滴薬剤等のセッティング等を含め、薬剤師の積極的な活用を図り、医師や看護職員の業務を見直すことで、医療安全の確保及び医師等の負担の軽減が可能となる。

8）医療機器の管理

　生命に影響を与える機器や精密で複雑な操作を伴う機器のメンテナンスを含む医療機器の管理については、臨床工学技士法（昭和六二年法律第六〇号）に基づき、医師の指示の下、臨床工学技士が行うことができるとされているところであるが、医師や看護職員のみで行っている実態も指摘されている。臨床工学技士の積極的な活用を図り、医師や看護職員の業務を見直すことで、医療安全の確保及び医師等の負担の軽減が可能となる。

5-3　医療現場を取り巻く法令遵守の要請

　以下の用語を使って、医療現場における繋がりを図示してみよう。

ACP　L.M.D　アドバンスディレクティブ　アドヒアランス　アドボカシー

アドボケーター　アンビバレンス　アンビバレンス　インフォームドコンセント

エンバーミング　キュア　グリーフケア　ケア　コンプライアンス　スキルミクス

セカンドオピニオン　デスケア　ノンバーバルコミュニケーション

バーバルコミュニケーション　ラポール　リビングウィル　レスパイトケア　ワークシェア

❦ **過去問にチャレンジしてみよう** ❦

【第102回　午前　52】

　Aさんは、特定の相手に対して「とても尊敬しています」と過度に好意を示すこともあれば「あなたは最低だ。嫌い」と嫌悪感を同時に訴えることもある。

　Aさんに現れている現象はどれか。

① 　否　認　　③ 　アンビバレンス〈両価性〉

② 　逆転移　　④ 　エディプスコンプレックス

【第103回　午前　59】

　高齢者が自身の終末期における生き方や死の迎え方の意向を表示する方法としてのアドバンスディレクティブ〈事前指示〉について正しいのはどれか。

① 　法的な拘束力がある。　　③ 　口頭や文書で意思表示できる。

② 　代理人を指名できない。　　④ 　財産の管理者の指定ができる。

【第103回　午前　86】

　患者の権利について適切なのはどれか。2つ選べ。

① 　患者は自分の医療情報を見ることができる。

② 　患者は一度同意した治療方針を拒否できない。

③ 　患者はセカンドオピニオンを受けることができる。

④ 　患者が病室に不在の場合は検査の同意を家族から得る。

⑤ 　患者情報は患者と家族の同意なく保険会社に開示できる。

5－4　医療現場の法律関係と注意義務

課題⑤

　以下の用語を使って、法律関係を図示してみよう。

「委任契約　診療契約　債権者　債務者　支払義務　治療義務　履行補助者

善良な管理者の注意義務　過失　指導監督　法的責任　倫理責任　民事責任

債務不履行責任　不法行為責任　使用者責任　刑事責任　業務上過失致死（傷）罪

行政上の責任（event incident accident disaster）」

５－５　注意義務違反の場合の責任

1. 《事例１》「新人看護師の起こした事故」

　新人看護師Ａは、Ｐ病院に就職し希望の小児科でプリセプター看護師Ｂの指導の下、筋ジストロフィーで人工呼吸器を装着していた４才の男の子Ｃ君を、病棟の医師の指示に従い看護師Ｂと２人で入浴させることになった。医師の指示は、看護師２名による入浴実施であった。

　人工呼吸器には身体からはずれた場合にこれを知らせるアラームがついていたが、入浴に際してアラームをオフにしてから人工呼吸器をはずし、入浴中はＢが手動で酸素を吸入させている間にＡがＣ君の体を洗い、入浴終了後、Ｂが人工呼吸器を装着させ、Ａが再度アラームをオンにするという作業手順と役割分担が指示されていた。

　ところが、Ａは、入浴終了後アラームのスイッチをオンにするのを忘れてしまい、２時間後ＢがＣ君の様子を見たところ、人工呼吸器がはずれていてＣ君はすでに呼吸困難の状態にあり、まもなく死亡した。

　Ｐ病院は、Ｃ君の両親から裁判を提起され、Ｃ君の両親に対して5000万円の損害賠償金を支払うことで和解し、Ｐ病院はその支払いを完了した。Ｐ病院は、支払った5000万円はＡの不注意によるものだから弁償を請求するといっている。

　問１　新人看護師Ａに支払い義務はあるか。

　問２　その他起こりうる法的問題について考えてみよ。

《事例1》医療事故演習導入レジュメ

1）医療にかかわるトラブルの態様

2）発生する損害の種類と責任の類型

　　　・物質的損害　　　・精神的損害　　　・社会的損害

3）医療紛争の行方

　　①　民事事件の場合

　　　　☆　過失のレベルについて

　　　　　　A：医療者側の過失が無いか軽微な場合

　　　　　　B：医療者側の過失がある場合

　　　　　　　患者側：訴えの提起　　　医療者側：医事紛争処理依頼

　　　　☆　訴えの提起後

　　　　☆　訴訟提起のデメリット

　　　　　　①密室性　　　②専門性　　　③封建性

　　②　刑事事件の場合

　　　　　警察による捜査　☞事情聴取　☞送検

　　　　送検後　　i　不起訴

　　　　　　　　　ii　起訴　　　　無罪、有罪（実刑、執行猶予刑）

　　　　　　　　　iii　略式手続　　略式命令

4）過失認定された場合の民事責任の類型及び成立要件

　　　　　行為者と患者の間に契約関係　有り→　　（ァ）債務不履行責任

　　　　　　　　　　　　　　　　　　　無し→　　（ィ）不法行為責任

　　　（ァ）民法第415条　　　（ィ）民法第709条、民法第715条

5）有罪となる場合の刑事責任の発生要件

　　　　　・刑事処罰の根拠

　　　　　・成立要件　　　　：刑法第211条

　　　　　①構成要件該当性　　　②違法性

　　　　　③因果関係　　　④責任能力

6）行政上の責任　　　法第9条、14条、15条、15条の2

7）道義的責任（倫理的責任）

２．《事例２》「看護師の過失」

　ある私立病院で、胃潰瘍の術前処置で主治医から高圧浣腸の指示がなされた。看護師Mは不注意から、浣腸液と逆性石鹸を取り違えて、300cc注入してしまった。患者Pは下痢と嘔吐を繰り返し、急性腎不全の状態から３日後死亡した。ちなみに、Mは資産家の夫を亡くし、相続を受けたばかりである。

　この事案の場合、看護師に過失はあるか。あるとすればどのような責任を負うことになるか。事実の概容、民事上の責任、刑事上の責任、行政上の責任、倫理的責任に分けてそれぞれを考察せよ。

　模　範　解　答（「看護師の過失」）

　事実の概容　Mは、不注意から胃潰瘍の術前処置を必要とする患者Pに、逆性石鹸を高圧浣腸し、急性腎不全により死亡させた。Mには業務上必要とされる注意義務違反が認められる。また、Mの過失と患者の死亡の間には客観的に相当な因果関係も認められる。患者の遺族は受けた損害、侵害に対してMやその雇用者である病院に対してその法的責任を追及することになる。

　民事責任　Mと患者の間には、医療契約（診療契約）は存在しないので、遺族は、民法第709条の不法行為責任を追及することになる。また、Mの使用者である病院に対しても、民法第715条の使用者責任を追及できる。一方、患者と病院の間には、医療契約が存在するので、履行補助者に対する指導監督を怠り契約の本旨に従った履行をしなかったので、病院に対して民法第415条の債務不履行責任を追及できる。この両請求権は競合するが、被害者救済の観点から、不法行為責任を認めるべきである。

　刑事責任　また、Mは業務上必要な注意を怠って患者を死なせたのであるから、刑法第211条の業務上過失致死罪の刑罰を負うことになる。なお、Mが初犯の場合、刑法第25条に基づき情状酌量によって、執行猶予付の刑罰を受けることもある。

　行政上の責任　Mは、刑法により罰金以上の刑罰に処せられた場合、法第9条、第14条により、戒告、３年以内の業務停止、免許の取消しの行政処分を受けることがある。なお、この処分を受けても同条により再免許取得の道は残されているが、法第15条の２により、いずれも再教育研修を受けなければならない。

　道義的責任　以上の民事責任、刑事責任及び行政上の責任を受けることで、Mは十分に社会的制裁を受けることになるが、患者及び遺族に対して、月命日に墓参をする、新たな気持ちで職責を完遂する、病院内の事故防止に努めるといった誠意ある態度で道義的責任を果たすことが求められる。

3．《事例3》「末期医療における看護の役割」

　主治医Aは、多発性骨髄腫で入院治療中の患者の妻と息子から「患者がすでに末期状態で意識がなく、死が迫っており、呼吸不全のため耐え難い苦しそうな状態から解放してやりたい、すぐに息を引きとらせて欲しい」と強く要請された。そこでAは看護師Bに対し持続導尿カテーテル及びエアウェイを除去し、一過性心停止等の副作用のある不整脈治療剤ワソランを通常使用量の2倍分静脈注射するよう指示し、Bは指示通り静脈注射した。

　しかし患者の脈拍等に変化が見られなかったところから、Aは続いて希釈しないで使用すれば心停止を引き起こす作用のある塩化カリウムを希釈することなく静脈注射するようBに指示した。

　BはAからの各指示につき不審を感じたが、「まあしょうがない」と思い、そのまま指示に従った。まもなく患者は急性高カリウム血症にもとづく心停止により死亡した。

　Aは殺人罪で起訴され有罪判決を受けた。

問1　　この場合、看護師Bに生じる責任はあるか。

問2　　あるとすればどのような責任が考えられるか。

《事例３》「末期医療における看護の役割」レジュメ

問１　看護師Bに責任はあるか？

　　　　　　　　　　　　法律上の責任　　　　対社会的　　→　　　刑事　責任　　　　　行政上の　責任

　　☆責任　　　　　　　　　　　　　　　対個人的　　→　　　民事　責任

　　　　　　　　　　道徳上の責任　　　　　　　　　→　　　倫理　責任

　☆責任成立のための要件　※事故発生防止義務違反

　　　刑事責任　　①　構成要件該当性　②　違法性　③　因果関係　④　責任能力

　　　民事責任　　①　不法行為の場合　　　法益侵害行為

　　　　　　　　　　債務不履行の場合　　　不完全履行

　　　　　　　　②　過失（注意義務違反）③　違法性　④　結果発生　⑤　因果関係

　★　刑事責任　（看護師Bの行為の違法性について）

　　　（ⅰ）医師Aの医療行為の評価について

　　　　　　　積極的安楽死　の適法要件を満たしていない　→　　　違法

　　　（ⅱ）看護行為に関する学説による評価

　　　　　　D説（NS主体性認容説）

　　　　　　　NSは、Drとは　独立主体　である。

　　　　　　　　→静注は　適法　であるが、Drの違法行為を阻止する義務がある。

　　　　　　　　　よって、NSの行為は　違法　性があり、　有責　である。

　　　　　　B説（NS主体性一部否定説）

　　　　　　　NSは、Drの指示で行動する。

　　　　　　　　→Drの指示が適法　　　NSの行為は　無責　である。

　　　　　　　　→Drの指示が違法

行為の刑法的評価	Dr	NS
間接正犯	有	無
教唆犯	有	有
共犯	有	有

問２　責任の類型

　★民事責任　　　　　　　　　　　　　　　　有り：○　無し：×

Drの指示	NSの行為過失の評価	Drの責任	NSの責任
適法	適法	×	×
適法	違法	×	○
違法	違法性の認識：あり	○	○
違法	違法性の認識：なし	○	×
不明瞭不十分	D説	○	○
不明瞭不十分	B説	○	×

★行政上の責任：保助看法第9条、第14条により、戒告　3年以内の業務停止　免許の取消

5−6　補遺（看護行為を理解するために必要な最低限の法律知識―憲法、民法、刑法等）

5−6−1　法規の成り立ちとその種類

(1) 物事の条理を秩序といい、秩序には一般に、万有引力などの自然界に存在する自然の法則と、人間界における秩序としての社会生活上の規範（注1）とよばれるものが存在する。

(2) 社会生活上の規範には、様々な概念があり、法、道徳、宗教、風習、しきたりがある。中でも法が一般に最も強力な影響力を持つと考えられている。なぜなら、法の中に正義（注2）を実現しやすいからである。

(3) 法の形式には、制定法である日本国憲法（以下「憲法」という。）、法律、政令、省令といった成文法と、慣習法、裁判所の判決（判例法）、行政庁（厚生労働省など）から出される通達・通知（行政解釈）といった不文法がある。

(4) 日本のような成文法国家における法規は、法律上の争いを裁く作用としての司法の作用や国家統治の作用のうち立法・司法以外の作用としての行政の作用によるのでなく、法律の制定をその根本作用とする立法の作用によってのみ作り出される。

(5) 法規には、憲法、法律、命令などの国の法規と、条例（注3）、規則といった地方公共団体の法規がある。

（注1）規範とは、判断評価又は行為などの拠るべき基準

（注2）正義とは、社会全体の幸福を保障する秩序を実現維持すること

（注3）千代田区歩行喫煙禁止条例、各都道府県の青少年育成条例、迷惑防止条例、ごみぽい捨て禁止条例

(6) 法にはその優劣があって、後法優越の原理、特別法優先の原理がはたらく。

① 後法優越の原理の例

（ア）高齢者医療確保法（旧老人保健法）、老人福祉法と介護保険法の関係

（イ）刑法の堕胎罪と母体保護法の関係

② 特別法優先の原理の例

医師法第17条と保助看法第3条の関係

課題⑥

①静脈注射が保助看法第5条の診療の補助行為の範疇、とする通達の法的意味を考察しよう。

②知的障害者の持つ「療育手帳」について調べてみよう。

③合法的な人工妊娠中絶と生命の尊厳について考察してみよう。

5－6－2　憲法の重要事項との関係について
（キーワード：自己決定権、幸福追求権、自然の摂理、公序良俗）

(1)　看護行為の主体たる看護師にとって、看護の対象としての患者即ち社会的存在としての人間に天賦された権利を尊重せずして看護行為は成り立たない。この天賦の人権の観念は国家以前に存在し、日本では第二次世界大戦後、憲法がその存在を追認した。

(2)　憲法の三大原理とは、その前文に示された国民主権、平和主義、基本的人権の尊重である。生命の尊厳すなわち個人の人間としての尊厳に関しては、第13条で、すべての国民が個人として尊重され、生命、自由及び幸福追求の権利は、公共の福祉に反しない限り最大に尊重されることを明示している。また、生命の尊厳を保障するための権利を、第11条で、普遍性、永久不可侵性、固有性を具有する基本的人権として保障している。

(3)　基本的人権は、平等権、自由権的基本権、社会権的基本権に分類される。なかでも個人の尊厳を確保・保障する権利としては、社会権的基本権が重要で、第25条第1項（生存権）第26条（教育を受ける権利）第28条（労働基本権）などがある。

(4)　社会権的基本権とりわけ生存権の尊重は、第25条第2項（国の社会保障的義務）によって、すべての生活部面において保障されている。で学ぶ社会保障制度と社会福祉法規がその具現化である。またこの条項は、看護師等の資格が国家資格であることの根拠でもある。

(5)　一方、患者の守護者たる看護師の労働環境は、第27条第2項（勤労条件の基準）などによって保障されている。とはいうものの、看護師が主体性を十二分に発揮するためには、第24条（家族生活における個人の尊厳、両性の平等）も忘れてはなるまい。

(6)　基本的人権の分類

分　　類	名　　称	条　文	内　　　容
平　等　権		14条	法の下の平等、平等の原則
		13条	個人の尊重、幸福追求権等と公共の福祉
		24条	家族生活における個人の尊厳・両性の平等
自由権的基本権	人身の自由	18条	奴隷的拘束、苦役からの自由
	精神の自由	19条	思想・良心の自由
		20条	信教の自由
		23条	学問の自由
	経済の自由	22条	居住・移転、職業選択の自由
		29条	財産権の保障
社会権的基本権	生存権	25条	国民の生存権と国の社会保障的義務
	労働基本権	28条	労働基本権
	教育を受ける権利	26条	教育を受ける権利、教育の義務
	新しい人権	11条	平和に生きる権利
			環境権―環境基本法
			知る権利―自己決定権
			消費者の権利―製造物責任法
			嫌煙権―健康増進法
			プライバシーの権利―個人情報保護法
			知的所有権

課題⑦

幸福追求権の一例である「代理出産」について、①法的に禁止すべきかどうか②生まれた子どもの権利のひとつである"出自を知る権利"をどこまで保障すべきか、について考察しよう。

課題⑧

朝日訴訟について調べ、「人間が人間らしく生きる」とは、どのような権利を保障することか考えてみよう。

日本国憲法—抜粋（昭和21年11月3日公布、昭和22年5月3日施行）

第11条（基本的人権の普遍性、永久不可侵性、固有性）

　国民は、すべての基本的人権の享有を妨げられない。この憲法が国民に保障する基本的人権は、侵すことのできない永久の権利として、現在及び将来の国民に与へられる。

第13条（個人の尊重と公共の福祉）

　すべて国民は、個人として尊重される。生命、自由及び幸福追求に対する国民の権利については、公共の福祉に反しない限り、立法その他の国政の上で、最大の尊重を必要とする。

重要判例　ハンセン病訴訟（熊本地方裁判所判決：平成13年5月11日）

　　　　　「ハンセン病患者の隔離等を規定するらい予防法（平成8年廃止）は、憲法22条の居住・移転の自由を制限するとともに、ハンセン病患者の人生の発展可能性を大きく損なうものであり、人権制限は人としての社会生活全般にわたるものであるので、広く本条に根拠を有する人格権そのものに対するものととらえるのが相当である。」

第14条（法の下の平等）

①　すべて国民は、法の下に平等であって、人種、信条、性別、社会的身分又は門地により、政治的、経済的又は社会的関係において、差別されない。

第18条（奴隷的拘束・苦役からの自由）

　何人も、いかなる奴隷的拘束も受けない。又、犯罪に因る処罰の場合を除いては、その意に反する苦役に服させられない。

第19条（思想・良心の自由）

　思想及び良心の自由は、これを侵してはならない。

第20条（信教の自由、政教分離）

①　信教の自由は、何人に対してもこれを保障する。いかなる宗教団体も、国から特権を受け、又は政治上の権力を行使してはならない。

②　何人も、宗教上の行為、祝典、儀式又は行事に参加することを強制されない。

③　国及びその機関は、宗教教育その他いかなる宗教的活動もしてはならない。

第21条（集会結社表現の自由、通信の秘密）

① 集会、結社及び言論、出版その他一切の表現の自由は、これを保障する。

② 検閲は、これをしてはならない。通信の秘密は、これを侵してはならない。

第22条（居住・移転・職業選択の自由、外国移住・国籍離脱の自由）

① 何人も、公共の福祉に反しない限り、居住、移転及び職業選択の自由を有する。

② 何人も、外国に移住し、又は、国籍を離脱する自由を有する。

第23条（学問の自由）

学問の自由はこれを保障する。

第24条（家族生活における個人の尊厳・両性の平等）

① 婚姻は、両性の合意のみに基づいて成立し、夫婦が同等の権利を有することを基本として、相互の協力により、維持されなければならない。

② 配偶者の選択、財産権、相続、住居の選定、離婚並びに婚姻及び家族に関するその他の事項に関しては、法律は、個人の尊厳と両性の本質的平等に立脚して、制定されなければならない。

第25条（国民の生存権、国の社会保障的義務）☞p.168以降

① すべて国民は、健康で文化的な最低限度の生活を営む権利を有する。

② 国は、すべての生活部面について、社会福祉、社会保障及び公衆衛生の向上及び増進に努めなければならない。

| 重要判例 | 朝日訴訟（最高裁判決：昭和42年5月24日）

　　　　　「本条の規定は、すべての国民が健康で文化的な最低限度の生活を営み得るように国政を運営すべきことを国の責務として宣言したにとどまり、直接個々の国民に対して具体的権利を賦与したものではなく、具体的権利は、憲法の趣旨を実現するために制定された生活保護法によって、初めて与えられる。」

第26条（教育を受ける権利・教育の義務）

① すべて国民は、法律の定めるところにより、その能力に応じて、ひとしく教育を受ける権利を有する。

② すべて国民は、法律の定めるところにより、その保護する子女に普通教育を受けさせる義務を負う。義務教育はこれを無償とする。

第27条（勤労の権利義務、勤労条件の基準、児童酷使の禁止）

　①　すべて国民は、勤労の権利を有し、義務を負ふ。

　②　賃金、就業時間、休息その他の勤労条件に関する基準は、法律でこれを定める。

　③　児童は、これを酷使してはならない。

第28条（労働基本権）

　勤労者の団結する権利及び団体交渉その他の団体行動をする権利は、これを保障する。

第30条（納税の義務）

　国民は、法律の定めるところにより、納税の義務を負う。

5－6－3　民法 の重要事項との関係について
（キーワード：委任契約、債務不履行責任、履行補助者、指導監督、不法行為責任、使用者責任）

(1)　医療現場には様々な人間関係が存在し、その数だけ法律関係が存在するといっても過言ではない。なかでも、個人と個人との財産関係や身分関係など市民相互の関係を調整するのが民法である。

(2)　医療機関や福祉関係施設などで行なわれる様々な医療サービス、福祉サービスに関しても契約関係がベースにあり、この民法によって規定され以下の諸原則に従うことになる。

　①　私的自治の原則（民法第1条第1項）

　　　個人の私法関係は原則として各人の意思を尊重して規律し、国家が干渉しないとする原則。

　②　権利行使における信義誠実の原則（民法第1条第2項）

　　　私法上、権利の行使や義務の履行にあたり、社会生活を営む者として、相手方の信頼や期待を裏切らないように誠意を持って行動しなければならないとする原則。

　③　権利濫用の禁止（民法第1条第3項）

　　　権利の行使にあたり正当な範囲を逸脱した状態を認めない考えで、正当な範囲とは社会的に妥当とされるものを指す。権利の濫用が認定された場合は、濫用者側に損害賠償義務が生じたり、濫用者自身の元々の権利を喪失したりすることになる。

④　事情変更の原則

　　契約の締結の前提とされた事情が後に大きく変化した場合に、当事者の一方に契約の内容の変更を求めたり、契約を解除したりする権利を認めるという考え。

(3)　医療事故における民事責任の理論構成は次のようになる。

　　医療機関で行われる診療契約は、民法第656条の準委任契約（同第643条委任契約）である。したがって、受任者である医療機関は、委任者すなわち患者に対して、同第644条の善良なる管理者としての注意義務をもって診療行為をしなければならない。もし、患者に対して権利侵害が生じた場合には、被害者たる患者は、診療契約に基づく債務不履行責任（同第415条）か、不法行為責任（同第709条）・使用者責任（同第715条）を加害者たる医療機関側に追及することになる。

民法 ─抜粋（明治29年4月27日公布、明治31年7月16日施行）

　　一部抜粋（看護関係法規関連分）

第1条（基本原則）

①　私権は、公共の福祉に適合しなければならない。

②　権利の行使及び義務の履行は、信義に従い誠実に行わなければならない。

③　権利の濫用は、これを許さない。

第2条（解釈の基準）

　この法律は、個人の尊厳と両性の本質的平等を旨として、解釈しなければならない。

第3条（権利能力の始期）

①　私権の共有は、出生に始まる。

第3条の2（意思能力）

　法律行為の当事者が意思表示をした時に意思能力を有しなかったときは、その法律行為は、無効とする。

第4条（成年）

　年齢20歳をもって、成年とする。（2022年4月1日より18歳）

第30条（失踪の宣告）

① 不在者の生死が７年間明らかでないときは、家庭裁判所は、利害関係人の請求により、失踪の宣告をすることができる。

② …死亡の原因となるべき危難に遭遇した者の生死が、…危難が去った後１年間明らかでないときも、前項と同様とする。

第31条（失踪宣告の効力）

…失踪の宣告を受けた者は…期間が満了した時に、…死亡したものとみなす。

第415条（債務不履行による損害賠償）

債務者がその債務の本旨に従った履行をしないときは、債権者は、これによって生じた損害の賠償を請求することができる。債務者の責めに帰すべき事由によって履行することができなくなったときも、同様とする。

第643条（委任）

委任は、当事者の一方が法律行為をすることを相手方に委託し、相手方がこれを承諾することによって、その効力を生ずる。

第644条（受任者の注意義務）

受任者は、委任の本旨に従い、善良な管理者の注意をもって、委任事務を処理する義務を負う。

第656条（準委任）

この節の規定は、法律行為でない事務の委託について準用する。

第709条（不法行為による損害賠償）

故意又は過失によって他人の権利又は法律上保護される利益を侵害した者は、これによって生じた損害を賠償する責任を負う。

第715条（使用者の責任）

① ある事業のために他人を使用する者は、被用者がその事業の執行について第三者に加えた損害を賠償する責任を負う。但し、使用者が被用者の選任及びその事務の監督について相当の注意をしたとき、又は相当の注意をしても損害が生ずべきであっ

たときは、この限りでない。

② 使用者に代わって事業を監督する者も、前項の責任を負う。

③ 前二項の規定は、使用者又は監督者から被用者に対する求償権の行使を妨げない。

第725条（親族の範囲）

次に掲げる者は、親族とする。

一　6親等内の血族　　二　配偶者　　三　3親等内の姻族

第730条（親族間の扶け合い）

直系血族及び同居の親族は、互いに扶け合わなければならない。

第731条（婚姻適齢）

男は、18歳に、女は、16歳にならなければ、婚姻することができない。（2022年4月1日より男女共に18歳）

第733条（再婚禁止期間）

女は、前婚の解消又は取消しの日から起算して百日を経過した後でなければ、再婚をすることができない。

2前項の規定は、次に掲げる場合には、適用しない。

① 女が前婚の解消又は取消しの時に壊胎していなかった場合

② 女が前婚の解消又は取消しの後に出産した場合

第737条（未成年者の婚姻についての父母の同意）

① 未成年の子が婚姻をするには、父母の同意を得なければならない。

② 父母の一方が同意しないときは、他の一方の同意だけで足りる。父母の一方が知れないとき、死亡したとき、又はその意思を表示することができないときも、同様とする。

第750条（夫婦の氏）

夫婦は、婚姻の際に定めるところに従い、夫又は妻の氏を称する。

第752条（同居、協力及び扶助の義務）

夫婦は同居し、互いに協力し扶助しなければならない。

第753条（婚姻による成年擬制）

　未成年者が婚姻をしたときは、これによって成年に達したものとみなす。

第818条（親権者）

　①　成年に達しない子は、父母の親権に服する。☞第818条～第824条は、p.202で再説

第820条（監護及び教育の権利義務）

　親権を行う者は、子の利益のために子の監護及び教育をする権利を有し、義務を負う。

第821条（居所の指定）

　子は、親権を行う者が指定した場所に、その居所を定めなければならない。

第822条（懲戒）

　親権を行う者は、第820条の規定による監護及び教育に必要な範囲内でその子を懲戒することができる。

第823条（職業の許可）

　①　子は、親権を行う者の許可を得なければ、職業を営むことができない。

第824条（財産の管理及び代表）

　親権を行う者は、子の財産を管理し、かつ、その財産に関する法律行為についてその子を代表する。…

第877条（扶養義務者）　☞p.189
　①　直系血族及び兄弟姉妹は、互いに扶養をする義務がある。
　②　家庭裁判所は、特別の事情があるときは、前項に規定する場合のほか、3親等内の親族間において扶養の義務を負わせることができる。
　③　前項の規定による審判があった後事情に変更を生じたときは、家庭裁判所は、その審判を取り消すことができる。

第882条（相続開始の原因）
　相続は、死亡によって開始する。

第886条（相続に関する胎児の権利能力）

① 胎児は、相続については、既に生まれたものとみなす。

② 前項の規定は、胎児が死体で生まれたときは、適用しない。

第960条（遺言能力）

15歳に達した者は、遺言をすることができる。

5－6－4　刑法 の重要事項との関係について
（キーワード：業務上過失致死傷罪、保護責任者遺棄罪、出生前診断の適・違法性）

(1) 医療現場等で刑事法規が適用される典型的場面は、医療事故事例である。看護師が業務上の注意義務を怠り、被害者たる患者を傷つけたり、命を失わせたりした場合、刑法第211条（業務上過失致死等の刑罰規定）により刑罰を受けることがある。これは、法によって保護される社会生活上の利益である人の身体や人の命が侵害を受けたと考えるからである。

(2) また、看護師が、助産師にしか行なえない内診行為を行なった場合、保助看法第30条（助産師の業務独占規定）に違反して、刑罰法規である同第43条によって刑罰を受けることになる。これも法によって保護される社会生活上の利益としての国家資格所持者である看護師に対する市民の信頼が失われたと考える。

(3) この他、医療福祉関係で刑事法規が適用される場面で、生命の誕生からその終末に深く関わる看護師にとって避けて通ることのできない諸問題がある。

(4) ともあれ看護師が、刑事法を学ぶ意義は、身体・生命という社会生活上の法益の重要性を知るだけにとどまらず、治療という限られた空間の中でいかに患者に自由を保障するかを探究することにある。

(5) 刑事法の理論構成は次のようになる。
罪刑法定主義に基づき、犯罪が成立するためには、刑罰法規に規定された構成要件に該当し違法性があること、犯罪行為と結果との間に因果関係があること、加えて非難可能性としての責任が追及できることを必要とする。看護行為たる医療行為は、刑法第35条（正当行為）の正当業務行為として罰せられない。しかし、業務上必要な注意を怠って人を死傷させた場合は先述したように同第211条（業務上過失致死傷罪）によって罰せられる。

(6) 刑の種類
刑法には刑の種類として、主刑として、死刑（斬首、絞首、火刑、銃殺などがあるが、現行法では監獄内で絞首を執行）・懲役（刑務所に拘置して一定の労役に服させる

無期、有期は１月以上15年以内、20年まで加重できる）・禁錮（刑務所に拘置するだけで定役には服させない刑、無期と有期は１月以上15年以内、20年まで加重・１月以下にまで減刑できる）・罰金（１万円以上）・拘留（１日以上30日未満）・及び科料（軽微な犯罪に課する財産刑千円以上１万円未満）と、付加刑としての没収（犯罪に関連するものの所有権を剥奪して国庫に移す刑罰）がある。

　行政法には、行政罰としての秩序罰と行政刑罰の二種類がある。前者の秩序罰は、行政上の違反者に制裁として国または地方公共団体が過料を科する。後者の行政刑罰は行政法的性格も有する保助看法にも規定されている。

論点

① 合法的な中絶が刑法の堕胎罪を構成しないことの是非とその論証　　☞p.20

② 積極的安楽死が殺人罪を構成することの理論構成における問題点

③ 赤ちゃんポスト設置が保護責任者遺棄罪とどう関わるか

④ 遺伝子治療の一環とし実施される出生前診断とりわけ着床前診断（受精卵診断）が生命の誕生を何時とするかに関して整合性のある明文規定のない日本において果たして許されるのか　　☞p.20

刑法―抜粋（明治40年４月24日公布、施行）

罪刑法定主義

　1　法律主義

　2　事後法の禁止

　3　類推解釈の禁止

　4　刑罰法規の明確性

第９条（刑の種類）

　死刑、懲役、禁錮、罰金、拘留及び科料を主刑とし、没収を付加刑とする。

第12条（懲役）

① 懲役は、無期及び有期とし、有期懲役は、１月以上20年以下とする。

② 懲役は、刑事施設に拘禁して所定の作業を行なわせる。

第13条（禁錮）

①　禁錮は、無期及び有期とし、有期禁錮は、1月以上20年以下とする。

②　禁錮は、刑事施設に拘禁する。

第15条（罰金）

罰金は1万円以上とする。但し、これを減軽する場合においては、1万円未満に下げることができる。

第25条（執行猶予）

……3年以下の懲役若しくは禁錮又は50万円以下の罰金の言い渡しを受けたときは、情状により、裁判が確定した日から1年以上5年以下の期間、その執行を猶予することができる。…

第25条の2（保護観察）

①　…猶予の期間中保護観察に付することができ…

参考　保護観察処分については、更生保護法に規定されている。

第35条（正当行為）

法令又は正当な業務による行為は、罰しない。

適用例　①親権者の懲戒権（民法第822条）☞p.202　②教員の懲戒権（学校教育法第11条）
　　　　③不妊手術（母体保護法第3条）、人工妊娠中絶（同第14条）☞p.212
　　　　④診療の補助行為等（保助看法第5条）☞p.75

第37条（緊急避難）

①　自己又は他人の生命、身体、自由又は財産に対する現在の危難を避けるため、やむを得ずにした行為は、これによって生じた害が避けようとした害の程度を超えなかった場合に限り、罰しない。ただし、その程度を超えた行為は、情状により、その刑を減軽し、又は免除することができる。

②　前項の規定は、業務上特別の義務がある者には、適用しない。

第39条（心神喪失及び心神耗弱）

①　心神喪失者の行為は、罰しない。

②　心神耗弱者の行為は、その刑を減軽する。

第41条（刑事責任年齢）

14歳に満たない者の行為は、罰しない。

> **参考**　14歳未満で刑罰法令に触れる行為をした少年は、少年法（20歳未満を対象）により処分を受ける。
>
> 処分例としては、都道府県知事による児童又は保護者に対する訓戒や、都道府県知事又は児童相談所長による家庭裁判所への送致（少年審判手続き後の処分例：保護観察、児童自立施設・児童養護施設への送致、少年院への送致）などがある。

第60条（共同正犯）

2人以上共同して犯罪を実行した者は、すべて正犯とする。

第61条（教唆）

①　人を教唆して犯罪を実行させた者には、正犯の刑を科する。

②　教唆者を教唆した者についても、前項と同様とする。

第62条（幇助）

①　正犯を幇助した者は、従犯とする。

②　従犯を教唆した者には、従犯の刑を科する。

> **参考**　「赤ちゃんポスト」の事案で、設置許可をした市が、保護責任者遺棄罪の幇助犯に当たるのではないかが問題となった。

第63条（従犯減軽）

従犯の刑は、正犯の刑を減軽する。

第66条（酌量減軽）

犯罪の情状に酌量すべきものがあるときは、その刑を減軽することができる。

第133条（信書開封）

正当な理由がないのに封をしてある信書を開けた者は、1年以下の懲役又は20万円以下の罰金に処する。

第134条（秘密漏示）

①　医師、薬剤師、医薬品販売業者、助産師、弁護士、弁護人、公証人又はこれらの職

にあった者が、正当な理由がないのに、その業務上取り扱ったことについて知り得た人の秘密を漏らしたときは、6月以下の懲役又は10万円以下の罰金に処する。

| 参考 | 保健師、看護師、准看護師の守秘義務については、保助看法第42条の2に規定され、量刑は同じである。☞p.103

第135条（親告罪）

この章（第133条、第134条）の罪は、告訴がなければ公訴を提起することができない。

第199条（殺人）

人を殺した者は、死刑又は無期若しくは5年以上の懲役に処する。

| 重要判例 | （大審院判例：大正8年12月13日）

「胎児が既に母体から一部露出した以上、母体に関係なく傷害を加えることが可能であり、殺人の客体としての人といえる。」

| 重要判例 | （大審院判例：大正11年11月28日）

「堕胎した後で、嬰児を殺したときには、堕胎罪と殺人罪の併合罪となる。」

第202条（自殺関与及び同意殺人）

人を教唆し若しくは幇助して自殺させ、又は人をその嘱託を受け若しくはその承諾を得て殺した者は、6月以上7年以下の懲役又は禁錮に処する。

第204条（傷害）

人の身体を傷害した者は、15年以下の懲役又は50万円以下の罰金に処する。

| 重要判例 | （大審院判決：明治45年6月20日）

「傷害とは、他人身体に対する暴行により生活機能の毀損すなわち健康状態の不良な変更を惹起することをいい、毛髪の切断・剃去は傷害に当たらない。」

第208条（暴行）

暴行を加えた者が人を傷害するに至らなかったときは、2年以下の懲役若しくは30万円以下の罰金又は拘留若しくは科料に処する。

| 重要判例 | （大審院判決：昭和8年4月15日）

「暴行とは、人の身体に対する不法な攻撃の一切をいい、その性質上傷害の結果を惹起すべきものであることを要せず、着衣をつかみ引っ張るなどは暴行に当たる。」

第211条（業務上過失致死等）

　業務上必要な注意を怠り、よって人を死傷させた者は、5年以下の懲役若しくは禁錮又は50万円以下の罰金に処する。重大な過失により人を死傷させた者も、同様とする。

重要判例　熊本水俣病事件第1審（熊本地方裁判所判決：昭和54年3月22日）

　　　　　「実行行為の際に『人』が存在することは必要なく、致死の結果発生の時点で『人』が存在すれば足り、塩化メチル水銀を含有する排水を流出させたことにより、胎児であった被害者の『人』の機能の萌芽に障害を生じさせて胎児性水俣病の疾患を持った先天性障害児として出生させ、それに起因する栄養失調・脱水症により死亡させたときは、業務上過失致死罪が成立する。」

【自動車の運転により人を死傷させる行為等の処罰に関する法律（H26.5.20施行）】

第214条（業務上堕胎及び同致死傷）

　医師、助産師、薬剤師又は医薬品販売業者が女子の嘱託を受け、又はその承諾を得て堕胎させたときは、3月以上5年以下の懲役に処する。よって女子を死傷させたときは、6月以上7年以下の懲役に処する。

第218条（保護責任者遺棄等）

　老年者、幼年者、身体障害者又は病者を保護する責任のある者がこれらの者を遺棄し、又はその生存に必要な保護をしなかったときは、3月以上5年以下の懲役に処する。

第263条（信書隠匿）

　他人の信書を隠匿した者は、6月以下の懲役若しくは禁錮又は10万円以下の罰金若しくは科料に処する。

5－6－5 　行政法 の重要事項との関係について

(1) 　行政法は、行政権の主体となる国や地方公共団体の組織、作用や、その所属する人民（国民、県民、市民、町民、村民など）との関係を規定する法律の総称である。

(2) 　保健師助産師看護師法 は、看護職者の定義、免許に関する事柄、資格取得のための試験、業務内容、法律違反の場合の罰則について規定していて、行政法の性格を持っているといえる。☞次章

(3) 　行政法の存在理由は、国民の信託に基づいて行なわれる国政権の行使を公正に保つための基準の確保にある。

(4) 　行政作用の一例
　① 　これから免許を申請する場合（新規又は再免許）に、保助看法第９条（相対的欠格事由）によって免許が付与されない場合
　② 　現免許所持者が法に違背する行為（罰金以上の刑、業務に関する犯罪行為、品位損失行為）を行なった場合に、保助看法第14条によって下される行政処分（戒告、３年以内の業務停止、免許の取消し）の例

第6章
看護職・看護学生にとっての基本法

6－1　保健師助産師看護師法 …………………………………………………… 74
　　6－1－1　逐条要諦 ……………………………………………………… 74
　　6－1－2　業務関係と業務分担 ……………………………………… 110
　　6－1－3　刑事処分と行政処分 ……………………………………… 112
6－2　看護師等の人材確保の促進に関する法律 ……………………… 114

6－1　保健師助産師看護師法

〔制定：昭和23年7月30日、最終改正：平成30年6月27日〕

6－1－1　逐条要諦

　第1章　総　　則

第1条〔法律の目的〕

　この法律は、保健師、助産師及び看護師の資質を向上し、もって医療及び公衆衛生の普及向上を図ることを目的とする。

要諦　（ⅰ）「資質の向上」の部分は、医師法や他の医療従事者に関する法律に規定がない。なぜ「資質の向上」を看護職に求めるのか改めて考えてみよう。

　　　　　なお、「資質の向上」を図るための方策として、2009年（平成21年）の改正（2010年（平成22年）4月施行）によって、全看護職に免許取得後の臨床研修努力義務（第28条の2）を追加した。

　　　（ⅱ）本条に看護職のうち准看護師の記述がない理由ははっきりしていない。

参考　医師法第1条（医師の任務）、保助看法第28条の2、看護師等の人材確保の促進に関する法律第3条

第2条〔保健師の定義〕

　この法律において「保健師」とは、厚生労働大臣の免許を受けて、保健師の名称を用いて、保健指導に従事することを業とする者をいう。

要諦　（ⅰ）いわゆる保健指導は医療現場のみならず様々な場面で、保健師以外の医療従事者や医療に関わる人によって行なわれている。他の看護職（第3条：助産師、第5条：看護師、第6条：准看護師）に関する条文と比べてその意味を考えてみよう。

　　　　（ⅱ）保健師になるには性別を問われない。

参考　第29条（保健師業務の制限）　第42条の3（全看護職の名称独占）

第3条〔助産師の定義〕

　この法律において「助産師」とは、厚生労働大臣の免許を受けて、助産又は妊婦、じょく婦若しくは新生児の保健指導を行うことを業とする女子をいう。

要諦　（ⅰ）絶対的医行為である「助産」行為に関して、医師法第17条（医師以外の者の医業禁止）との関係をどのように理解するか。

　　　　（ⅱ）助産師になるには女性であることが条件。その合理的理由について考えてみよう。

　　　　（ⅲ）新生児に関する保健指導は助産師を予定している。

通達　「産婦に対する看護師業務について」（H16.9.13厚生労働省医政局長通達）
　　　　☞p.41

第4条　削除

第5条〔看護師の定義〕

　この法律において「看護師」とは、厚生労働大臣の免許を受けて、傷病者若しくはじょく婦に対する療養上の世話又は診療の補助を行なうことを業とする者をいう。

要諦　（ⅰ）看護行為は、「療養上の世話」と「診療の補助」を指し、具体的な態様については医療慣習に従う。

　　　　（ⅱ）第37条、第37条の2との解釈の整合性は？

第6章　看護の基本法

| 参考 | じょく婦の定義：労働基準法第65条（産前産後の休業）☞p.159 |

| 通達 | 「看護師等による静脈注射の実施について」（H14. 9. 30厚生労働省医政局長通達）☞p.40 |

第6条〔准看護師の定義〕

　この法律において「准看護師」とは、都道府県知事の免許を受けて、医師、歯科医師又は看護師の指示を受けて、前条に規定することを業とする者をいう。

| 要諦 | 1951年（昭和26年）に始まった准看護師養成制度は、2018年（平成30年）現在業務従事者届を出している看護師・准看護師の総数の約五分の一に達する准看護師を世に送り出してきた。今後、看護基礎教育、看護師養成制度改革の重要課題となる。 |

◇◇◇

第2章　免　　許

第7条〔保健師免許・助産師免許・看護師免許の積極的要件〕

①　保健師になろうとする者は、保健師国家試験及び看護師国家試験に合格し、厚生労働大臣の免許を受けなければならない。

②　助産師になろうとする者は、助産師国家試験及び看護師国家試験に合格し、厚生労働大臣の免許を受けなければならない。

③　看護師になろうとする者は、看護師国家試験に合格し、厚生労働大臣の免許を受けなければならない。

| 要諦 | （ⅰ）2006年（平成18年）6月の改正で、2007年（平成19年）4月1日以降、保健師免許及び助産師免許を申請するには、看護師国家試験に合格していることが最低条件となった。2007年（平成19年）3月31日までに免許申請すれば、看護師国家試験に合格していなくても、保健師国家試験や助産師国家試験に合格していれば保健師や助産師の免許が取得できた。（看護師国家試験合格の効力に有効期限はない）

（ⅱ）2007年（平成19年）3月31日以前に免許を取得した看護師資格のない（看護師国家試験に合格していない場合を含む）保健師・助産師が、第31条第2項により、看護師業務を行なうことの是非については第31条　要諦　（ⅱ）を参照のこと。一方、2007年（平成19年）3月31日以前に免許を取得した保健師・助産師 |

（看護師国家試験に合格しているが免許申請していない場合）が、第31条第２項により、看護師業務を行なうときは、改めて看護師免許を申請すればよい。

（ⅲ）保健師や助産師は2007年（平成19年）４月１日以降、積み上げ資格となり、今後看護基礎教育がどうあるべきかや、看護職養成制度の抜本的改革に一石を投じたことになる。

（ⅳ）免許申請時に必要となる書類（保助看法施行規則第１条の３）☞p.337～p.339

保健師免許：保健師国家試験合格証書（写）＋戸籍謄本（又は戸籍抄本）＋医師の診断書＋申請書　看護師国家試験合格証書（写）

助産師免許：助産師国家試験合格証書（写）＋戸籍謄本（又は戸籍抄本）＋医師の診断書＋申請書　看護師国家試験合格証書（写）

看護師免許：看護師国家試験合格証書（写）＋戸籍謄本（又は戸籍抄本）＋医師の診断書＋申請書

| 参考 | 第12条（免許申請、免許付与、免許証の交付）、第31条第２項（看護師の業務独占規定）

第８条〔准看護師免許の積極的要件〕

　准看護師になろうとする者は、准看護師試験に合格し、都道府県知事の免許を受けなければならない。

第９条〔看護職免許の消極的要件―相対的欠格事由〕

　次の各号のいずれかに該当する者には、前二条の規定による免許（以下「免許」という。）を与えないことがある。

一　罰金以上の刑に処せられた者

二　前号に該当する者を除くほか、保健師、助産師、看護師又は准看護師の業務に関し犯罪又は不正の行為があつた者

三　心身の障害により保健師、助産師、看護師又は准看護師の業務を適正に行うことができない者として厚生労働省令で定めるもの

四　麻薬、大麻又はあへんの中毒者

| 要諦 | （ⅰ）看護職の免許を持たない者（看護職養成校を卒業見込みか卒業してこれから免許申請する者、免許取消の行政処分を受けて免許証を返納して再免許申請しようとする者）に対する欠格事由で、各号に該当する場合には免許を与えられない場合がある。

（ⅱ）現に看護職の免許を持っていて、各号に該当する行いをした者に対して、戒告、3年以内の業務停止、免許取消のいずれかの行政処分を行なうことができる。

（ⅲ）第1号関係：刑には執行猶予付きの刑の言い渡しがあった場合も含まれる。

　　　第2号関係：保助看法や他の法規に違反して、業務に関する犯罪や不正行為を行なった場合

　　　第3号関係：厚生労働省令：保助看法施行規則第1条は「視覚、聴覚、音声機能若しくは精神の機能の障害により、保健師、助産師、看護師又は准看護師の業務を適正に行うに当たつて必要な認知、判断及び意思疎通を適切に行なうことができない者」と規定し、同第1条の2は、厚生労働大臣が免許を与えるかどうかを決定するときには「当該者が現に利用している障害を補う手段又は当該者が現に受けている治療等により障害が補われ、又は障害の程度が軽減している状況を考慮しなければならない」と規定する。（准看護師にも準用される。）

　　　第4号関係：ナイチンゲール精神に照らしてみれば、「相対的」でない欠格事由ではないか。

参考　　第14条（免許所持者に対する厚生労働大臣による行政処分）、刑法第25条（刑の執行猶予）

第10条〔保健師籍・助産師籍・看護師籍〕

　厚生労働省に保健師籍、助産師籍及び看護師籍を備え、登録年月日、第14条第1項の規定による処分に関する事項その他の保健師免許、助産師免許及び看護師免許に関する事項を登録する。

要諦　　（ⅰ）登録事項：①登録番号、登録年月日　②本籍地都道府県、氏名、生年月日　③性別（保健師、看護師）　④各国家試験合格年月日　⑤行政処分の内容（第14条第1項）　⑥行政処分を受けた者に対する再教育研修（第15条の2）の修了の旨

（ⅱ）籍に登録しているが、業務従事者届（第33条）を提出していない看護職（保健師、助産師、看護師）の実数を把握しておこう。

（ⅲ）看護師等の人材確保の促進に関する法律第16条の3（看護師等の届出等）の規定により離職した看護職の把握が進むことになる。

| 参考 | 第12条、第14条、第15条の２、第33条（業務従事者届） |

第11条〔准看護師籍〕

　都道府県に准看護師籍を備え、登録年月日、第14条第２項の規定による処分に関する事項その他の准看護師免許に関する事項を登録する。

要諦	（i）登録事項：①登録番号、登録年月日　②本籍地都道府県、氏名、生年月日、性別　③資格試験合格年月、試験施行地都道府県　④行政処分の内容（第14条第２項）　⑤行政処分を受けた者に対する再教育研修（第15条の２）の修了の旨
	（ii）籍に登録しているが、業務従事者届（第33条）を提出していない看護職（准看護師）の実数を把握しておこう。
参考	第12条、第14条、第15条の２、第33条（業務従事者届）

第12条〔免許の付与及び免許証の交付─業務開始時期〕

① 保健師免許は、保健師国家試験及び看護師国家試験に合格した者の申請により、保健師籍に登録することによつて行う。

② 助産師免許は、助産師国家試験及び看護師国家試験に合格した者の申請により、助産師籍に登録することによつて行う。

③ 看護師免許は、看護師国家試験に合格した者の申請により、看護師籍に登録することによつて行う。

④ 准看護師免許は、准看護師試験に合格した者の申請により、准看護師籍に登録することによつて行う。

⑤ 厚生労働大臣又は都道府県知事は、免許を与えたときは、それぞれ保健師免許証、助産師免許証若しくは看護師免許証又は准看護師免許証を交付する。

| 要諦 | 保健師免許、助産師免許、看護師免許又は准看護師免許は、第７条又は第８条の条件を満たし、各籍に登録することによって有効となる。各免許が付与されれば、同時に免許証が交付される。免許が有効となった時点で各業務開始可能となる。 |
| 参考 | 第７条、第８条、第33条（業務従事者届） |

第13条〔第９条第３号相対的欠格事由該当による免許不付与に当たっての意見の聴取〕

① 厚生労働大臣は、保健師免許、助産師免許又は看護師免許を申請した者について、第９条第３号に掲げる者に該当すると認め、同条の規定により当該申請に係る免許を与えないこ

ととするときは、あらかじめ、当該申請者にその旨を通知し、その求めがあつたときは、厚生労働大臣の指定する職員にその意見を聴取させなければならない。

② 都道府県知事は、准看護師免許を申請した者について、第9条第3号に掲げる者に該当すると認め、同条の規定により准看護師免許を与えないこととするときは、あらかじめ、当該申請者にその旨を通知し、その求めがあつたときは、当該都道府県知事の指定する職員にその意見を聴取させなければならない。

| 要諦 | 厚生労働大臣又は都道府県知事によって行政処分（免許不付与）がなされる場合の手続きの保障を定めたもので、保助看法施行規則第1条の2（保助看法第9条第3号の障害を補う手段等の考慮）に該当するか否かの判断はより慎重にする必要がある。 |

| 参考 | 第9条第3号 |

第14条〔免許所持者に対する行政処分、取消処分後の再免許申請要件〕

① 保健師、助産師若しくは看護師が第9条各号のいずれかに該当するに至つたとき、又は保健師、助産師若しくは看護師としての品位を損するような行為のあつたときは、厚生労働大臣は、次に掲げる処分をすることができる。

　一　戒告

　二　3年以内の業務の停止

　三　免許の取消し

② 准看護師が第9条各号のいずれかに該当するに至つたとき、又は准看護師としての品位を損するような行為のあつたときは、都道府県知事は、次に掲げる処分をすることができる。

　一　戒告

　二　3年以内の業務の停止

　三　免許の取消し

③ 前二項の規定による取消処分を受けた者（第9条第1号若しくは第2号に該当し、又は保健師、助産師、看護師若しくは准看護師としての品位を損するような行為のあつた者として前二項の規定による取消処分を受けた者にあつては、その処分の日から起算して5年を経過しない者を除く。）であつても、その者がその取消しの理由となつた事項に該当しなくなつたとき、その他その後の事情により再び免許を与えるのが適当であると認められるに至つたときは、再免許を与えることができる。この場合においては、第12条の規定を準用する。

要諦　（ⅰ）現免許所持者に対する行政処分の規定で、その対象となる行為は、第9条各号
と品位損失行為である。品位損失行為とは、看護職として相応しい感じや印象
を失う行為を指す。この行政処分を受ける場合、他に法的責任として民事責任
や刑事責任を負うこともある。

（ⅱ）2006年（平成18年）に改正されるまで、行政処分は業務停止と免許取消の二種
類であった。

（ⅲ）この行政処分を受けた場合、第15条の2に定める命令に従って「保健師等再教
育研修」「准看護師再教育研修」を受けなければならない。

（ⅴ）免許取消処分を受けた場合でも、取消処分を受けた理由が消失しているか、再
免許付与に相応しい事情があれば、再免許申請できる。

（ⅵ）但し、第9条第1号、第2号、品位損失行為を理由に、免許取消処分を受けた
場合は、5年間は再免許申請できない。

参考　第9条、第15条の2、第44条の2（業務停止命令違反に対する罰則）、第45条（再
教育研修命令違反に対する罰則）

第15条〔免許の取消又は業務停止の処分の手続〕

① 厚生労働大臣は、前条第1項又は第3項に規定する処分をしようとするときは、あらかじ
め医道審議会の意見を聴かなければならない。

② 都道府県知事は、前条第2項又は第3項に規定する処分をしようとするときは、あらかじ
め准看護師試験委員の意見を聴かなければならない。

③ 厚生労働大臣は、前条第1項の規定による免許の取消処分をしようとするときは、都道府
県知事に対し、当該処分に係る者に対する意見の聴取を行うことを求め、当該意見の聴取
をもつて、厚生労働大臣による聴聞に代えることができる。

④ 行政手続法（平成5年法律第88号）第3章第2節（第25条、第26条及び第28条を除
く。）の規定は、都道府県知事が前項の規定により意見の聴取を行う場合について準用す
る。この場合において、同節中「聴聞」とあるのは「意見の聴取」と、同法第15条第1
項中「行政庁」とあるのは「都道府県知事」と、同条第3項（同法第22条第3項におい
て準用する場合を含む。）中「行政庁は」とあるのは「都道府県知事は」と、「当該行政
庁が」とあるのは「当該都道府県知事が」と、「当該行政庁の」とあるのは「当該都道府
県の」と、同法第16条第4項並びに第18条第1項及び第3項中「行政庁」とあるのは
「都道府県知事」と、同法第19条第1項中「行政庁が指名する職員その他政令で定める
者」とあるのは「都道府県知事が指名する職員」と、同法第20条第1項、第2項及び第
4項中「行政庁」とあるのは「都道府県」と、同条第6項、同法第24条第3項及び第27

条第1項 中「行政庁」とあるのは「都道府県知事」と読み替えるものとする。

⑤　厚生労働大臣は、都道府県知事から当該処分の原因となる事実を証する書類その他意見の聴取を行う上で必要となる書類を求められた場合には、速やかにそれらを当該都道府県知事あて送付しなければならない。

⑥　都道府県知事は、第3項の規定により意見の聴取を行う場合において、第4項において読み替えて準用する行政手続法第24条第3項 の規定により同条第1項 の調書及び同条第3項 の報告書の提出を受けたときは、これらを保存するとともに、当該処分の決定についての意見を記載した意見書を作成し、当該調書及び報告書の写しを添えて厚生労働大臣に提出しなければならない。

⑦　厚生労働大臣は、意見の聴取の終結後に生じた事情にかんがみ必要があると認めるときは、都道府県知事に対し、前項の規定により提出された意見書を返戻して主宰者に意見の聴取の再開を命ずるよう求めることができる。行政手続法第22条第2項 本文及び第3項 の規定は、この場合について準用する。

⑧　厚生労働大臣は、当該処分の決定をするときは、第6項の規定により提出された意見書並びに調書及び報告書の写しの内容を十分参酌してこれをしなければならない。

⑨　厚生労働大臣は、前条第1項の規定による業務の停止の命令をしようとするときは、都道府県知事に対し、当該処分に係る者に対する弁明の聴取を行うことを求め、当該弁明の聴取をもって、厚生労働大臣による弁明の機会の付与に代えることができる。

⑩　前項の規定により弁明の聴取を行う場合において、都道府県知事は、弁明の聴取を行うべき日時までに相当な期間をおいて、当該処分に係る者に対し、次に掲げる事項を書面により通知しなければならない。

　一　前条第1項の規定を根拠として当該処分をしようとする旨及びその内容

　二　当該処分の原因となる事実

　三　弁明の聴取の日時及び場所

⑪　厚生労働大臣は、第9項に規定する場合のほか、厚生労働大臣による弁明の機会の付与に代えて、医道審議会の委員に、当該処分に係る者に対する弁明の聴取を行わせることができる。この場合においては、前項中「前項」とあるのは「次項」と、「都道府県知事」とあるのは「厚生労働大臣」と読み替えて、同項の規定を適用する。

⑫　第10項（前項後段の規定により読み替えて適用する場合を含む。）の通知を受けた者は、代理人を出頭させ、かつ、証拠書類又は証拠物を提出することができる。

⑬　都道府県知事又は医道審議会の委員は、第9項又は第11項前段の規定により弁明の聴取を行つたときは、聴取書を作り、これを保存するとともに、当該処分の決定についての意見を記載した報告書を作成し、厚生労働大臣に提出しなければならない。

⑭　厚生労働大臣は、第3項又は第9項の規定により都道府県知事が意見の聴取又は弁明の聴取を行う場合においては、都道府県知事に対し、あらかじめ、次に掲げる事項を通知しなければならない。

　一　当該処分に係る者の氏名及び住所

　二　当該処分の内容及び根拠となる条項

　三　当該処分の原因となる事実

⑮　第3項の規定により意見の聴取を行う場合における第4項において読み替えて準用する行政手続法第15条第1項の通知又は第9項の規定により弁明の聴取を行う場合における第10項の通知は、それぞれ、前項の規定により通知された内容に基づいたものでなければならない。

⑯　都道府県知事は、前条第2項の規定による業務の停止の命令をしようとするときは、都道府県知事による弁明の機会の付与に代えて、准看護師試験委員に、当該処分に係る者に対する弁明の聴取を行わせることができる。

⑰　第10項、第12項及び第13項の規定は、准看護師試験委員が前項の規定により弁明の聴取を行う場合について準用する。この場合において、第10項中「前項」とあるのは「第16項」と、「前条第1項」とあるのは「前条第2項」と、第12項中「第10項（前項後段の規定により読み替えて適用する場合を含む。）」とあるのは「第17項において準用する第10項」と、第13項中「都道府県知事又は医道審議会の委員」とあるのは「准看護師試験委員」と、「第9項又は第11項前段」とあるのは「第16項」と、「厚生労働大臣」とあるのは「都道府県知事」と読み替えるものとする。

⑱　第3項若しくは第9項の規定により都道府県知事が意見の聴取若しくは弁明の聴取を行う場合、第11項前段の規定により医道審議会の委員が弁明の聴取を行う場合又は第16項の規定により准看護師試験委員が弁明の聴取を行う場合における当該処分については、行政手続法第3章（第12条及び第14条を除く。）の規定は、適用しない。

> **要諦**　厚生労働大臣又は都道府県知事による行政処分の手続き経過と、医道審議会又は准看護師試験委員の意見の聴取についての詳細な取り決めが定めてある。行政処分の種類（戒告、3年以内の業務停止、免許の取消し）によって若干異なるが、もっと簡素な形にまとめるべきであろう。

第15条の2〔行政処分後の保健師等再教育研修等〕

①　厚生労働大臣は、第14条第1項第1号若しくは第2号に掲げる処分を受けた保健師、助産師若しくは看護師又は同条第3項の規定により保健師、助産師若しくは看

護師に係る再免許を受けようとする者に対し、保健師、助産師若しくは看護師として の倫理の保持又は保健師、助産師若しくは看護師として必要な知識及び技能に 関する研修として厚生労働省令で定めるもの（以下「保健師等再教育研修」とい う。）を受けるよう命ずることができる。

② 都道府県知事は、第14条第2項第1号若しくは第2号に掲げる処分を受けた准看護 師又は同条第3項の規定により准看護師に係る再免許を受けようとする者に対し、 准看護師としての倫理の保持又は准看護師として必要な知識及び技能に関する研修 として厚生労働省令で定めるもの（以下「准看護師再教育研修」という。）を受け るよう命ずることができる。

③ 厚生労働大臣は、第1項の規定による保健師等再教育研修を修了した者について、 その申請により、保健師等再教育研修を修了した旨を保健師籍、助産師籍又は看護 師籍に登録する。

④ 都道府県知事は、第2項の規定による准看護師再教育研修を修了した者について、 その申請により、准看護師再教育研修を修了した旨を准看護師籍に登録する。

⑤ 厚生労働大臣又は都道府県知事は、前二項の登録をしたときは、再教育研修修了登 録証を交付する。

⑥ 第3項の登録を受けようとする者及び保健師、助産師又は看護師に係る再教育研修 修了登録証の書換交付又は再交付を受けようとする者は、実費を勘案して政令で定 める額の手数料を納めなければならない。

⑦ 前条第9項から第15項まで（第11項を除く。）及び第18項の規定は、第1項の規定 による命令をしようとする場合について準用する。この場合において、必要な技術 的読替えは、政令で定める。

> **要諦**　（ⅰ）「保健師等再教育研修」「准看護師再教育研修」は、技術研修と倫理研修であ る。
> 　　　（ⅱ）上記の再教育研修命令に従い研修を終了した者には、申請により、各「籍」に 登録した上で、「再教育研修修了登録証」を交付することになる。現職復帰 （業務再開）には、この登録証が必要になる。

> **参考**　第10条、第11条、第45条（再教育研修命令違反に対する罰則）

第16条〔政令及び厚生労働省令への委任〕

　この章に規定するもののほか、免許の申請、保健師籍、助産師籍、看護師籍及び准看護師籍の 登録、訂正及び抹消、免許証の交付、書換交付、再交付、返納及び提出並びに住所の届出に関し

て必要な事項は政令で、前条第1項の保健師等再教育研修及び同条第2項の准看護師再教育研修の実施、同条第3項の保健師籍、助産師籍及び看護師籍の登録並びに同条第4項の准看護師籍の登録並びに同条第5項の再教育研修修了登録証の交付、書換交付及び再交付に関して必要な事項は厚生労働省令で定める。

> **参考**　政令（保助看法施行令）及び厚生労働省令（保助看法施行規則）については、必要に応じて検索すること。

◇◇◇◇◇◇◇◇◇◇◇◇◇◇◇◇◇◇◇◇◇◇◇◇◇◇◇◇◇◇◇◇◇◇◇◇

第3章　試　　験

第17条〔試験の内容〕

保健師国家試験、助産師国家試験、看護師国家試験又は准看護師試験は、それぞれ保健師、助産師、看護師又は准看護師として必要な知識及び技能について、これを行う。

> **要諦**　「知識」について各試験において行なわれているが、「技能」については、保健師助産師看護師学校養成所指定規則及び「看護師等養成所の運営に関する指導要領について（通達）」で、卒業要件（欠席日数が出席すべき日数の三分の一を超えないこと等）を厳しく規定していること等で事実上免除と考えてよいか。

> **参考**　保健師助産師看護師法施行規則第20条、同第21条、同第22条
> なお、同第20条は、2012年（平成24年）4月1日より、保健師国家試験科目を、①公衆衛生看護学　②疫学　③保健統計学　④保健医療福祉行政論　に改められた。

第18条〔試験の実施〕

保健師国家試験、助産師国家試験及び看護師国家試験は、厚生労働大臣が、准看護師試験は、都道府県知事が、厚生労働大臣の定める基準に従い、毎年少なくとも1回これを行う。

> **要諦**　国家試験、資格試験の合格水準の変動によっては、看護職の需要に見合わない人員しか確保できない場合が想定される。この場合は、年に2回試験を実施することになる。

第19条〔保健師国家試験の受験資格〕

保健師国家試験は、次の各号のいずれかに該当する者でなければ、これを受けることができない。

一　文部科学省令・厚生労働省令で定める基準に適合するものとして、文部科学大臣の指定した学校において1年以上保健師になるのに必要な学科を修めた者

二　文部科学省令・厚生労働省令で定める基準に適合するものとして、厚生労働大臣の指定した保健師養成所を卒業した者

三　外国の第二条に規定する業務に関する学校若しくは養成所を卒業し、又は外国において保健師免許に相当する免許を受けた者で、厚生労働大臣が前二号に掲げる者と同等以上の知識及び技能を有すると認めたもの

要諦　（ⅰ）国家試験受験時に必要となる書類（保助看法施行規則第24条）

保健師：受験願書（☞p.335）＋写真＋（大学、短大専攻科：修業証明書　保健師養成所：卒業証明書）

（ⅱ）大学等統合カリキュラムを採用している養成校では保健師養成と看護師養成を並行して行っている関係上、保健師国家試験受験時点で看護師国家試験に合格している必要はないが、保健師養成所入学資格に看護師国家試験合格を必要とするかは養成所の判断に任されるとはいえ、看護基礎教育を修了していることから入学時点で看護師国家試験に合格していることが望ましいといえる。

（ⅲ）第1号の修業年限は、2010年（平成22年）4月に6ヶ月から1年以上に変更になった。

（ⅳ）看護基礎教育を何年にすべきかの議論に、この条文及び第7条は有用な示唆を与えてくれている。

　　つまり、大学での保健師国家試験に必要な科目の履修が、看護師国家試験に必要な科目の履修との併修を予定していることはこの条文から明らかだが、一般教養科目の履修がほぼ1年間に亘って行われることから、これまでの看護基礎教育3年を前提に考えれば、大学で保健師教育を終えるには物理的に最低5年間大学に通うことになる。二つの国家試験を控える教育に一定の相乗効果を期待する半面、看護師のみのライセンスを求めて入学する志願者もいることを考えると、保健師教育と看護師教育とは峻別するべきではないだろうか。看護職養成制度がどうあるべきかを論じるときに改めて展開してみたい。

第20条〔助産師国家試験の受験資格〕

助産師国家試験は、次の各号のいずれかに該当する者でなければ、これを受けることができない。

一　文部科学省令・厚生労働省令で定める基準に適合するものとして、文部科学大臣の

指定した学校において1年以上助産に関する学科を修めた者

二　文部科学省令・厚生労働省令で定める基準に適合するものとして、厚生労働大臣の指定した助産師養成所を卒業した者

三　外国の第3条に規定する業務に関する学校若しくは養成所を卒業し、又は外国において助産師免許に相当する免許を受けた者で、厚生労働大臣が前二号に掲げる者と同等以上の知識及び技能を有すると認めたもの

要諦　（ⅰ）国家試験受験時に必要となる書類（保助看法施行規則第24条）

助産師：受験願書（☞p.335）＋写真＋（大学院、大学、大学校、短大専攻科：修業証明書　保健師養成所：卒業証明書）

（ⅱ）大学等統合カリキュラムを採用している養成校では助産師養成と看護師養成を並行して行っている関係上、助産師国家試験受験時点で看護師国家試験に合格している必要はないが、助産師養成所（大学院、大学専攻科を含む）入学資格に看護師国家試験合格を必要とするかは養成所の判断に任されるとはいえ、看護基礎教育を修了していることから入学時点で看護師国家試験に合格していることが望ましいと言える。

（ⅲ）第1号の修業年限は、2010年（平成22年）4月に6ヶ月から1年以上に変更になった。助産師教育を大学院（2年）で行なうようになってから、1年以上という期間の算出根拠が問われそうだ。

（ⅳ）前条で述べたように、大学での助産師国家試験に必要な科目の履修が、看護師国家試験に必要な科目の履修との併修を予定していることはこの条文から明らかだが、一般教養科目の履修がほぼ1年間に亘って行われることから、これまでの看護基礎教育3年を前提に考えれば、大学で助産師教育を終えるには物理的に最低5年間大学に通うことになる。ましてや、この間に助産師課程履修者は国家試験受験時までに正常産の分娩を10回程度取り扱う（保健師助産師看護師学校養成所指定規則第3条別表二）こととされている。助産師教育が、大学院、大学の専攻科、短期大学の専攻科で実施されていることを考慮すると、助産師教育と看護師教育とは峻別するべきではないだろうか。

第21条〔看護師国家試験の受験資格〕

看護師国家試験は、次の各号のいずれかに該当する者でなければ、これを受けることができない。

一　文部科学省令・厚生労働省令で定める基準に適合するものとして、文部科学大臣の

指定した学校教育法（昭和22年法律第26号）に基づく大学（短期大学を除く。第4号において同じ。）において看護師になるのに必要な学科を修めて卒業した者

二　文部科学省令・厚生労働省令で定める基準に適合するものとして、文部科学大臣の指定した学校において3年以上看護師になるのに必要な学科を修めた者

三　文部科学省令・厚生労働省令で定める基準に適合するものとして、厚生労働大臣の指定した看護師養成所を卒業した者

四　免許を得た後3年以上業務に従事している准看護師又は学校教育法に基づく高等学校若しくは中等教育学校を卒業している准看護師で前三号に規定する大学、学校又は養成所において2年以上修業したもの

五　外国の第5条に規定する業務に関する学校若しくは養成所を卒業し、又は外国において看護師免許に相当する免許を受けた者で、厚生労働大臣が第1号から第3号に掲げる者と同等以上の知識及び技能を有すると認めたもの

要諦　（ⅰ）国家試験受験時に必要となる書類（保助看法施行規則第24条）

看護師：受験願書（☞p.335）＋写真＋（大学：卒業証明書　短大専攻科：修業証明書　第3号看護師養成所：卒業証明書　第4号看護師養成所：修業証明書）

（ⅱ）2010年（平成22年）4月から、大学（4年制）で学ぶ者は卒業しなければ受験できなくなった。

（ⅲ）大学、短大、大学校、専修学校、各種学校等教育機関の違いを問わず、同じ国家試験を受験できる。

（ⅳ）看護基礎教育の修業年限についての議論に決着がついていないのは、養成制度や資格の一本化等の課題が未解決であるからである。看護師のニーズは、その高度な社会性から医療、福祉、行政の多岐に渡っている。それゆえ様々な養成過程が混在することは止むを得ないが、それを束ねる機関は一本化するべきであろう。

（ⅴ）外国の看護師養成校を卒業した場合や外国の看護師資格を取得した者の受験に関しては、その受験資格を厚生労働大臣が認定することになる。国の経済連携協定に基づく外国人看護師候補生が受験し年々合格者数が増してきている。

（ⅵ）看護師国家試験受験資格があれば、都道府県知事の実施する准看護師資格試験の受験資格がある。（第22条）

第22条〔准看護師試験の受験資格〕

　准看護師試験は、次の各号のいずれかに該当する者でなければ、これを受けることができない。

　一　文部科学省令・厚生労働省令で定める基準に適合するものとして、文部科学大臣の指定した学校において２年の看護に関する学科を修めた者

　二　文部科学省令・厚生労働省令で定める基準に適合するものとして、厚生労働大臣の定める基準に従い、都道府県知事の指定した准看護師養成所を卒業した者

　三　前条第１号から第３号まで又は第５号に該当する者

　四　外国の第５条に規定する業務に関する学校若しくは養成所を卒業し、又は外国において看護師免許に相当する免許を受けた者のうち、前条第５号に該当しない者で、厚生労働大臣の定める基準に従い、都道府県知事が適当と認めたもの

要諦　　（ⅰ）准看護師試験受験時に必要となる書類（保助看法施行規則第27条）

　　　　　　受験願書＋写真＋（准看護師養成所：卒業証明書、大学短大：卒業証明書　看護師養成所：卒業証明書）

　　　　（ⅱ）第３号規定の根拠は、准看護師は看護師の指示を受けて看護行為をする（第６条）ことにあると考えられる。しかし、看護師も准看護師も同じ業務内容を行なうのにこのような階層性を設けること自体、養成制度の諸矛盾を生み出し、未解決の教育上の課題を残すことになる。

第23条〔医道審議会の意見聴取〕

　①　厚生労働大臣は、保健師国家試験、助産師国家試験若しくは看護師国家試験の科目若しくは実施若しくは合格者の決定の方法又は第18条に規定する基準を定めようとするときは、あらかじめ、医道審議会の意見を聴かなければならない。

　②　文部科学大臣又は厚生労働大臣は、第19条第１号若しくは第２号、第20条第１号若しくは第２号、第21条第１号から第３号まで又は前条第１号若しくは第２号に規定する基準を定めようとするときは、あらかじめ、医道審議会の意見を聴かなければならない。

第24条〔保健師助産師看護師試験委員の設置〕

　①　保健師国家試験、助産師国家試験及び看護師国家試験の実施に関する事務をつかさどらせるため、厚生労働省に保健師助産師看護師試験委員を置く。

　②　保健師助産師看護師試験委員に関し必要な事項は、政令で定める。

| 要諦 | 看護職養成の過程の仕上げ段階である国家試験に関しては厚生労働省に所管されている。しかし、実際に問題作成に当たっては、文部科学省にその存在根拠を置く大学の関係者も関与している。看護職は医療・福祉をそのフィールドとする以上、厚生労働省の外局あるいは独立行政法人の、もっと言えば時の政治とは距離を置く中立公正な「看護教育機構」なる組織の中で養成するべきであろう。「看護職養成法」なる法制度の確立も望まれるところである。 |

第25条〔准看護師試験委員〕

①　准看護師試験の実施に関する事務（以下「試験事務」という。）をつかさどらせるために、都道府県に准看護師試験委員を置く。

②　准看護師試験委員に関し必要な事項は、都道府県の条例で定める。

第26条〔試験事務担当者の不正行為禁止〕

　保健師助産師看護師試験委員、准看護師試験委員その他保健師国家試験、助産師国家試験、看護師国家試験又は准看護師試験の実施に関する事務をつかさどる者（指定試験機関（次条第1項に規定する指定試験機関をいう。）の役員又は職員（第27条の5第1項に規定する指定試験機関准看護師試験委員を含む。第27条の6において同じ。）を含む。）は、その事務の施行に当たつては厳正を保持し、不正の行為のないようにしなければならない。

| 要諦 | 試験問題作成委員が養成校の要職にあるのは当然のことであり、立場上高潔であることを要求される。もし不正行為があったときは、厳正に処罰すべきは法の要請するところであるが、養成校の所管が異なることが統一性を阻害し結果として情報管理・統制ができないのであれば、これは看護職養成制度の問題である。 |
| 参考 | 第44条（試験委員の不正行為に対する罰則） |

第27条〔准看護師試験の委託〕

①　都道府県知事は、厚生労働省令で定めるところにより、一般社団法人又は一般財団法人であつて、試験事務を適正かつ確実に実施することができると認められるものとして当該都道府県知事が指定する者（以下「指定試験機関」という。）に、試験事務の全部又は一部を行わせることができる。

②　都道府県知事は、前項の規定により指定試験機関に試験事務の全部又は一部を行わせることとしたときは、当該試験事務の全部又は一部を行わないものとする。

③　都道府県は、地方自治法（昭和22年法律第67号）第227条の規定に基づき准看護師試験に

係る手数料を徴収する場合においては、准看護師試験（第1項の規定により指定試験機関が試験事務を行うものに限る。）を受けようとする者に、条例で定めるところにより、当該手数料の全部又は一部を当該指定試験機関へ納めさせ、その収入とすることができる。

第27条の2　〔指定試験機関の役員〕

① 試験事務に従事する指定試験機関の役員の選任及び解任は、都道府県知事の認可を受けなければ、その効力を生じない。

② 都道府県知事は、指定試験機関の役員が、この法律（この法律に基づく命令又は処分を含む。）若しくは第27条の4第1項に規定する試験事務規程に違反する行為をしたとき、又は試験事務に関し著しく不適当な行為をしたときは、当該指定試験機関に対し、当該役員の解任を命ずることができる。

第27条の3　〔指定試験機関の義務〕

① 指定試験機関は、毎事業年度、事業計画及び収支予算を作成し、当該事業年度の開始前に（指定を受けた日の属する事業年度にあつては、その指定を受けた後遅滞なく）、都道府県知事の認可を受けなければならない。これを変更しようとするときも、同様とする。

② 指定試験機関は、毎事業年度の経過後3月以内に、その事業年度の事業報告書及び収支決算書を作成し、都道府県知事に提出しなければならない。

第27条の4　〔試験事務規定〕

① 指定試験機関は、試験事務の開始前に、試験事務の実施に関する規程（以下この条において「試験事務規程」という。）を定め、都道府県知事の認可を受けなければならない。これを変更しようとするときも、同様とする。

② 試験事務規程で定めるべき事項は、厚生労働省令で定める。

③ 都道府県知事は、第1項の認可をした試験事務規程が試験事務の適正かつ確実な実施上不適当となつたと認めるときは、指定試験機関に対し、これを変更すべきことを命ずることができる。

第27条の5　〔試験委員〕

① 指定試験機関は、試験事務を行う場合において、試験の問題の作成及び採点については、指定試験機関准看護師試験委員（以下この条において「試験委員」という。）に行わせなければならない。

② 指定試験機関は、試験委員を選任しようとするときは、厚生労働省令で定める要件を備え

る者のうちから選任しなければならない。

③　第27条の2第1項の規定は試験委員の選任及び解任について、同条第2項の規定は試験委員の解任について、それぞれ準用する。

_____

第27条の6〔指定試験機関の役職員の守秘義務〕

①　指定試験機関の役員若しくは職員又はこれらの職にあつた者は、試験事務に関して知り得た秘密を漏らしてはならない。

②　試験事務に従事する指定試験機関の役員又は職員は、刑法（明治40年法律第45号）その他の罰則の適用については、法令により公務に従事する職員とみなす。

_____

第27条の7〔帳簿の保管〕

指定試験機関は、厚生労働省令で定めるところにより、試験事務に関する事項で厚生労働省令で定めるものを記載した帳簿を備え、これを保存しなければならない。

_____

第27条の8〔監督命令〕

都道府県知事は、試験事務の適正かつ確実な実施を確保するため必要があると認めるときは、指定試験機関に対し、試験事務に関し監督上必要な命令をすることができる。

_____

第27条の9〔立ち入り調査〕

①　都道府県知事は、試験事務の適正かつ確実な実施を確保するため必要があると認めるときは、その必要な限度で、指定試験機関に対し、報告を求め、又は当該職員に、関係者に対し質問させ、若しくは指定試験機関の事務所に立ち入り、その帳簿書類その他の物件を検査させることができる。

②　前項の規定による質問又は立入検査を行う場合においては、当該職員は、その身分を示す証明書を携帯し、関係者の請求があるときは、これを提示しなければならない。

③　第1項の規定による権限は、犯罪捜査のために認められたものと解釈してはならない。

_____

第27条の10〔休廃止の許可〕

指定試験機関は、都道府県知事の許可を受けなければ、試験事務の全部又は一部を休止し、又は廃止してはならない。

_____

第27条の11〔指定の取消〕

①　都道府県知事は、指定試験機関が一般社団法人又は一般財団法人でなくなつたときその他

厚生労働省令で定める場合には、その指定を取り消さなければならない。

②　都道府県知事は、試験事務の適正かつ確実な実施を確保するため必要があると認められる場合として厚生労働省令で定める場合には、指定試験機関の指定を取り消し、又は期間を定めて、指定試験機関に対し、試験事務の全部若しくは一部の停止を命ずることができる。

第27条の12〔指定等の条件〕

①　第27条第１項、第27条の２第１項（第27条の５第３項において準用する場合を含む。）、第27条の３第１項、第27条の４第１項又は第27条の10の規定による指定、認可又は許可には、条件を付し、及びこれを変更することができる。

②　前項の条件は、当該指定、認可又は許可に係る事項の確実な実施を図るため必要な最小限度のものに限り、かつ、当該指定、認可又は許可を受ける者に不当な義務を課することとなるものであつてはならない。

第27条の13〔不服申立としての審査請求〕

　指定試験機関が行う試験事務に係る処分又はその不作為について不服がある者は、都道府県知事に対し、審査請求をすることができる。この場合において、都道府県知事は、行政不服審査法（平成26年法律第68号）第25条第２項及び第３項、第46条第１項及び第２項、第47条並びに第49条第３項の規定の適用については、指定試験機関の上級行政庁とみなす。

第27条の14〔都道府県知事による実施〕

　都道府県知事は、指定試験機関が第27条の10の規定による許可を受けて試験事務の全部若しくは一部を休止したとき、第27条の11第２項の規定により指定試験機関に対し試験事務の全部若しくは一部の停止を命じたとき、又は指定試験機関が天災その他の事由により試験事務の全部若しくは一部を実施することが困難となつた場合において必要があると認めるときは、当該試験事務の全部又は一部を自ら行うものとする。

第27条の15〔公示の義務〕

　都道府県知事は、次に掲げる場合には、その旨を公示しなければならない。

一　第27条第１項の規定による指定をしたとき。

二　第27条の10の規定による許可をしたとき。

三　第27条の11の規定により指定を取り消し、又は試験事務の全部若しくは一部の停止を命じたとき。

四　前条の規定により試験事務の全部若しくは一部を自ら行うとき、又は同条の規定により自ら行つていた試験事務の全部若しくは一部を行わないこととしたとき。

第28条〔政令及び厚生労働省令への委任〕

　この章に規定するもののほか、第19条から第22条までの規定による学校の指定又は養成所に関して必要な事項は政令で、保健師国家試験、助産師国家試験、看護師国家試験又は准看護師試験の試験科目、受験手続、指定試験機関その他試験に関して必要な事項は厚生労働省令で定める。

　参考　政令（保助看法施行令）及び厚生労働省令（保助看法施行規則）については、必要に応じて検索すること。

第28条の2〔看護職の臨床研修の努力義務〕

　保健師、助産師、看護師及び准看護師は、免許を受けた後も、臨床研修その他の研修（保健師等再教育研修及び准看護師再教育研修を除く。）を受け、その資質の向上を図るように努めなければならない。

　要諦　2009年（平成21年）7月に追加となった重要条文である（施行は2010年（平成22年）4月）。第1条にもあるように、「資質の向上」の規定根拠は明確ではない。しかし、日進月歩の医療技術・医療水準のもとにあって、医療現場での看護師のスキル、センスといったものが無視できない状況になってきていて、自己研鑽は看護師の責務のひとつになっているといって過言ではない。なお、看護師等の置かれている労働環境等を考えるに、ひとり看護師等にだけその責務を負わせるには、あまりにも看護パワーの基盤は脆弱である。国、地方自治体、病院等の医療機関の協力があってこそ相乗効果が期待できることから、看護師等の人材確保の促進に関する法律　第4条〜第6条と連動させて理解をすることが肝要である。☞p.116

第4章　業　　務

第29条〔保健師業務の制限〕

　保健師でない者は、保健師又はこれに類似する名称を用いて、第2条に規定する業をしてはならない。

| 要諦 | （ⅰ）「保健師でない者」とは、保健師の資格を持たない者を指し、他の看護職である助産師、看護師、准看護師のみならず広く一般人も指す。第2条のところでも述べたように、保健指導自体は社会生活の多岐に亘って行なわれていることであって法による禁止には馴染まない。しかし、国家資格者としての保健師の活動内容を保証する担保として、本条違反者に対して第43条（業務制限違反者に対する罰則）に罰則を規定している。この場合、「保健師又はこれに類似する名称を用い」ないことが要件である。公衆衛生看護師などがその例である。 |

（ⅱ）第4章の業務に規定されていることを考慮して、他の看護職とは異なり、"保健師は業務独占ではない"。

（ⅲ）保健師は名称独占の看護職（第42条の3−平成18年6月追加）なので、保健師でない者が、保健師又はこれに類似する名称を用いて保健指導を行なった場合は、第43条のみならず第45条の2（名称使用違反者に対する罰則）の適用も受ける。

| 参考 | 第2条（保健師の定義）第42条の3（看護職の名称独占）第43条（業務違反に対する罰則） |

第30条〔助産師業務の制限―助産師業務独占〕

助産師でない者は、第3条に規定する業をしてはならない。ただし、医師法（昭和23年法律第201号）の規定に基づいて行う場合は、この限りでない。

| 要諦 | （ⅰ）たとえば、「助産師でない者」すなわち助産師資格を持たない看護師が、助産の知識があるからといって『内診行為』を行なうことは通達で禁止されている。「産婦に対する看護師業務について」（H16.9.3　厚生労働省医政局長通達）☞p.41 |

（ⅱ）医師法第17条は、医師以外の者が医業をすることを禁止している。一方、「助産」は医業の一部である。法の「特別法優先の原理」により、助産師は医業の一部である「助産」行為を行なうことができる。

（ⅲ）保助看法も医師法も、1948年（昭和23年）に成立した法律であるが、（ⅱ）の解釈にあっては医師法が一般法で、保助看法が特別法となる。

| 参考 | 第3条（助産師の定義）第42条の3（看護職の名称独占）第43条（業務違反に対する罰則） |

第31条〔看護師業務の制限─看護師業務独占〕

① 看護師でない者は、第5条に規定する業をしてはならない。ただし、医師法 又は歯科医師法（昭和23年法律第202号）の規定に基づいて行う場合は、この限りでない。

② 保健師及び助産師は、前項の規定にかかわらず、第5条に規定する業を行うことができる。

要諦　（ⅰ）第5条に規定する看護行為は、看護師に独占されているが、本条第1項では、医師又は歯科医師はこれを行なうことができると規定する。また、同第2項では、「保健師」及び「助産師」も第5条に規定する看護行為ができると規定する。

（ⅱ）〔第7条　**要諦**　ⅱの続き〕2007年（平成19年）3月31日以前に免許を取得した看護師資格のない（看護師国家試験に合格していない場合と受験していない場合）保健師・助産師が、本条第2項により、看護師業務を行なうことについて法解釈上は可と考えてよいが、医療安全の観点から疑念は残る。というのは、理由はどうあれ看護師国家試験の受験を回避していれば、看護業務の前提である看護師教育を国家水準で修了していると考えにくいからである。また、受けた保健師教育・助産師教育が看護基礎教育をベースに成立していたとしても、国家試験を受け合格して初めて国家が看護行為を認証・保障することができるからである。この論点に関しては諸説あるが、その分析・検証は別稿に譲る。*

（ⅲ）第52条で、「旧助産婦規則」により助産婦名簿に登録を受けた助産婦は、本条第2項の適用外であると規定してあることより、看護基礎教育を受けていない場合あるいはそれに準ずる場合には看護業務は行なうべきではないと考える。

（ⅳ）2007年（平成19年）3月31日以前に免許を取得した保健師・助産師（看護師国家試験に合格しているが免許申請していない場合）が、本条第2項により、看護師業務を行なうときは、改めて看護師免許を申請すればよい。なぜなら、看護師国家試験合格の有効期間は定められていないからである。

（ⅴ）2007年（平成19年）3月31日以前に、保健師あるいは助産師国家試験に合格していながら免許申請していない場合で看護師国家試験を受験していないか不合格の場合は、第7条の規定により、2007年（平成19年）4月1日以降改めて看護師国家試験を受験し合格しなければ、保健師あるいは助産師免許の申請ができないのはいうまでもない。

---

* 田村やよひ『私たちの拠りどころ保健師助産師看護師法(第2版)』111頁〜112頁(日本看護協会出版会)

（ⅵ）2007年（平成19年）以降、本条第２項は、「看護師国家試験に合格している保健師及び助産師は看護行為ができる。」と解釈するべきであろう。

| 参考 | 第７条（看護師免許の積極的要件）第43条（業務違反に対する罰則）第54条（旧助産婦規則による登録者） |

第32条〔准看護師業務の制限─准看護師業務独占〕

　准看護師でない者は、第６条に規定する業をしてはならない。ただし、医師法又は歯科医師法の規定に基づいて行う場合は、この限りでない。

| 要諦 | （ⅰ）第６条に規定する看護行為（＝第５条の看護行為）は、准看護師に独占されているが、本条では、医師又は歯科医師はこれを行なうことができると規定する。 |

（ⅱ）看護師も准看護師も同じ看護行為を行なえるにもかかわらず、第６条に規定する指示命令系統のみで、待遇等現場に諸矛盾をもたらしている。この諸矛盾解決のために、早急に准看護師の行なう看護行為の明確化、地位の保証等法改正を行うべきである。准看護師制度の存廃についてはそれから先の議論となろう。

| 参考 | 第43条（業務違反に対する罰則） |

第33条〔氏名、住所等の業務従事者届の届出義務〕

　業務に従事する保健師、助産師、看護師又は准看護師は、厚生労働省令で定める２年ごとの年の12月31日現在における氏名、住所その他厚生労働省令で定める事項を、当該年の翌年１月15日までに、その就業地の都道府県知事に届け出なければならない。

| 要諦 | （ⅰ）1982年（昭和57年）改正で、２年毎の届出に変わった。以降平成になってからは偶数年の翌年の１月15日が届け出締切日（調査基準日）となった。　☞p.342〜p.343 |

（ⅱ）この調査でわかる看護職の数と籍の登録者数との差が現在社会問題化している潜在看護職者数になる。ちなみに、差の比率が一番大きいのが助産師である。

（ⅲ）この問題は、免許取得後、現場に出ないことで生じるわけで、様々な個人的事情があるにせよ、看護職者の労働環境の問題として喫緊の課題であるといえる。

（ⅳ）看護職者教育全般から考察すると、業務従事者数と籍の登録者数との不一致すなわち潜在看護職者数の存在は、新人看護職者の離職問題、経験看護職者の労働問題、看護教育機関（大学、短大、専門学校）における入学率・退学率・国家試験合格率・留年率・卒業率といった問題にも通じるところがある。

> **参考** 第10条（保健師・助産師・看護師籍）、第11条（准看護師籍）、第45条（届出義務違反に対する罰則）

第34条　削除

第35条〔保健師に対する主治医の指示〕

　保健師は、傷病者の療養上の指導を行うに当たつて主治の医師又は歯科医師があるときは、その指示を受けなければならない。

> **要諦** 保健師の行なう保健指導の一環としての傷病者に対する療養上の指導に際して、主治医や主治歯科医師がいるときはその指示を受けることを規定する。もし指示を受ける環境にないときは独自の判断でできるのかは不明だが、第37条の解釈に従って保健指導するべきと考えられる。

> **参考** 第36条（保健師に対する保健所長の指示）、第37条、第44条の2（主治医の指示命令違反に対する罰則）

第36条〔保健師に対する保健所長の指示〕

　保健師は、その業務に関して就業地を管轄する保健所の長の指示を受けたときは、これに従わなければならない。ただし、前条の規定の適用を妨げない。

> **要諦** 保健師が保健指導を行なうにあたって、その業務を行なう就業地を管轄する保健所長の指示があるときはそれに従うことを義務付けている。ただし、前条の状況の場合は、主治医等の指示が優先する。たとえば、健康増進法に基づく特定健康診査で生活習慣病の発生リスクが高い場合に実施される特定保健指導において、対象者に主治医等がいる場合が想定される。この場合、主治医等がその対象者（傷病者）について個別具体的に状況を把握していると考えられるからである。

> **参考** 第35条、第44条の2（保健所長の指示命令違反に対する罰則）

第37条〔特定行為の制限—衛生上危険な行為の制限〕

　保健師、助産師、看護師又は准看護師は、主治の医師又は歯科医師の指示があつた場合を除くほか、診療機械を使用し、医薬品を授与し、医薬品について指示をしその他医師又は歯科医師が行うのでなければ衛生上危害を生ずるおそれのある行為をしてはならない。ただし、臨時応急の手当をし、又は助産師がへその緒を切り、浣腸を施しその他助産師の

業務に当然に付随する行為をする場合は、この限りでない。

要諦　（ⅰ）原則：全看護職は、診療機械の使用、医薬品の授与、医薬品についての指示、医師又は歯科医師が行なうのでなければ衛生上危害を生じるおそれのある行為ができない。主治医、主治歯科医の指示があればそれができる。ただ、指示があっても絶対的医行為はできない。したがって、指示は看護職ができる相対的医行為の範囲内に限定される。

　　　　　近年の看護業務の拡大に伴って生じた特定業務の範囲の拡大傾向に応じて絶対的医行為、相対的医行為の線引きを法制化する必要があった。そこで次条第37条の2により、看護における特定行為について法制化が図られた。

（ⅱ）例外：臨時応急手当、助産師のへその緒を切る行為、浣腸、業務に当然付随する行為は指示なくできる。臨時応急の手当の範囲も明確ではないため、災害医療等想定外の場面で看護師等が適法に処置できるよう法制化を急ぐべきである。

（ⅲ）展望　看護職の主体性との関連で、第6条の准看護師は業務遂行にあたって医師の指示が必要と明記されているのに対して、第2条、第3条、第5条の看護職の業務遂行にあたってはそれが必要と明記されていないことで、『「衛生上危害を生じるおそれのある」行為は医師等の指示が必要だが、「療養上の世話、診療の補助（衛生上危害を生じるおそれのある行為を除く）」行為に関しては医師等の指示を必要とせず看護職の主体的判断でできる』との解釈が可能となる。それゆえ、あらゆる看護行為にすべて医師等の指示が必要との主体性否定説から相対的医行為について（衛生上危害を生じるおそれの強い行為を除く）看護職の独自の判断でできるとする主体性認容説まで、程度の差こそあれ看護行為を見極めるのに解決しなければならない論点が生じる。☞p.36

参考　第2条、第3条、第5条、第6条、第37条の2、第44条の2（特定行為の制限違反に対する罰則）

第37条の2〔特定行為研修〕

①　特定行為を手順書による行う看護師は、指定研修機関において、当該特定行為の特定行為区分に係かる特定行為研修を受けなければならない。

②　この条、次条及び第42条の4において、次の各号に掲げる用語の意義は、当該各号に定めるところによる。

　一　特定行為　診療の補助であって、看護師が手順書により行う場合には、実践的な

理解力、思考力及び判断力並びに高度かつ専門的な知識及び技能が特に必要とされるものとして厚生労働省令で定めるものをいう。

二　手順書　医師又は歯科医師が看護師に診療の補助を行わせるためにその指示として厚生労働省令で定めるところにより作成する文書又は電磁的記録（電子的方式、磁気的方式その他人の知覚によっては認識することができない方式で作られる記録であって、電子計算機による情報処理の用に供されるものをいう。）であって、看護師に診療の補助を行わせる患者の病状の範囲及び診療の補助の内容その他の厚生労働省令で定める事項で定められているものをいう。

三　特定行為区分　特定行為の区分であって、厚生労働省令で定めるものをいう。

四　特定行為研修　看護師が手順書により特定行為を行う場合に特に必要とされる実践的な理解力、思考力及び判断力並びに高度かつ専門的な知識及び技能の向上を図るための研修であって、特定行為区分ごとに厚生労働省令で定める基準に適合するものをいう。

五　指定研修機関　一又は二以上の特定行為区分に係る特定行為研修を行う学校、病院その他の者であって、厚生労働大臣が指定するものをいう。

③　厚生労働大臣は、前項第一号及び第四号の厚生労働省令を定め、又はこれを変更しようとするときは、あらかじめ、医道審議会の意見を聴かなければならない。

参考　第7編2－6、第1編第3章3

___

第37条の3

①　前条第二項第五号の規定による指定（以下この条及び次条においては単に「指定」という。）は、特定行為研修を行おうとする者の申請により行う。

②　厚生労働大臣は、前項の申請が、特定行為研修の業務を適正かつ確実に実施するために必要なものとして厚生労働省令で定める基準に適合していると認めるときでなければ、指定をしてはならない。

③　厚生労働大臣は、指定研修機関が前項の厚生労働省令で定める基準に適合しなくなったと認めるとき、その他の厚生労働省令で定める場合に該当するときは、指定を取り消すことができる。

④　厚生労働大臣は、指定又は前項の規定による指定の取消しをしようとするときは、あらかじめ、医道審議会の意見を聴かなければならない。

___

第37条の4

前二条に規定するもののほか、指定に関して必要な事項は、厚生労働省令で定める。

___

第38条〔助産師による異常妊産婦等の処置禁止〕

助産師は、妊婦、産婦、じよく婦、胎児又は新生児に異常があると認めたときは、医師の診療を求めさせることを要し、自らこれらの者に対して処置をしてはならない。ただし、臨時応急の手当については、この限りでない。

| 要諦 | 周産期の前後を含めてこの医療に関わる助産師は、あくまでも妊産婦・じょく婦と正常な発育過程を遂げる胎児・出生児・新生児をその業務の対象とする。したがって、対象に異常な状態を認識すれば速やかに医学的管理の下に置く処置をしなければならない。異常な事態の発生予防や危険な状態からの回避が助産師の経験により可能であったとしても、嘱託の産科医や病院等と連携して周産期医学管理下におくべきである。ただし、異常事態から医学管理下に至るまでの間の臨時応急処置ができるのは、助産師に課せられた義務でもある。 |

| 参考 | 第44条の2（異常妊産婦等の処置禁止違反に対する罰則）　医療法第19条 |

___

第39条〔助産師の応招義務、保健指導義務及び証明書等の交付義務〕

①　業務に従事する助産師は、助産又は妊婦、じよく婦若しくは新生児の保健指導の求めがあつた場合は、正当な事由がなければ、これを拒んではならない。

②　分べんの介助又は死胎の検案をした助産師は、出生証明書、死産証書又は死胎検案書の交付の求めがあつた場合は、正当な事由がなければ、これを拒んではならない。

| 要諦 | （ⅰ）本条に規定する助産師の各義務は、業務に付随する重要なものであるが、助産師特有の他の義務（第38条、第40条、第41条、第42条）と異なり、義務に反してそれを果たさなくとも刑事罰を受けることはない。その場合、義務の不履行に正当な理由がなければならない。正当な理由かどうかは、道理にかなっているかどうかで判断することになる。ちなみに、医師等にも同様の義務がある（医師法第19条、歯科医師法第19条）。 |
| | （ⅱ）正当な理由なく義務を果たさなかった場合に何らかの咎めを受けないのは理不尽である。なぜなら、このことによって不利益を被っている人がいるからである。刑事責任こそ問えないが、民事責任としての損害賠償責任の追及や、第14 |

条第1項により、義務不履行を「品位を損するような行為（品位損失行為）」として、厚生労働大臣による行政処分の対象にすることが可能になる。

| 参考 | 第14条 |

第40条〔助産師の証明書等の交付に関する制限〕

　助産師は、自ら分べんの介助又は死胎の検案をしないで、出生証明書、死産証書又は死胎検案書を交付してはならない。

| 要諦 | 出生や死産という事実は、人の社会性を規定するだけでなく、命のリレーを行なう者にとって重要な出来事である。この事実を見届ける国家義務者のひとりが助産師である。よって、出生証明書、死産証明書は自ら出産に立ち会ったときに作成し、死胎検案書は直接分娩に立ち会うことなく死胎を検査したときに作成することになる。 |

| 参考 | 第45条（証明書等の交付制限違反に対する罰則） |

第41条〔助産師の異常死産児の届出義務〕

　助産師は、妊娠4月以上の死産児を検案して異常があると認めたときは、24時間以内に所轄警察署にその旨を届け出なければならない。

| 要諦 | （ⅰ）死産とは、妊娠満12週（4ヶ月第1週目）以後に胎児が死んだ状態で分娩されることを指す。助産師がこの死産児（死胎）を検査して異常があると判断したときは前条の死胎検案書（☞p.330）を記載するとともに、所轄警察署に届け出る義務が発生する。
（ⅱ）解釈上当該月数に満たない場合にはこの義務は発生しない。しかし、近時生殖補助医療（たとえば出生前診断）の発達によって生じる様々な問題（母体保護法による人工妊娠中絶）やDVによって母体が危険にさらされる問題等に見られるように、妊娠満12週未満の胎児の権利を保護するために、本条の妊娠月数規定の合理的根拠を示すべきである。もとより命の始期を何時と考えるかについても深く考察しよう。☞p.16 |

| 参考 | 第45条（異常死産児の届出義務違反に対する罰則）、母体保護法第14条（医師の認定による人工妊娠中絶等） |

第42条〔助産師の助産録の記載及び保存義務〕

① 助産師が分べんの介助をしたときは、助産に関する事項を遅滞なく助産録に記載しなければならない。

② 前項の助産録であつて病院、診療所又は助産所に勤務する助産師が行つた助産に関するものは、その病院、診療所又は助産所の管理者において、その他の助産に関するものは、その助産師において、5年間これを保存しなければならない。

③ 第1項の規定による助産録の記載事項に関しては、厚生労働省令でこれを定める。

要諦　（ⅰ）助産師であれば、開業助産師、病院勤務助産師を問わず、分娩介助に関する記録である助産録に記載する義務がある。人の出生ひいては様々な権利関係の発生に関わることなので、出産日時等を速やかに正確に記録しておく必要がある。

（ⅱ）助産録の保存及び保存期間：助産師には看護職の中で唯一開業権が与えられているので保助看法で規定されている。その他の医療関係の記録については☞p.238を参照のこと。

参考　第45条（助産録の記載、保存義務違反に対する罰則）、医師法第24条

第42条の2〔守秘義務—保健師、看護師、准看護師〕

保健師、看護師又は准看護師は、正当な理由がなく、その業務上知り得た人の秘密を漏らしてはならない。保健師、看護師又は准看護師でなくなつた後においても、同様とする。

要諦　（ⅰ）看護職は業務上患者等の個人の秘密に触れることが多い。そこで、平成13年の改正でこの規定が設けられ患者等の個人のプライバシーの権利を保護するとともに、国家資格者としての責務を規定した。正当な理由なくというのは、応召義務等と同じように、道理にかなっているかどうかで判断すべきである。

なお、守秘義務違反を犯罪としてその責任を追及してゆくためには、第44条の3に規定されているように、被害者等からの告訴がなければならない。

（ⅱ）看護職のうち助産師に関しては、医師、弁護士等とともに刑法に規定がある。☞p.70

（ⅲ）この守秘義務と並んで業務上重要なのが、「通報（通告）義務」である＜児童虐待防止法☞p.203＞＜DV防止法☞p.213＞＜高齢者虐待の防止、高齢者の擁護者に対する支援等に関する法律☞p.224＞＜障害者虐待防止法☞p.218＞には、

　　被害を受けている児童・配偶者・高齢者・障害者の命という何よりも優先すべき権利を守るために、この義務の遵守を守秘義務規定が妨げてはならないと規定されている。

（ⅳ）守秘義務遵守の期限はあるのか？：看護職でなくなった後も続くわけで、業務従事者届を出さなくなったとか、免許証を返納（看護職の籍を抹消（☞p.344））したとかによって義務が免除されることはなく、終生この義務の遵守は求められる。

参考　第44条の 3 （守秘義務違反）、刑法第134条（助産師の守秘義務規定）、児童虐待の防止等に関する法律第 6 条、配偶者からの暴力の防止及び被害者の保護に関する法律第 6 条、高齢者の虐待防止、高齢者の擁護者に対する支援等に関する法律第 7 条、障害者虐待防止法

第42条の 3 〔看護職の名称独占〕

①　保健師でない者は、保健師又はこれに紛らわしい名称を使用してはならない。

②　助産師でない者は、助産師又はこれに紛らわしい名称を使用してはならない。

③　看護師でない者は、看護師又はこれに紛らわしい名称を使用してはならない。

④　准看護師でない者は、准看護師又はこれに紛らわしい名称を使用してはならない。

要諦　（ⅰ）2006年（平成18年）の改正で新たに追加され、2007年（平成19年） 4 月から施行されている。

（ⅱ）看護職者はすべて国家資格あるいは知事資格者で、その職務遂行において正当業務行為としての外形的担保が必要である。そこで、国家は各看護職資格を持たない者が、その名称自体あるいはその名称と紛らわしい誤解を与えるような名称を用いて業務を侵害妨害しないように刑事罰をもって臨んでいる。

（ⅲ）保健師に関して、第29条及び本条で名称の不正使用を禁止しているが、これはその業務である保健指導が他の看護職者の業務行為とその性質を異にするからである。（第29条　**要諦**　参照）

（ⅳ）本条の名称不正使用罪と第29条～第32条の業務制限違反とでは量刑が異なる。

（ⅴ）業務遂行において名称が不正に利用されないためにも、自動車運転免許証のような証明類を常時携帯できるよう制度改正するべきである。

参考　第45条の 2 （名称使用違反に対する罰則）

第42条の４〔指定研修機関に対する検査〕

①　厚生労働大臣は、特定行為研修の業務の適正な実施を確保するため必要があると認めるときは、その業務の状況に関し報告させ、又は当該職員に、指定研修機関に立ち入り、帳簿書類その他の物件を検査させることができる。

②　前項の規定により立入検査をする職員は、その身分を示す証明書を携帯し、かつ、関係人にこれを提示しなければならない。

③　第１項の規定による権限は、犯罪捜査のために認められたものと解釈してはならない。

◇◇

第4章の2　雑　　則

第42条の５〔業務の区分〕

　第15条第３項及び第７項前段、同条第９項及び第10項（これらの規定を第15条の２第７項において準用する場合を含む。）、第15条第４項において準用する行政手続法第15条第１項 及び第３項（同法第22条第３項 において準用する場合を含む。）、第16条第４項、第18条第１項及び第３項、第19条第１項、第20条第６項並びに第24条第３項並びに第15条第７項後段において準用する同法第22条第３項 において準用する同法第15条第３項 の規定により都道府県が処理することとされている事務は、地方自治法 （昭和22年法律第67号）第２条第９項第１号 に規定する第１号 法定受託事務とする。

第42条の６〔権限の委任〕

①　この法律に規定する厚生労働大臣の権限は、厚生労働省令で定めるところにより、地方厚生局長に委任することができる。

②　前項の規定により地方厚生局長に委任された権限は、厚生労働省令で定めるところにより、地方厚生支局長に委任することができる。

◇◇

第5章　罰　　則

　要諦　この章については６−１−３で一覧にまとめた。各条項について詳細な検討が必要であるが、本書第１編第６章保助看法をコンメンタールとして世に問うときに譲ることとする。

第43条〔業務制限違反に対する罰則〕

① 次の各号のいずれかに該当する者は、2年以下の懲役若しくは50万円以下の罰金に処し、
又はこれを併科する。

一　第29条から第32条までの規定に違反した者

二　虚偽又は不正の事実に基づいて免許を受けた者

② 前項第1号の罪を犯した者が、助産師、看護師、准看護師又はこれに類似した名称を用い
たものであるときは、2年以下の懲役若しくは100万円以下の罰金に処し、又はこれを併
科する。

第44条〔試験委員の不正行為等に対する罰則〕

次の各号のいずれかに該当する者は、1年以下の懲役又は50万円以下の罰金に処する。

① 第26条の規定に違反して故意若しくは重大な過失により事前に試験問題を漏らし、
又は故意に不正の採点をした者

② 第27条の6第1項の規定に違反して、試験事務に関して知り得た秘密を漏らした者

第44条の2

第27条の11第2項の規定による試験事務の停止の命令に違反したときは、その違反行為をした
指定試験機関の役員又は職員は、1年以下の懲役又は50万円以下の罰金に処する。

第44条の3

次の各号のいずれかに該当する者は、6月以下の懲役若しくは50万円以下の罰金に処し、又は
これを併科する。

一　第14条第1項又は第2項の規定により業務の停止を命ぜられた者で、当該停止を命ぜられ
た期間中に、業務を行つたもの

二　第35条から第37条まで及び第38条の規定に違反した者

第44条の4〔守秘義務違反に対する罰則〕

① 第42条の2の規定に違反して、業務上知り得た人の秘密を漏らした者は、6月以下
の懲役又は10万円以下の罰金に処する。

② 前項の罪は、告訴がなければ公訴を提起することができない。

第45条

次の各号のいずれかに該当する者は、50万円以下の罰金に処する。

一　第15条の２第１項又は第２項の規定による命令に違反して保健師等再教育研修又は准看護師再教育研修を受けなかつた者

二　第33条又は第40条から第42条までの規定に違反した者

第45条の２〔名称使用禁止違反等に対する罰則〕

次の各号のいずれかに該当する者は、30万円以下の罰金に処する。

一　第42条の３の規定に違反した者

二　第42条の４第１項の規定による報告をせず、若しくは虚偽の報告をし、又は同項の規定による検査を拒み、妨げ、若しくは忌避した者

◇◇◇

附　則　抄　《平成以降の附則については、「看護六法（令和２年版）」（新日本法規）を参照のこと。》

要諦　附則は付けたしではなく、この法律がどのように変遷してきたかを知る生き証人である。また、この規定の存在如何によっては本編の各章の解釈にも支障が出る場合がある。よって、罰則の規定と同様に詳細な検討を必要とするが、本書第１編第６章保助看法をコンメンタールとして世に問うときに譲ることとする。

第46条

この法律中、学校及び養成所の指定に関する部分並びに第47条から第50条までの規定は、医師法施行の日（昭和23年10月23日）から、看護婦に関する部分は、昭和25年９月１日から、その他の部分は、昭和26年９月１日から、これを施行する。

第47条

保健婦助産婦看護婦令（昭和22年政令第124号）は、これを廃止する。

第48条

保健婦助産婦看護婦令第21条から第24条までの規定によつて文部大臣又は厚生大臣の行つた指定は、それぞれこの法律の相当規定によつてなしたものとみなす。

第51条

①　旧保健婦規則により都道府県知事の保健婦免許を受けた者は、第29条の規定にかかわらず、保健師の名称を用いて第２条に規定する業を行うことができる。

②　前項の者については、この法律中保健師に関する規定を準用する。

③　第1項の者は、第7条第1項の規定にかかわらず、厚生労働大臣の免許を受けることができる。

第52条

①　旧助産婦規則により助産婦名簿に登録を受けた者は、第30条の規定にかかわらず、第3条に規定する業をなすことができる。

②　前項の者については、この法律中助産師に関する規定（第31条第2項の規定を除く。）を準用する。

③　第1項の者は、第7条第2項の規定にかかわらず、厚生労働大臣の免許を受けることができる。

④　前項の規定により免許を受けた者に対しては、第31条第2項の規定を適用しない。

第53条

①　旧看護婦規則により都道府県知事の看護婦免許を受けた者は、第31条及び第42条の3第3項の規定にかかわらず、看護師の名称を用いて、第5条に規定する業を行うことができる。

②　前項の者については、その従事することのできる業務の範囲以外の事項に関しては、この法律のうち准看護師に関する規定を準用する。

③　第1項の者は、第7条第3項の規定にかかわらず、厚生労働大臣の免許を受けることができる。

④　第1項の者で第19条各号のいずれかに該当するものは、同条の規定にかかわらず、保健師国家試験を受けることができる。

⑤　第1項の者で第20条各号のいずれかに該当するものは、同条の規定にかかわらず、助産師国家試験を受けることができる。

第54条　削除

第55条　削除

第56条　削除

第57条

旧保健婦規則、旧助産婦規則又は旧看護婦規則によつてなした業務停止の処分は、この法律の

相当規定によつてなしたものとみなす。この場合において停止の期間は、なお従前の例による。

第58条

旧助産婦規則第19条により都道府県知事の免許を受けた者については、なお従前の例による。

第59条

旧看護婦規則による准看護婦については、なお従前の例による。

第60条

旧看護婦規則による看護人については、第53条の規定を準用する。

第6章　看護の基本法

6－1－2　業務関係と業務分担

1．保健師助産師看護師法を中心とした、他の医療職との業務関係図

診療放射線技師（放射線の照射）

医師
（医行為、医師の専門的知識または技能をもってしなければ危険な行為）

保健師助産師看護師－診療の補助業務

診療放射線技師 （画像診断の検査）	
理学療法士・作業療法士 （診療の補助にあたる理学療法　作業療法）	（その他の療法）
臨床検査技師 （生理学的検査、採血）	（衛生検査）
視能訓練士 （矯正訓練、視機能・眼科検査）	
臨床工学技士 （生命維持装置の操作）	（保守点検）
義肢装具士 （義肢装具の採型・適合）	（製作）
救急救命士 （救急救命処置）	（応急処置）
言語聴覚士 （嚥下訓練、人工内耳の調整等）	

・助産
・保健指導
　（対象：妊婦、じょく婦、新生児）

保健師・助産師・看護師・准看護師
　（療養上の世話）

保健師
（保健指導）

2．医療職の業務分担に関する現行法の状況

☆医療スタッフの業務独占状況

職　種	名称独占	業務独占	解除対象職種
医　師	○	○§17	
歯科医師	○	○§17	
薬剤師	○	○§19	医師、歯科医師、獣医師
保健師	○	×	医師、歯科医師、助産師、看護師、養護教諭
助産師	○	○§30	医師
看護師	○	○§31	医師、歯科医師、助産師、保健師
准看護師	○	○§32	医師、歯科医師
歯科衛生士	○	○§13	歯科医師
歯科技工士	○	○§17	歯科医師
診療放射線技師	○§25	○§24	医師、歯科医師

☆保助看法§31（看護師業務の制限）§32（准看護師業務の制限）の例外業務一覧

職　種	条　文		業務の内容	名称独占
診療放射線技師	§24の2		画像診断装置を用いた検査の業務	
歯科衛生士	§2	②	歯科診療の補助	
臨床検査技師	§20	②	採血、生理学的検査	○§20
理学療法士 作業療法士	§15	①	理学療法、作業療法	○§17
同	§15	②	理学療法としてのマッサージ あん摩マッサージ…法§1の例外	○§17
視能訓練士	§17		矯正訓練、検査、眼科検査	○§20
臨床工学技士	§37	①	生命維持管理装置	○§41
義肢装具士	§37	①	義肢及び装具の装着部位の採型並びに義肢及び装具の身体への適合	○§41
救急救命士	§43	①	救急救命処置	○§48
言語聴覚士	§42		医師、歯科医師の指示のもとに、嚥下訓練、人工内耳の調整等	○§2

第6章　看護の基本法

6－1－3　刑事処分と行政処分

1．保健師助産師看護師法上の刑事処分一覧

条　　文	対象条項	対　　象	内　　　容	罰　　　則
第43条第1項第1号	第29条	保健師でない者	業務違反	2年以下の懲役若しくは50万円以下の罰金（併科）
〃	第30条	助産師でない者	業務違反	〃
〃	第31条	看護師でない者	業務違反	〃
〃	第32条	准看護師でない者	業務違反	〃
第43条第1項第2号	第29条〜32条	各看護職でない者	免許不正取得	〃
第43条第2項	〃	同上	1号違反者の類似名称使用	2年以下の懲役若しくは100万円以下の罰金（併科）
第44条	第26条	試験委員事務担当の秘密漏洩	試験委員等の不正行為	1年以下の懲役又は50万円以下の罰金
第44条の3第1号	第14条1項、2項	全看護職	業務停止命令違反	6月以下の懲役若しくは50万円以下の罰金（併科）
第44条の3第2号	第35条	保健師	主治医の指示命令違反	〃
〃	第36条	保健師	保健所長の指示命令違反	〃
〃	第37条	全看護職	特定行為の制限違反	〃
〃	第38条	助産師	異常妊産婦等の処置禁止違反	〃
第44条の4第1項	第42条の2	保健師看護師准看護師	秘密漏洩（守秘義務違反）	6月以下の懲役又は10万円以下の罰金
第44条の4第2項		同上	親告罪規定	
第45条第1号	第15条の2第1項第2項	全看護職	再教育研修命令違反	50万円以下の罰金
第45条第2号	第33条	全看護職	氏名住所等の届出義務違反	〃
〃	第40条	助産師	証明書の交付制限違反	〃
〃	第41条	助産師	異常死産児の届出義務違反	〃
〃	第42条	助産師	助産録の記載、保存義務違反	〃
第45条の2第1号	第42条の3	各看護職でない者	名称使用違反	30万円以下の罰金
第45条の2第2号	第42条の4第1項	指定研修機関	特定行為研修業務の不適正な実施	30万円以下の罰金

参考　第39条（助産師：応招義務及び証明書等の交付義務）第28条の2（臨床研修義務）違反の罰則規定はない。

参考　助産師の守秘義務は、刑法第134条（☞p.70）に規定されている。

2．保健師助産師看護師法上の行政処分

該当条項	対象者	行為内容	処分内容
第14条 第1項	保健師 助産師 看護師	☆第9条各号 　 ⅰ 刑事法規違反による罰金以上の刑事処分 　 ⅱ 業務上の犯罪・不正行為 　 ⅲ 業務適正遂行不能（省令） 　 ⅳ 麻薬、大麻、あへんの中毒者 　　　　　　　　　　　　　　違反行為 ☆品位損失行為	戒告 3年以内の業務停止 免許の取消し
第14条 第2項	准看護師	同上	同上

【注】看護職が公務員の場合は、別に当該公務員に関する法規によって行政処分を受けることになる。

3．行政処分後の現職復帰（業務再開）に関する事項

該当条項	対象（全看護職）	効果	条件
第14条 第3項	免許取消し処分を受けた者	再免許付与	第9条1号、2号・品位損失行為違反者は、処分日から5年間は再免許申請できない 第9条3号、4号違反者は、免許取消事由に該当しなくなったとき、又は再免許付与の条件が整ったとき
第15条の2 第1項、 第2項	1．戒告処分を受けた者	職場復帰	再教育研修命令に従い、再教育研修を修了して、各籍に登録し、再教育研修修了登録証の交付を受ける
	2．業務停止処分を受けた者	職場復帰	業務停止期間満了後、再教育研修命令に従い、再教育研修を修了して、各籍に登録し、再教育研修修了登録証の交付を受ける
	3．免許取消し処分を受けた者	再免許付与 ＋職場復帰	再免許申請禁止期間（5年間）満了後又は再免許申請条件整備後に、再免許申請を希望する場合に、再教育研修命令に従い、再教育研修を修了して、各籍に登録し、再教育研修修了登録証の交付を受ける

第6章　看護の基本法

6－2　看護師等の人材確保の促進に関する法律

〔平成4年6月26日公布、平成26年6月25日最終改正〕

第1章　総　　則

第1条〔目的〕

　この法律は、我が国における急速な高齢化の進展及び保健医療を取り巻く環境の変化等に伴い、看護師等の確保の重要性が著しく増大していることにかんがみ、看護師等の確保を促進するための措置に関する基本指針を定めるとともに、看護師等の養成、処遇の改善、資質の向上、就業の促進等を、看護に対する国民の関心と理解を深めることに配慮しつつ図るための措置を講ずることにより、病院等、看護を受ける者の居宅等看護が提供される場所に、高度な専門知識と技能を有する看護師等を確保し、もって国民の保健医療の向上に資することを目的とする。

第2条〔定義〕

①　この法律において「看護師等」とは、保健師、助産師、看護師及び准看護師をいう。

②　この法律において「病院等」とは、病院（医療法（昭和23年法律第205号）第1条の5第1項に規定する病院をいう。以下同じ。）、診療所（同条第2項に規定する診療所をいう。次項において同じ。）、助産所（同法第2条第1項に規定する助産所をいう。次項において同じ。）、介護老人保健施設（介護保険法（平成9年法律第123号）第8条第28項に規定する介護老人保健施設をいう。次項において同じ。）及び指定訪問看護事業（次に掲げる事業をいう。次項において同じ。）を行う事業所をいう。

一　介護保険法第41条第1項本文の指定に係る同法第8条第1項に規定する居宅サービス事業（同条第4項に規定する訪問看護を行う事業に限る。）

二　介護保険法第42条の2第1項本文の指定に係る同法第8条第14項に規定する地域密着型サービス事業（次に掲げる事業を行うものに限る。）

　イ　介護保険法第8条第15項（第1号に係る部分に限る。）に規定する定期巡回・随時対応型訪問介護看護

　ロ　介護保険法第8条第23項に規定する複合型サービス（同条第4項に規定する訪問看護又は同条第15項（第1号に係る部分に限る。）に規定する定期巡回・随時対応型訪問介護看護を組み合わせることにより提供されるものに限る。）

三　介護保険法第53条第1項本文の指定に係る同法第8条の2第1項に規定する介護予防サービス事業（同条第3項に規定する介護予防訪問看護を行う事業に限る。）

③　この法律において「病院等の開設者等」とは、病院、診療所、助産所及び介護老人保健施

設の開設者並びに指定訪問看護事業を行う者をいう。

◇◇

第2章　看護師等の人材確保の促進

第3条〔基本指針〕

①　厚生労働大臣及び文部科学大臣（文部科学大臣にあっては、次項第二号に掲げる事項に限る。）は、看護師等の確保を促進するための措置に関する基本的な指針（以下「基本指針」という。）を定めなければならない。

②　基本指針に定める事項は、次のとおりとする。

一　看護師等の就業の動向に関する事項

二　看護師等の養成に関する事項

三　病院等に勤務する看護師等の処遇の改善（国家公務員及び地方公務員である看護師等に係るものを除く。次条第1項及び第5条第1項において同じ。）に関する事項

四　研修等による看護師等の資質の向上に関する事項

五　看護師等の就業の促進に関する事項

六　その他看護師等の確保の促進に関する重要事項

③　基本指針は、看護が国民の保健医療に関し重要な役割を果たしていることにかんがみ、病院等、看護を受ける者の居宅等看護が提供される場所に、高度な専門知識と技能を有する看護師等を確保し、あわせて当該看護師等が適切な処遇の下で、自信と誇りを持って心の通う看護を提供することができるように、看護業務の専門性に配慮した適切な看護業務の在り方を考慮しつつ、高度化し、かつ、多様化する国民の保健医療サービスへの需要に対応した均衡ある看護師等の確保対策を適切に講ずることを基本理念として定めるものとする。

④　厚生労働大臣及び文部科学大臣は、基本指針を定め、又はこれを変更しようとするときは、あらかじめ、厚生労働大臣及び文部科学大臣にあっては第2項各号に掲げる事項につき医道審議会の意見を、厚生労働大臣にあっては同項第三号に掲げる事項のうち病院等に勤務する看護師等の雇用管理に関する事項並びに同項第五号及び第六号に掲げる事項につき労働政策審議会の意見をそれぞれ聴き、及び都道府県の意見を求めるほか、総務大臣に協議しなければならない。

⑤　厚生労働大臣及び文部科学大臣は、基本指針を定め、又はこれを変更したときは、遅滞なく、これを公表しなければならない。

第4条〔国及び地方公共団体の責務〕

① 国は、看護師等の養成、研修等による資質の向上及び就業の促進並びに病院等に勤務する看護師等の処遇の改善その他看護師等の確保の促進のために必要な財政上及び金融上の措置その他の措置を講ずるよう努めなければならない。☞p.12

② 国は、看護師等の処遇の改善に努める病院等の健全な経営が確保されるよう必要な配慮をしなければならない。

③ 国は、広報活動、啓発活動等を通じて、看護の重要性に対する国民の関心と理解を深め、看護業務に対する社会的評価の向上を図るとともに、看護に親しむ活動（傷病者等に対しその日常生活において必要な援助を行うこと等を通じて、看護に親しむ活動をいう。以下同じ。）への国民の参加を促進することに努めなければならない。

④ 地方公共団体は、看護に対する住民の関心と理解を深めるとともに、看護師等の確保を促進するために必要な措置を講ずるよう努めなければならない。

第5条〔病院等の開設者等の責務〕

① 病院等の開設者等は、病院等に勤務する看護師等が適切な処遇の下で、その専門知識と技能を向上させ、かつ、これを看護業務に十分に発揮できるよう、病院等に勤務する看護師等の処遇の改善、新たに業務に従事する看護師等に対する臨床研修その他の研修の実施、看護師等が自ら研修を受ける機会を確保できるようにするために必要な配慮その他の措置を講ずるよう努めなければならない。☞p.12

② 病院等の開設者等は、看護に親しむ活動への国民の参加を促進するために必要な協力を行うよう努めなければならない。

第6条〔看護師等の責務〕

　看護師等は、保健医療の重要な担い手としての自覚の下に、高度化し、かつ、多様化する国民の保健医療サービスへの需要に対応し、研修を受ける等自ら進んでその能力の開発及び向上を図るとともに、自信と誇りを持ってこれを看護業務に発揮するよう努めなければならない。☞p.12

第7条〔国民の責務〕

　国民は、看護の重要性に対する関心と理解を深め、看護に従事する者への感謝の念を持つよう心がけるとともに、看護に親しむ活動に参加するよう努めなければならない。

第8条〔指導及び助言〕

　国及び都道府県は、看護師等の確保を図るため必要があると認めるときは、病院等の開設者等に対し、基本指針に定める事項について必要な指導及び助言を行うものとする。

第9条　削除

第10条〔公共職業安定所の職業紹介等〕

　公共職業安定所は、就業を希望する看護師等の速やかな就職を促進するため、雇用情報の提供、職業指導及び就職のあっせんを行う等必要な措置を講ずるものとする。

第11条〔看護師等就業協力員〕　☞p.163

①　都道府県は、社会的信望があり、かつ、看護師等の業務について識見を有する者のうちから、看護師等就業協力員を委嘱することができる。

②　看護師等就業協力員は、都道府県の看護師等の就業の促進その他看護師等の確保に関する施策及び看護に対する住民の関心と理解の増進に関する施策への協力その他の活動を行う。

第12条〔看護師等確保推進者の設置等〕　☞p.163

①　次の各号のいずれかに該当する病院の開設者は、当該病院に看護師等確保推進者を置かなければならない。

　一　その有する看護師等の員数が、医療法第21条第1項第1号の規定に基づく都道府県の条例の規定によって定められた員数を著しく下回る病院として厚生労働省令で定めるもの

　二　その他看護師等の確保が著しく困難な状況にあると認められる病院として厚生労働省令で定めるもの

②　看護師等確保推進者は、病院の管理者を補佐し、看護師等の配置及び業務の改善に関する計画の策定その他看護師等の確保に関する事項を処理しなければならない。

③　医師、歯科医師、保健師、助産師、看護師その他看護師等の確保に関し必要な知識経験を有する者として政令で定めるものでなければ、看護師等確保推進者となることができない。

④　第1項に規定する病院の開設者は、看護師等確保推進者を置いたときは、その日から30日以内に、当該病院の所在地を管轄する都道府県知事に、その看護師等確保推進者の氏名その他厚生労働省令で定める事項を届け出なければならない。看護師等

確保推進者を変更したときも、同様とする。

⑤　都道府県知事は、看護師等確保推進者が第2項に規定する職務を怠った場合であって、当該看護師等確保推進者に引き続きその職務を行わせることが適切でないと認めるときは、第1項に規定する病院の開設者に対し、期限を定めて、その変更を命ずることができる。

第13条〔国の開設する病院についての特例〕

　国の開設する病院については、政令で、この章の規定の一部の適用を除外し、その他必要な特例を定めることができる。

◇◇◇

第3章　ナースセンター

第1節　都道府県ナースセンター

第14条〔指定等〕

①　都道府県知事は、看護師等の就業の促進その他の看護師等の確保を図るための活動を行うことにより保健医療の向上に資することを目的とする一般社団法人又は一般財団法人であって、次条に規定する業務を適正かつ確実に行うことができると認められるものを、その申請により、都道府県ごとに一個に限り、都道府県ナースセンター（以下「都道府県センター」という。）として指定することができる。

②　都道府県知事は、前項の申請をした者が職業安定法（昭和22年法律第141号）第33条第1項の許可を受けて看護師等につき無料の職業紹介事業を行う者でないときは、前項の規定による指定をしてはならない。

③　都道府県知事は、第1項の規定による指定をしたときは、当該都道府県センターの名称、住所及び事務所の所在地を公示しなければならない。

④　都道府県センターは、その名称、住所又は事務所の所在地を変更しようとするときは、あらかじめ、その旨を都道府県知事に届け出なければならない。

⑤　都道府県知事は、前項の規定による届出があったときは、当該届出に係る事項を公示しなければならない。

第15条〔業務〕

都道府県センターは、当該都道府県の区域内において、次に掲げる業務を行うものとする。

　一　病院等における看護師等の確保の動向及び就業を希望する看護師等の状況に関する調査を行うこと。

　二　訪問看護（傷病者等に対し、その者の居宅において看護師等が行う療養上の世話又は必要な診療の補助をいう。）その他の看護についての知識及び技能に関し、看護師等に対して研修を行うこと。

　三　前号に掲げるもののほか、看護師等に対し、看護についての知識及び技能に関する情報の提供、相談その他の援助を行うこと。

　四　第12条第1項に規定する病院その他の病院等の開設者、管理者、看護師等確保推進者等に対し、看護師等の確保に関する情報の提供、相談その他の援助を行うこと。

　五　看護師等について、無料の職業紹介事業を行うこと。

　六　看護師等に対し、その就業の促進に関する情報の提供、相談その他の援助を行うこと。

　七　看護に関する啓発活動を行うこと。

　八　前各号に掲げるもののほか、看護師等の確保を図るために必要な業務を行うこと。

第16条〔公共職業安定所等との連携〕

都道府県センターは、地方公共団体、公共職業安定所その他の関係機関との密接な連携の下に前条第五号及び第六号に掲げる業務を行わなければならない。

第16条の2〔情報の提供の求め〕

都道府県センターは、都道府県その他の官公署に対し、第15条第6号に掲げる業務を行うために必要な情報の提供を求めることができる。

第16条の3〔看護師等の届出等〕　☞p.163

①　看護師等は、病院等を離職した場合その他の厚生労働省令で定める場合には、住所、氏名その他の厚生労働省令で定める事項を、厚生労働省令で定めるところにより、都道府県センターに届け出るよう努めなければならない。

②　看護師等は、前項の規定により届け出た事項に変更が生じた場合には、厚生労働省令で定めるところにより、その旨を都道府県センターに届け出るよう努めなければならない。

③ 病院等の開設者等その他厚生労働省令で定める者は、前2項の規定による届出が適切に行われるよう、必要な支援を行うよう努めるものとする。

第16条の4〔秘密保持義務〕

都道府県センターの役員若しくは職員又はこれらの者であった者は、正当な理由がなく、第15条各号に掲げる業務に関して知り得た秘密を漏らしてはならない。

第16条の5〔業務の委託〕

① 都道府県センターは、第15条各号（第五号を除く。）に掲げる業務の一部を構成労働省令で定める者に委託することができる。

② 前項の規定による委託を受けた者若しくはその役員若しくは職員又はこれらの者であった者は、正当な理由がなく、当該委託に係る業務に関して知り得た秘密を漏らしてはならない。

第17条〔事業計画等〕

① 都道府県センターは、毎事業年度、厚生労働省令で定めるところにより、事業計画書及び収支予算書を作成し、都道府県知事に提出しなければならない。これを変更しようとするときも、同様とする。

② 都道府県センターは、厚生労働省令で定めるところにより、毎事業年度終了後、事業報告書及び収支決算書を作成し、都道府県知事に提出しなければならない。

第18条〔監督命令〕

都道府県知事は、この節の規定を施行するために必要な限度において、都道府県センターに対し、監督上必要な命令をすることができる。

第19条〔指定の取消し等〕

① 都道府県知事は、都道府県センターが次の各号のいずれかに該当するときは、第14条第1項の規定による指定（以下この条において「指定」という。）を取り消さなければならない。

一 第15条第五号に掲げる業務に係る無料の職業紹介事業につき、職業安定法第33条第一項の許可を取り消されたとき。

二 職業安定法第33条第3項に規定する許可の有効期間（当該許可の有効期間について、同条第四項において準用する同法第32条の6第2項の規定による更新を受けたときにあっ

ては、当該更新を受けた許可の有効期間）の満了後、同法第33条第４項において準用する同法第32条の６第２項に規定する許可の有効期間の更新を受けていないとき。

② 都道府県知事は、都道府県センターが次の各号のいずれかに該当するときは、指定を取り消すことができる。

一　第15条各号に掲げる業務を適正かつ確実に実施することができないと認められるとき。

二　指定に関し不正の行為があったとき。

三　この節の規定又は当該規定に基づく命令若しくは処分に違反したとき。

③ 都道府県知事は、前２項の規定により指定を取り消したときは、その旨を公示しなければならない。

第２節　中央ナースセンター

第20条〔指定〕

　厚生労働大臣は、都道府県センターの業務に関する連絡及び援助を行うこと等により、都道府県センターの健全な発展を図るとともに、看護師等の確保を図り、もって保健医療の向上に資することを目的とする一般社団法人又は一般財団法人であって、次条に規定する業務を適正かつ確実に行うことができると認められるものを、その申請により、全国を通じて一個に限り、中央ナースセンター（以下「中央センター」という。）として指定することができる。

第21条〔業務〕

　中央センターは、次に掲げる業務を行うものとする。

一　都道府県センターの業務に関する啓発活動を行うこと。

二　都道府県センターの業務について、連絡調整を図り、及び指導その他の援助を行うこと。

三　都道府県センターの業務に関する情報及び資料を収集し、並びにこれを都道府県センターその他の関係者に対し提供すること。

四　２以上の都道府県の区域における看護に関する啓発活動を行うこと。

五　前各号に掲げるもののほか、都道府県センターの健全な発展及び看護師等の確保を図るために必要な業務を行うこと。

第22条〔準用〕

　第14条第３項から第５項まで、第16条の４、第17条、第18条並びに第19条第２項及び第３項の規定は、中央センターについて準用する。この場合において、これらの規定中「都道府県知事」

とあるのは「厚生労働大臣」と、第14条第3項中「第1項」とあるのは「第20条」と、第16条の4中「第15条各号」とあるのは「第21条各号」と、第18条中「この節」とあるのは「次節」と、第19条第2項中「指定を」とあるのは「第20条の規定による指定（以下この条において「指定」という。）を」と、「第15条各号」とあるのは「第21条各号」と、「この節」とあるのは「次節」と、同条第3項中「前2項」とあるのは「前項」と読み替えるものとする。

◇◇

第4章　雑　　則

第23条〔経過措置〕

　この法律の規定に基づき命令を制定し、又は改廃する場合においては、その命令で、その制定又は改廃に伴い合理的に必要と判断される範囲内において、所要の経過措置（罰則に関する経過措置を含む。）を定めることができる。

第24条〔罰則〕

　第16条の4（第22条において準用する場合を含む。）及び第16条の5第2項の規定に違反した者は、1年以下の懲役又は50万円以下の罰金に処する。

第25条

　次の各号のいずれかに該当する者は、20万円以下の過料に処する。

　一　第12条第1項の規定に違反して看護師等確保推進者を置かなかった者
　二　第12条第5項の規定による命令に違反した者

第26条

　第12条第4項の規定による届出をせず、又は虚偽の届出をした者は、10万円以下の過料に処する。

第2編　各論 I
看護に関連する法令の概説

第7章
現行法規総覧

看護に関係する法規は「厚生労働」分野だけでなく、以下の各区分に亘る。

編区分	編別名	章・節区分	節名	法規名・法規分類
1	憲法			憲法
6	民事法			民法
7	刑事法			刑法
9	教育・文化	I II III IV	学校教育 学校保健・安全・給食 教職員 教育財政	教育基本法、学校教育法、教職員免許法 学校保健安全法
10	厚生労働	I	行政組織	厚生労働省設置法
		II	社会福祉	生活保護、災害救助、児童福祉 母子父子・寡婦福祉、老人福祉 身体・知的障害者福祉 援護、公益質屋 消費生活協同組合 介護保険
		III	社会保険	健康保険、国民健康保険 厚生年金、通算年金通則 社会保険審査 年金福祉事業団
		IV	保健・衛生	母体保護、母子保健、高齢者医療 健康栄養 精神保健、予防衛生 検疫、環境衛生、食品衛生
		V	医事	医療施設、医療従事者
		VI	薬事	医薬品医療機器総合機構 薬剤師、毒物・劇物 麻薬・大麻・覚せい剤 採血・供血
10の2	環境保全	I	自然保護	自然公園、温泉、鳥獣保護
		II	公害対策	大気汚染、水質汚濁、土壌汚染 騒音・振動、地盤沈下、悪臭 廃棄物処理 公害防止事業、紛争処理・被害救済
		III	地域環境	

第8章
衛生法規一覧

1．基本・2．保健 ……………………………………………………………………… *125*
3．予防・4．医事 …………………………………………………………………… *126*
5．保険・6．社会福祉 ……………………………………………………………… *127*
7．労働・8．学校 …………………………………………………………………… *128*
9．環境・10．環境衛生 …………………………………………………………… *128*

1．基本

成立年月日

保健師助産師看護師法、同施行令、同施行規則	昭和23年7月30日
保健師助産師看護師学校養成所指定規則	昭和26年8月10日
医道審議会令	平成12年6月7日
看護師等の人材確保の促進に関する法律、同施行規則	平成4年6月26日

2．保健

学校保健安全法、同施行令、同施行規則	昭和33年4月10日
がん対策基本法	平成18年6月23日
がん登録等の推進に関する法律	平成25年12月13日
健康増進法（旧栄養改善法）	平成14年8月2日
原子爆弾被爆者に対する援護に関する法律	平成6年12月16日
高齢社会対策基本法	平成7年11月2日
高齢者の医療の確保に関する法律（旧老人保健法）	昭和57年8月17日
少子化社会対策基本法	平成15年7月30日
心神喪失等の状態で重大な他害行為を行った者の医療及び観察等に関する法律	平成15年7月16日
精神保健及び精神障害者に関する法律（精神保健福祉法）	昭和25年7月13日
地域保健法（旧保健所法）	昭和22年9月5日
母子保健法	昭和40年8月30日
母体保護法（旧優生保護法）	昭和23年7月13日

3．予防

感染症の予防及び感染症の患者に対する医療に関する法律（感染症法）	平成10年10月2日
予防接種法、同施行令、同施行規則	昭和23年6月30日
検疫法	昭和26年6月6日
狂犬病予防法	昭和25年12月6日

4．医事

安全な血液製剤の安定供給の確保に関する法律	昭和31年6月25日
医学及び歯学の教育のための献体に関する法律	昭和58年5月25日
医師法	昭和23年7月30日
医療法、同施行令、同施行規則	昭和23年7月30日
栄養士法	昭和22年12月29日
肝炎対策基本法	平成21年12月4日
救急救命士法	平成3年4月23日
死産の届出に関する規程	昭和21年9月30日
死体解剖保存法	昭和24年6月10日
社会福祉士及び介護福祉士法	昭和62年5月26日
精神保健福祉士法	平成9年12月19日
臓器の移植に関する法律、同施行規則	平成9年7月16日
毒物及び劇物取締法	昭和25年12月18日
独立行政法人医薬品医療機器総合機構法	平成14年12月20日
麻薬及び向精神薬取締法	昭和28年3月17日
薬害肝炎救済法（C型肝炎被害者救済給付金支給に関する特別措置法）	平成20年1月16日
特定B型肝炎ウイルス感染者給付金等の支給に関する特別措置法	平成24年1月13日
薬剤師法	昭和35年8月10日
医薬品、医療機器等の品質、有効性及び安全性の確保等に関する法律（旧薬事法）	昭和35年8月10日
難病の患者に対する医療等に関する法律（施行　平成27年1月1日）	平成26年5月30日
医療介護総合確保推進法	平成26年6月25日

歯科医師法、歯科衛生士法、歯科技工士法、診療放射線技師法
臨床検査衛生検査技師等に関する法律、理学療法士及び作業療法士法
視能訓練士法、言語聴覚士法、臨床工学技士法、義肢装具士法
救急救命士法、あんまマッサージ指圧師はり師きゅう師等に関する法律
柔道整復師法、調理師法、製菓衛生師法、理容師法、美容師法
公認心理師法

5．保険

介護保険法	平成 9 年12月17日
健康保険法	大正11年 4 月22日
厚生年金保険法	昭和29年 5 月19日
国民健康保険法	昭和33年12月27日
国民年金法	昭和34年 4 月16日
国家公務員共済組合法	昭和33年 5 月 1 日
雇用保険法	昭和49年12月28日
地方公務員共済組合法	昭和37年 9 月 8 日
労働者災害補償保険法	昭和22年 4 月 7 日
被用者年金一元化法	平成27年10月 1 日

6．社会福祉

公害健康被害の補償等に関する法律	昭和48年10月 5 日
高齢者の虐待の防止、高齢者の擁護者に対する支援等に関する法律	平成17年11月 9 日
自殺対策基本法	平成18年 6 月21日
次世代育成支援対策推進法	平成15年 7 月16日
児童虐待の防止に関する法律	平成12年 5 月21日
児童手当法	昭和46年 5 月27日
児童福祉法	昭和22年12月12日
児童扶養手当法	昭和36年11月29日
社会福祉法	昭和26年 3 月29日
障害者基本法	昭和45年 5 月21日
障害者総合支援法（旧障害者自立支援法）	平成17年11月 7 日
身体障害者福祉法	昭和24年12月26日
身体障害者補助犬法	平成14年 5 月29日
生活保護法	昭和25年 5 月 4 日
知的障害者福祉法	昭和35年 3 月31日
特定非営利活動促進法	平成10年 3 月25日
特別児童扶養手当等に関する法律	昭和39年 7 月 2 日
配偶者からの暴力の防止及び被害者の保護に関する法律	平成13年 4 月13日
母子・父子及び寡婦福祉法	昭和39年 7 月 1 日
民生委員法	昭和23年 7 月29日

老人福祉法	昭和38年 7 月11日

7．労働

育児休業介護休業等育児又は家族介護を行なう労働者の福祉に関する法律	平成 3 年 5 月15日
国家公務員の育児休業に関する法律	平成 3 年12月24日
雇用の分野における男女の均等な機会及び待遇の確保等に関する法律	昭和47年 7 月 1 日
男女共同参画社会基本法	平成11年 6 月23日
地方公務員の育児休業に関する法律	平成 3 年12月24日
労働安全衛生法	昭和47年 6 月 8 日
労働基準法	昭和22年 4 月 7 日
女性活躍・ハラスメント規制法	令和元年 5 月29日

8．学校

学校教育法	昭和22年 3 月31日
教育職員免許法	昭和24年 5 月31日

9．環境

環境基本法	平成 5 年11月19日
公害紛争処理法	昭和45年 6 月 1 日

環境影響評価法、大気汚染防止法、水質汚濁防止法、騒音規制法
振動規制法、悪臭防止法、土壌汚染対策法、都市計画法、建築基準法
温泉法、自然公園法、自然環境保全法

10．環境衛生

食品安全基本法	平成15年 5 月23日
食品衛生法	昭和22年12月24日
廃棄物の処理及び清掃に関する法律	昭和45年12月25日
墓地埋葬等に関する法律	昭和23年 5 月31日

食鳥処理の事業の規制及び食鳥検査に関する法律、と畜場法
生活衛生関係営業の運営の適正化に関する法律
旅館業法、興行場法、公衆浴場法、クリーニング業法
化製場等に関する法律、へい獣処理場等に関する法律
水道法、下水道法
循環型社会形成推進基本法、廃棄物処理施設整備緊急措置法、浄化槽法
建築物における衛生的環境の確保に関する法律
有害物質を含有する家庭用品の規制に関する法律

第9章
保健衛生法規

9－1　概要 ……………………………………………………………… 129
9－2　地域保健関係 ……………………………………………………… 130
9－3　健康増進関係 ……………………………………………………… 132
　9－3－1　健康診査制度 ………………………………………………… 132
　9－3－2　母体保護関係・9－3－3　特定疾患・がん対策関係・9－3－4　栄養、生活習慣病関係 …… 133
9－4　母子保健関係 ……………………………………………………… 135
9－5　高齢者保健関係 …………………………………………………… 136
9－6　精神障害者保健関係 ……………………………………………… 137
9－7　学校保健関係 ……………………………………………………… 140
9－8　環境関係・放射能汚染関係 ……………………………………… 141
　9－8－1　環境関係・9－8－2　放射能汚染関係 …………………… 141
9－9　その他の現代的問題 ……………………………………………… 141

9－1　概要

健康日本21（第二次）の主な目標

1）健康寿命の延伸と健康格差の縮小
　① 介護保険サービス利用者の増加の抑制　② 認知機能低下ハイリスク高齢者の把握率の向上
　③ ロコモティブシンドローム（運動器症候群）を認知している国民の割合の増加
　④ 低栄養傾向（BMI 20以下）の高齢者の割合の増加の抑制
　⑤ 足腰に痛みのある高齢者の割合の減少　⑥ 高齢者の社会参加の促進
2）生活習慣病の発症予防と重症化防止
3）社会生活を営むための機能の維持向上
4）生活習慣・社会環境の改善
5）Smart life project（禁煙、運動、食生活）
6）予防の3つのレベル

一次予防	疾病の発生予防	生活習慣の改善＋健康増進
二次予防	疾病・障碍の進行予防	健康診断→早期発見、早期治療
三次予防	合併症、後遺症の予防改善、再発予防	適切な治療→機能維持回復

9－2　地域保健関係

【地域保健法（S22）】

1）保健所の事業内容（施設利用は原則無料）

①地域保健関連／②人口動態統計関連／③栄養改善、食品衛生関連

④環境衛生（住宅、上下水道、廃棄物処理、清掃）関連

⑤医事、薬事関連／⑥保健師関連／⑦公共医療事業関連

⑧母性乳幼児、老人保健関連／⑨歯科保健／⑩精神保健関連

⑪難病等関連／⑫疾病予防関連／⑬衛生試験関連／⑭その他公衆衛生

（例）看護師免許申請書の受付・同免許証の交付の窓口（e-Govによる申請も可）

2）費用の負担について

保健所の創設費及び初度調弁費→国：自治体＝1：1

その他の諸費→国：自治体＝1：2

3）市町村保健センター（任意設置）の事業内容

健康相談、保健指導、健康診査、特定健診等、その他地域保健に関して必要な事業

保健所	各都道府県、政令指定都市、中核市（人口20万人以上）、政令市	不特定多数の公衆衛生
市区町村保健（健康）センター	市区町村（任意）	特定多数の健康維持・増進

4 ）保健所を設置する自治体（県庁所在地には＿＿＿＿）：2020年（令和 2 年 4 月現在）

　　　各都道府県　（ 1 都 1 道 2 府43県：計47自治体）
　　　政令指定都市　（人口50万人以上：計20市）
　　　北海道地方：札幌
　　　東北地方　：仙台
　　　関東地方　：横浜、千葉、さいたま、川崎、相模原
　　　中部地方　：名古屋、静岡、浜松、新潟
　　　近畿地方　：大阪、京都、神戸、堺
　　　中国地方　：岡山、広島
　　　九州地方　：福岡、北九州、熊本
　　　中核市　（人口20万人以上：計60市）
　　　北海道地方：旭川、函館
　　　東北地方　：青森、秋田、盛岡、郡山、いわき、八戸、福島、山形
　　　関東地方　：宇都宮、前橋、高崎、川越、柏、横須賀、船橋、八王子、川口、越
　　　　　　　　　谷、水戸、甲府
　　　中部地方　：金沢、富山、岐阜、長野、豊橋、豊田、岡崎、福井
　　　近畿地方　：大津、奈良、和歌山、姫路、高槻、東大阪、西宮、尼崎、豊中、枚
　　　　　　　　　方、八尾、明石、吹田、寝屋川
　　　中国地方　：倉敷、福山、下関、鳥取、松江、呉
　　　四国地方　：高松、高知、松山
　　　九州地方　：久留米、長崎、大分、宮崎、鹿児島、那覇、佐世保
　　　政令市　（計 6 市）―地域保健法施行令指定市
　　　北海道地方：小樽
　　　関東地方：藤沢、町田、茅ヶ崎
　　　中部地方：四日市
　　　九州地方：大牟田
　　　東京都23区　（23区）

※　県庁所在地で政令市等に定められていないのは、津（三重県）、山口（山口県）、徳島（徳
　　島県）、佐賀（佐賀県）

9－3　健康増進関係

9－3－1　健康診査制度

対象者	実施主体	方法等	費用	根拠法令
妊婦、乳児	市町村	一般、精密健康診査	無料	母子保健法
1歳6ヶ月児、3歳児	市町村	一般、精密、歯科健康診査	無料	母子保健法
就学予定者	市町村	就学時健康診断	無料	学校保健安全法
児童生徒等、学校教職員	学校、学校設置者	定期、臨時健康診断	無料	学校保健安全法
40歳以上74歳以下	市町村、医療保険組合	特定健診	無料	高齢者医療確保法
75歳以上（任意）	市町村	健康診査	無料	高齢者医療確保法
40歳以上	市町村	検診*	有料、市町村の助成金有	健康増進法

＊がん（胃、子宮、肺、乳、大腸、前立腺）、歯周疾患、骨粗鬆症、肝炎ウイルス（B、C）

（注）特定健康診査・特定保健指導の概要　平成30年度（'18）から

特定健康診査

　特定健康診査は、メタボリックシンドローム（内臓脂肪症候群）に着目した健診で、以下の項目を実施する。

基本的な項目	○質問票（服薬歴、喫煙歴等）　○身体計測（身長、体重、BMI、腹囲）○血圧測定　○理学的検査（身体診察）　○検尿（尿糖、尿蛋白）○血液検査 ・脂質検査（中性脂肪、HDLコレステロール、LDLコレステロール、中性脂肪が400mg/dl以上または食後採血の場合、LDLコレステロールに代えてNon-HDLコレステロールの測定でも可） ・血糖検査（空腹時血糖またはHbA1c、やむを得ない場合は随時血糖） ・肝機能検査（GOT、GPT、γ-GTP）
詳細な健診の項目	※一定の基準の下、医師が必要と認めた場合に実施 ○心電図　○眼底検査　○貧血検査（赤血球、血色素量、ヘマトクリット値）　○血清クレアチニン検査

特定保健指導

　特定健康診査の結果から、生活習慣病の発症リスクが高く、生活習慣の改善による生活習慣病の予防効果が多く期待できる者に対して、生活習慣を見直すサポートをする。
　特定保健指導には、リスクの程度に応じて、動機づけ支援と積極的支援がある（よりリスクが高い者が積極的支援）。

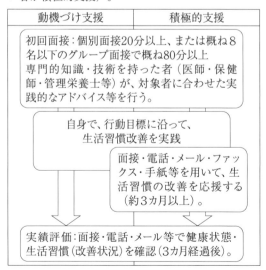

動機づけ支援	積極的支援
初回面接：個別面接20分以上、または概ね8名以下のグループ面接で概ね80分以上　専門的知識・技術を持った者（医師・保健師・管理栄養士等）が、対象者に合わせた実践的なアドバイス等を行う。	

自身で、行動目標に沿って、生活習慣改善を実践

面接・電話・メール・ファックス・手紙等を用いて、生活習慣の改善を応援する（約3カ月以上）。

実績評価：面接・電話・メール等で健康状態・生活習慣（改善状況）を確認（3カ月経過後）。

〔出典：一般財団法人厚生労働統計協会（2020）国民衛生の動向2020/2021、p. 94〕

９－３－２　母体保護関係

【母体保護法（S23）】 ☞p.212

・　目的：不妊手術、人工妊娠中絶、受胎調節の実地指導

【母体保護法施行規則（S27）】 ☞p.212

・　母体外で生命を保続できない時期とは、妊娠満22週未満を指す。

９－３－３　特定疾患・がん対策関係

【特定健康診査及び特定保健指導の実施に関する基準】

【がん対策基本法】

•　死因別順位（がん＞心疾患＞老衰＞脳血管疾患＞肺炎）☞p.307等

　がん対策基本法の基本施策

１）がん予防の推進(啓発及び知識の普及)：がん対策推進基本計画(第3期)(2017年：平成29年)

２）がんの予防及び早期発見の推進（がん検診の質の向上）

３）がん医療の均てん化の推進

　①　がん診療拠点病院の整備

　②　療養生活の質の維持向上—疼痛に対する緩和ケアの早期実施

　③　がん医療に関する情報の収集と提供体制の整備—「がん登録」

４）研究の推進

【がん登録等の推進に関する法律（制定H25年12月、施行H28年1月）】

•　がん罹患率

男性	前立腺＞胃＞大腸＞肺
女性	乳房＞大腸＞肺＞胃
総数	大腸＞胃＞肺＞乳

〔出典：2017年（平成29年）全国がん罹患者データ〕

９－３－４　栄養、生活習慣病関係

【栄養士法（S22）】　【調理師法（S33）】

【健康増進法（H14）】

・　国民健康・栄養調査の実施　　・　受動喫煙の防止等（受動喫煙防止義務—努力義務）

・　健康診査の実施（健康手帳の交付—市区町村）　　　・　検診の実施

【アルコール健康障害対策基本法（H25年12月）】

健康日本21のたばこ対策

1）公共の場での分煙の徹底　　　　2）健康への影響の知識普及

3）受動喫煙防止対策（通達）　　　　4）未成年者喫煙対策（罰金上限50万円）

5）禁煙支援（ニコチン依存症管理料）

※　妊娠中の喫煙対策（「健康日本21」「健やか親子21」）

課題⑨

　次の事例から以下の問題を解答してみよう。

　A市に住むXさん（52歳）は、18歳の時から一日平均20本喫煙している。現在体重は75kg、身長170cm。特定健診時には、高血圧治療、糖尿病治療を勧められている。ある日（一日）の食事におけるナトリウム摂取量を計算したところ5.1gであった。

　禁煙外来に通い、食事制限を実施したところ、1年後体重は65kgになり、特定健診では特に保健指導を受けなかった。

　　問題1　XさんのBMIはどのように変化したか。（四捨五入して小数第1位まで求めよ。）

　　問題2　Xさんの52歳時のブリンクマン指数はいくらか。（カルテ作成時。）

　　問題3　体重減少率（百分率）はいくらか。（四捨五入して小数第1位まで求めよ。）

　　問題4　Xさんの食塩摂取量を計算せよ。（小数点以下を四捨五入せよ。）

　　問題5　日本人の食塩摂取量が多い原因を考えよ。

9－4　母子保健関係

健やか親子21の重点項目

1）子どもの心の問題への取り組みの強化

2）思春期の保健対策、健康教育の推進

3）妊娠出産に関する安全性と快適さの確保

4）小児保健医療水準の維持、向上のための環境整備

【少子化社会対策基本法（H15）】（内閣府：少子化社会対策会議）

・　雇用環境の整備／保育サービス等の充実／生活環境の整備

・　地域社会における子育て支援体制の整備／経済的負担の軽減

・　母子保健医療体制の充実等

【母子保健法（S40）】　☞p.207

・　母子保健の向上に関する措置

【母子保健法施行規則（S40）】

・　1歳6ヶ月児、3歳児の健康診査項目（市町村）

【重要通達】

・　育児等健康支援事業の実施について（H7）　・　未熟児養育事業の実施について（S62）

・　疾病により長期にわたり療養を必要とする児童に対する療育指導について（H9）

・　生涯を通じた女性の健康支援事業の実施について（H8）

・　母子健康手帳の作成及び取り扱い要領について（H3）

・　院内助産所・助産師外来開設促進事業の実施について（H20）

❦過去問にチャレンジしてみよう❦

[第103回　午後　81]

市町村の業務でないのはどれか。

①　妊娠届の受理

②　母子健康手帳の交付

③　乳児家庭全戸訪問事業

④　3歳児健康診査

⑤　小児慢性特定疾患公費負担医療給付

9−5　高齢者保健関係

高齢社会の指標　　☞p.221

7〜14％　　高齢化社会

14〜21％　高齢社会

21〜28％　超高齢（化）社会　＜2014年：25.9％＞＜2015年：26.7％＞

　　　　　　　　　　　　　　　＜2016年：27.3％＞＜2017年：27.7％＞

28〜35％　　同上　　　　　　＜2018年：28.1％＞＜2019年：28.4％＞

（注）倍加年数：7％から14％になるのにかかった年数

　　　　　　　（14％から28％になるのにかかった年数）

【高齢社会対策基本法（H7）】

　　　就業の機会の確保／公的年金制度の保障／資産形成の支援施策

　　　保健医療サービス／福祉サービスの活用支援施策

　　　生涯学習の機会の確保／社会活動への参加促進施策／社会構成一員として尊重

　　　住宅確保・公共的施設の整備促進／地域社会の自立と連帯による形成

　　　高齢者の交通安全確保／犯罪の被害、災害からの保護体制の整備

【高齢者の医療の確保に関する法律（H20、旧老人保健法）】☞p.181

1）対象：高齢者（前期高齢者：65歳以上75歳未満、後期高齢者：75歳以上）

　　　但し、特定健康診査等は40歳以上の保険加入者

2）責務者：国、地方公共団体、保険者、医療の担い手（H18追加）

　　　※　医療の担い手：医師、…看護師、医療施設提供開設者・管理者

3）目的：医療費適正化の促進：特定健康診査、特定保健指導

4）後期高齢者医療制度（制度の抜本的見直しを検討中）

　　　対象：【75歳以上】【65歳以上75歳未満：政令で定める障害の状態】

　　　一部負担金（窓口負担）：1割（保険による給付は9割）

　　　　　　　　　　　　　　　2割（200万円以上）

　　　　　　　　　　　　　　　3割（383万円以上）

　　　保険料：医療費の10％を原則均等負担（軽減策有り）

【指定訪問看護及び指定老人訪問看護の事業の人員及び運営に関する基準（H12）】

指定訪問看護ステーションの定義　☞p.186〜p.188

9－6　精神障害者保健関係

【精神保健及び精神障害者福祉に関する法律（S25.5.1）】 ☞p.219

　　※　略称：精神保健福祉法

1）目的

　この法律は、精神障害者の医療及び保護を行い、障害者総合支援法（旧障害者自立支援法）と相まってその社会復帰の促進及び自立と社会経済活動への参加の促進のために必要な援助を行い、並びにその発生の予防その他国民の精神的健康の保持及び増進に努めることによって、精神障害者の福祉の増進及び国民の精神保健の向上を図ることを目的とする。

2）定義

　①　統合失調症

　②　精神作用物質による急性中毒又はその依存症　※麻薬中毒患者覚醒剤中毒患者

　③　知的障害

　④　精神病質その他の精神疾患

3）保護者制度の廃止→同意する者（家族等）の順位

　配偶者―親権を行なう者―扶養義務者（前二者を除く）―後見人又は保佐人―市町村長

4）治療施設等

①	精神科病院（都道府県）	民間病院を「指定病院」にできる
②	精神保健福祉センター	通院医療公費負担申請、精神保健福祉手帳の申請にかかる専門的審査等
③	精神医療審査会	入院患者（措置、医療保護）の処遇等に関する審査
④	地方精神保健福祉審議会	手帳の交付決定、公費負担の決定
⑤	精神障害者社会復帰促進センター	（厚生労働大臣指定：2020年10月現在指定された法人はない。）

5）精神障がい者数

6）入院の種類

①	応急入院	緊急で家族等の同意が得られない場合	精保医 1 人の診察　※72時間限度
②	任意入院	本人の同意による入院 本人の申し出による退院	精神保健指定医の診察後72時間入院継続可
③	医療保護入院	家族等の同意による入院 （本人同意なし）	精神保健指定医（1 人）の診察 4 週間不告知OK 任意入院不可の時
④	緊急措置入院	本人・家族等の同意不要	精神保健指定医（1 人）の診察 ※72時間限度 自傷他害の虞著しい 知事からの告知要
⑤	措置入院	本人・家族等の同意不要	精神保健指定医（2 人）の診察 自傷他害の虞（おそれ） 知事からの告知要

（注）措置入院、緊急措置入院は公費負担（国：3/4　都道府県：1/4）☞p.173
（注）精神障害者アウトリーチ推進事業（在宅精神障害者の生活を、医療を含む多職種チームによる訪問等で支える。）

7）社会復帰施設

①	精神障害者生活訓練施設（授護寮）	日常生活適応訓練
②	精神障害者授産施設	雇用され自活できる訓練＋職業を与える
③	精神障害者福祉ホーム	居室設備の提供＋生活便宜の供与
④	精神障害者福祉工場	雇用＋社会生活適応指導
⑤	精神障害者地域生活支援センター	相談、指導、助言＋保健所、福祉事務所、社会復帰施設との連絡調整

8）社会復帰施設のサービス内容

　日中活動　　　介護給付　　①　療養介護　　②　生活介護

　　　　　　　　訓練等給付　③　自立訓練（機能訓練、生活訓練）　　④　就労移行支援

　　　　　　　　　　　　　　⑤　就労継続支援（雇用型、非雇用型）

　居住支援　　　・施設入所支援

　　　　　　　　・居住支援サービス（ケアホーム、グループホーム、福祉ホーム）

9）精神障害者保健福祉手帳の交付（申請主義）

　　交付権者―都道府県知事　　対象―精神障害者・児　　有効期限―2 年　　写真貼付

10）障害の程度　1 級〜3 級

11）判定は精神保健福祉センターが行う

12）信書の発受

【精神保健福祉士法（H9）】

── ❦過去問にチャレンジしてみよう❦ ──

［第102回　午後　52］

精神科病院に入院中の患者の法的処遇について正しいのはどれか。

① 患者は退院を請求できる。

② 看護師は面会を制限できる。

③ 保護者は外出の可否を判断できる。

④ 精神保健指定医は手紙の発信を制限できる。

［第103回　午後　89］

精神保健及び精神障害者福祉に関する法律により、病院の管理者が精神科病院に入院中の者に対して制限できるのはどれか。2つ選べ。

① 手紙の発信

② 弁護士との面会

③ 任意入院患者の開放処遇

④ 信書の中の異物の受け渡し

⑤ 人権擁護に関する行政機関の職員との電話

9−7　学校保健関係

【学校保健安全法（S33）】 ☞p.165

① 対象：学校教育法第1条校（専修学校には準用規定あり：同第32条）に在学する児童
　　　　生徒等

② 専修学校へ準用されない事項（努力義務規定）

・ 保健室（健康診断、健康相談、保健指導、救急処置等）の設置

・ 就学時の健康診断

・ 学校医、学校歯科医、学校薬剤師の指定

③ 専修学校へ準用される事項

・ 国及び地方公共団体、学校の責務

・ 健康相談、保健指導、地域医療機関との連携

・ 保健指導（養護教諭等）、児童生徒の健康診断、職員の健康診断、保健所との連絡

・ 校長による出席停止（感染症対策、予防）

・ 学校設置者による臨時休業（感染症予防）

【学校保健安全法施行規則（S33）】

9−8　環境関係・放射能汚染関係

9−8−1　環境関係

【環境基本法（H5）】 ☞p.156
1）責務者：国、地方公共団体、事業者、国民
2）環境の日：6月5日

【原子爆弾被爆者に対する援護に関する法律（H6）】

9−8−2　放射能汚染関係

1）放射能汚染防止に関する法律はない。（2018年10月現在）
2）放射性物質　単位　ベクレル（Bq）　人体への影響は、シーベルト（Sv）

9−9　その他の現代的問題

【自殺対策基本法（H18）】
1）年間自殺者数
　　27,283人（2014年（H25））→21,321人（2017年（H29））→20,840人（2018年（H30））→
　　20,169人（2019年（H31））→コロナ禍で増加
2）原因別順位
　　健康問題＞経済・生活問題＞家庭問題
3）男女比→2：1
4）傾向
　　減少傾向だが、未遂が増加している。
5）自死（殺）率の推移及び諸外国との比較
6）妊産婦の自死　☞p.210
7）対策計画の策定：ゲートキーパー養成

第10章
予防衛生法規

10－1　感染予防関係……………………………………………………… *142*
10－2　外来感染関係………………………………………………………… *146*

10－1　感染予防関係

【感染症の予防及び感染症の患者に対する医療に関する法律（H10）】

1）感染症の定義等

感染症種別	個数	種　　類
1類	7	エボラ出血熱　　クリミヤ・コンゴ出血熱 南米出血熱　　マールブルグ病　　ラッサ熱 ペスト　　痘そう
2類	7	急性灰白髄炎　　結核　　ジフテリア 重症急性呼吸器症候群（SARS） 中東呼吸器症候群（MERS）　　鳥インフルエンザ(H5N1、H7N9)
3類：腸管系感染症	5	コレラ　　細菌性赤痢　　腸管出血性大腸菌感染症 腸チフス　　パラチフス
4類：人畜共通感染症	10+α	E型肝炎　　A型肝炎　　黄熱　　Q熱　　狂犬病 炭疽　　鳥インフルエンザ（H5N1、H7N9を除く） ボツリヌス症　　マラリア　　野兎病　　デング熱 重症熱性血小板減少症候群（SFTS） その他（日本脳炎、つつが虫病、エキノコックス病、ジカウイルス）
5類	8+α	インフルエンザ（鳥インフルエンザ及び新型インフルエンザ等感染症を除く） ウイルス性肝炎（E、A型除く） クリプトスポリジウム症 後天性免疫不全症候群　　性器クラミジア感染症 梅毒　　麻しん メチシリン耐性黄色ブドウ球菌感染症 侵襲性インフルエンザ菌感染症　侵襲性肺炎球菌感染症 感染性胃腸炎（ロタウイルス限定） その他（風しん、破傷風、百日せき、性感染症）
新型インフルエンザ等	2	新型インフルエンザ 再興型インフルエンザ
指定	0	COVID19
新	0	

※　補足　新感染症は、既知感染症の中で、1～3類、新型インフルエンザ等感染症に分類されない感染症で、1～3類に準じた対応の必要が生じた感染症を指し、2020年10月現在ない。
　　　　新興感染症は、感染症法に規定はないが、1970年代以降に出現した感染症をさす。

2）法に基づく措置

措置の種類	対象感染症（患者）	内容等（措置権者）
情報の収集及び公表、発生予防のための協力要請（注）	すべての感染症	（厚生労働大臣及び都道府県知事）
健康診断の勧告	1類感染症 2類感染症 3類感染症 新型インフルエンザ等感染症に罹患していると疑うに足りる正当な理由がある場合	当該本人は又は保護者に対して（都道府県知事）
就業制限の通知	1類感染症患者 2類感染症患者・無症状病原体保有者 3類感染症患者・無症状病原体保有者 新型インフルエンザ等感染症患者・無症状病原体保有者	当該本人又は保護者に対して（都道府県知事）
入院勧告（72時間限度・＋10日間延長可、合計30日間可）	1類感染症患者 2類感染症患者 新型インフルエンザ等感染症患者	当該本人又は保護者に対して（都道府県知事）
消毒その他の措置	すべての感染症	（都道府県知事）

（注）公表に当たっては、個人情報の保護に留意すること。

3）関係医療機関

種　別	対象感染症	指定権者
①感染症指定医療機関	（②～⑤の医療機関を指す）	厚生労働大臣
②特定感染症指定医療機関	新感染症の所見のある者、1類感染症患者、2類感染症患者、新型インフルエンザ等感染症患者	厚生労働大臣
③第1種感染症指定医療機関	1類感染症患者、2類感染症患者、新型インフルエンザ等感染症患者	都道府県知事
④第2種感染症指定医療機関	2類感染症患者、新型インフルエンザ等感染症患者	都道府県知事
⑤結核指定医療機関（薬局を含む）	結核患者	都道府県知事

4）病原体等（感染症の病原体及び毒素）

種　別	病原体名	規制等
1種病原体等	1類感染症のペストをのぞくすべてのウイルス等	所持禁止（例外：試験研究のための所持等） 譲渡、譲受禁止（例外：厚生労働大臣の承認ある場合等）
2種病原体等	ペスト菌、ボツリヌス菌、SARSコロナウイルス、炭疽菌、野兎病菌等	所持可（厚生労働大臣の許可） （例外：運搬の委託を受けた者等）
3種病原体等	結核菌、狂犬病ウイルス等	所持の開始日から7日以内に、厚生労働大臣に届出 （例外：運搬の委託を受けた者等）
4種病原体等	鳥インフルエンザウイルス（H5N1、H2N2、H7N7）新型インフルエンザ等感染症、腸管出血性大腸菌、ポリオウイルス、志賀毒素、赤痢菌、コレラ菌、黄熱ウイルス等	

【予防接種法（S23）】

1）予防接種は、定期接種と臨時接種に分けられる。

2）予防接種は、義務接種から勧奨（努力）接種に変更された。

> 通達
>
> 　定期の予防接種について（平成17年1月27日厚生労働省健康局長通知）

【予防接種法施行令（S23）】
【予防接種法施行規則（S23）】
【予防接種実施規則（S23）】

> 通達
>
> ・予防接種法及び結核予防法の一部を改正する法律等の施行について
> 　結核予防法（S26）結核予防法施行令（S26）結核予防法施行規則（S26）→H18.12
> 　廃止　感染症法へ移行
> 　健康診断、予防接種、届出、登録、指示伝染防止、費用負担

3）定期予防接種対象疾病

種類	予防接種名	対象年齢	標準的な接種年齢	接種回数	接種間隔
A類疾病	BCG（結核）　（注1）	生後1歳に至るまで	生後5から8か月	1回	
	ヒブ（インフルエンザ菌b型）　　　　（注2）	生後2から7か月に至るまで	接種開始時期が生後2から7か月に至るまでの間	4回	・27〈20〉から56日の間隔をあけて3回 ・3回終了後7から13か月の間隔をあけて1回
		生後7から12か月に至るまで		3回	・27〈20〉から56日の間隔をあけて2回 ・2回終了後7から13か月の間隔をあけて1回
		生後12から60か月に至るまで		1回	
	小児用肺炎球菌（7価）　　　　（注2）	生後2から7か月に至るまで	接種開始時期が生後2から7か月に至るまでの間	4回	・27日以上の間隔をあけて3回 ・3回終了後60日以上の間隔をあけて生後12か月以降に1回
		生後7から12か月に至るまで		3回	・27日以上の間隔をあけて2回 ・2回終了後60日以上の間隔をあけて生後12か月以降に1回
		生後12から24か月に至るまで		2回	60日以上の間隔をあけて2回
		生後24から60か月に至るまで		1回	
	DPT-IPV4種混合（ジフテリア・百日せき・破傷風・ポリオ）　（注3）	生後3から90か月に至るまで	生後3から12か月	3回	20から56日の間隔をあけて3回
			1期初回終了後12から18か月	1回	初回3回終了後6か月以上の間隔をあけて1回
	DPT3種混合（ジフテリア・百日せき・破傷風）	生後3から90か月に至るまで	生後3から12か月	3回	20から56日の間隔をあけて3回
			1期初回終了後12から18か月	1回	初回3回終了後6か月以上の間隔をあけて1回
	DT2種混合（ジフテリア・破傷風）	11歳以上13歳未満	小学校6年生	1回	
	ポリオ（急性灰白髄炎）（注4）	生後3から90か月に至るまで	生後3から12か月	3回	20日以上の間隔をあけて3回
			初回終了後12から18か月	1回	初回3回終了後6か月以上の間隔をあけて1回
	MR（麻しん・風しん）（注5）	生後12から24か月に至るまで	－	1回	
		5から7歳未満であって小学校就学前1年間	－	1回	
	風しん	S37.4.2～S54.4.1までの間に生まれた男性		1回	
	日本脳炎　　　　（注6）	生後6から90か月に至るまで及び特例対象者	3歳	2回	6から28日の間隔をあけて2回
		生後6から90か月に至るまで及び特例対象者	4歳	1回	初回2回終了後おおむね1年以上の間隔をあけて1回
		9から13歳未満及び特例対象者	小学校4年生	1回	
	水痘	生後12から36か月	－	2回	
	子宮頸がん予防　（注7）	小学6年生から高校1年生の年齢相当	中学1年生	3回	1回目を0か月として、以降1か月、6か月の間隔をあける（サーバリックス（2価））
				3回	1回目を0か月として、以降2か月、6か月の間隔をあける（ガーダシル（4価））
	B型肝炎ウイルス	0歳	－	3回	2か月、3か月、7・8か月
B類疾病	インフルエンザ	65歳以上、及び60から64歳で心臓・腎臓・呼吸器等に身体障がい者1級相当の障がいがある者	－	1回	
	肺炎球菌	65歳以上	－		5歳きざみ

（注1）平成25年4月から、BCGの対象年齢・標準的な年齢が変わった。

（注2）平成25年4月から、ヒブ、小児用肺炎球菌は定期接種になった。

（注3）平成24年11月より4種混合ワクチンが開始された。

（注4）平成24年9月より不活化ポリオワクチンに変更した。

（注5）特に希望のある場合は、麻しん、風しん単抗原ワクチンの接種も可能。3期・4期は平成25年3月31日で終了した。

（注6）平成17年度から平成21年度にかけて、日本脳炎ワクチンの積極的な接種勧奨の差し控えにより接種機会を逃した方に対する接種機会の確保が図られることになった。

（注7）子宮頸がん予防ワクチンは、平成25年4月から定期接種になったが、平成25年6月14日付けの国の通知により、現在、子宮頸がんワクチンの接種を積極的には勧められていない。接種に当たっては、有効性とリスクを理解した上で受けること。現在（2020年10月）接種によって副反応が発生し、多くの被害者が、製薬会社と国を相手にその法的責任の追及のために訴訟を提起しています。

（New）令和2年（2020年）10月から、ロタウイルスワクチンは定期接種になった。

10－2　外来感染関係

【検疫法（S26）】

1）対象となる感染症（検疫感染症）は検疫法で定められたエボラ出血熱、クリミア・コンゴ出血熱、マールブルグ病、ラッサ熱、南米出血熱、ペスト、天然痘（痘そう）、新型インフルエンザ等感染症、政令で定められたデング熱、マラリア、チクングニア熱、及び鳥インフルエンザ（H5N1）がある。

2）検疫業務
　① 検疫感染症に対する情報の収集及び提供
　② 検疫の実施
　③ 患者の隔離収容、感染のおそれのある者の停留、物件の消毒
　④ 申請に基づく業務
　⑤ 港湾区域の衛生管理
　⑥ 海外渡航者等に対する健康相談

第11章
医事関係法規

11－1　医療法関係……………………………………………………………………… *147*

　医療法改正のポイント ……………………………………………………………… *147*

　1. 医療実施の場所 ………………………………………………………………… *147*
　2. 医療関係者 ……………………………………………………………………… *149*

11－1　医療法関係

医療法改正のポイント

5疾病		5事業	
がん	38万人	救急医療	救急救命センターの整備、ドクターヘリの増機
脳卒中	12万人	災害医療	災害拠点病院の設置、DMAT（災害医療支援チーム）の整備
急性心筋梗塞	3.7万人	へき地医療	拠点病院による巡回診療
糖尿病	1.4万人	周産期医療	NICUの確保、三次医療圏に地域周産期医療センターの整備
精神疾患	1.2万人	小児医療	拠点病院の整備

1. 医療実施の場所

【医療法（S23）】

1）医療提供の理念（同第1条の2）

　「医療は、生命の尊重と個人の尊厳の保持を旨とし、医師、歯科医師、薬剤師、看護師その他の医療の担い手と医療を受ける者との信頼関係に基づき、及び医療を受ける者の心身の状況に応じて行われるとともに、その内容は、単に治療のみならず、疾病の予防のための措置及びリハビリテーションを含む良質かつ適切なものでなければならない。」

　「医療は、国民自らの健康の保持増進のための努力を基礎として、医療を受ける者の意向を十分に尊重し、病院、診療所、介護老人保健施設、介護医療院、調剤を実施する薬局その他の医療を提供する施設、医療を受ける者の居宅等において、医療提供施設の機能に応じ効率的に、かつ、福祉サービスその他の関連するサービスとの有機的な連携を図りつつ提供されなければならない。」

２）医療提供施設の定義（同第１条の５）☞p.245

　病院の定義

　「病院とは、医師…が、公衆又は特定多数人のため医業…を行う場所であって、20人以上の患者を入院させるための施設を有するものをいう。」

３）医療提供施設からの報告の徴収・立入検査（同第25条第１項）

　都道府県知事、保健所設置市の市長、特別区の区長は「医療監視員」を任命

４）医療の安全確保対策（同第６条の９～27）

　①　医療安全支援センター（都道府県、保健所設置市、特別区）

　②　医療事故調査支援センター（厚生労働大臣による指定）

５）看護師等の人員配置基準（同第21条、同法施行規則）

		医師	看護師
一般病院	一般	16：1	3：1
	療養	48：1	4：1
	外来	40：1	30：1
特定機能病院	入院	8：1	2：1
	外来	20：1	30：1
診療所		1人	4：1

※　特例あり

| 通達 |

　医療提供体制の確保に関する基本方針（平成19年３月）

【独立行政法人国立病院機構法（H14）】

・　職員の身分は国家公務員

【健康・医療戦略推進法（H26.5）】
【難病の患者に対する医療等に関する法律（H26.6）】
【アレルギー疾患対策基本法（H26.6）】

【精神保健福祉士法（H９）】

受験資格

　①　看護師養成校卒業後１年以上指定施設において相談援助業務に従事し、精神保健福祉士短期養成施設で６月以上修業すること

　②　大学卒（指定科目履修）、大学卒（基礎科目履修）＋養成施設６月以上修業、大学卒＋養成施設１年以上修業

２．医療関係者

【保健師助産師看護師法（S23）】 ☞p.74～

【看護師等の人材確保の促進に関する法律（H４）】 ☞p.114～

【医師法（S23）】

１）医師の任務　「医師は、医療及び保健指導を掌ることによって公衆衛生の向上及び増進に寄与し、もって国民の健康な生活を確保するものとする。」（同第１条）

２）医師でない者の医業禁止　「医師でなければ、医業をしてはならない。」（同第17条）

医療関係及び周辺関係職種一覧（要免許）

職種名	免許種別	（注）	根拠法令
保健師	国家免許	◎	保健師助産師看護師法
看護師	国家免許	◎	保健師助産師看護師法
助産師	国家免許	◎	保健師助産師看護師法
准看護師	知事免許	◎	保健師助産師看護師法
医師	国家免許	◎	医師法
薬剤師	国家免許	◎	薬剤医師法
歯科医師	国家免許	◎	歯科医師法
歯科衛生士	国家免許	◎	歯科衛生士法
歯科技工士	国家免許		歯科技工士法
診療放射線技師	国家免許		診療放射線技師法
臨床検査技師	国家免許		臨床検査技師等に関する法
理学療法士	国家免許	◎	理学療法士及び作業療法士法
作業療法士	国家免許	◎	
視能訓練士	国家免許	◎	視能訓練士法
言語聴覚士	国家免許	◎	言語聴覚士法
臨床工学技士	国家免許		臨床工学技士法
義肢装具士	国家免許	◎	義肢装具士法
救急救命士	国家免許		救急救命士法
あんまマッサージ指圧師	国家免許	◎	あんまマッサージ指圧師、はり師、
はり師	国家免許	◎	きゅう師等に関する法律
きゅう師	国家免許	◎	
柔道整復師	国家免許		柔道整復師法
精神保健福祉士	国家免許	◎	精神保健福祉士法
管理栄養士	国家免許	◎	栄養士法
栄養士	知事免許	◎	
社会福祉士	国家免許	◎	社会福祉士及び介護福祉士法
介護福祉士	国家免許	◎	
保育士	国家免許		児童福祉法
公認心理師	国家免許		公認心理師法（平成29年９月15日施行）

（注）◎は、実務経験５年以上で介護支援専門員（都道府県知事の認定資格）の実務研修受講試験の受験資格を得ることができる。

第12章
薬事関係法規

1．薬事一般……………………………………………………………… *150*
2．医薬品副作用被害者救済…………………………………………… *150*
3．薬事従業者…………………………………………………………… *152*
4．取り締まり関係……………………………………………………… *152*

1．薬事一般

【医薬品・医療機器等の品質、有効性及び安全性の確保等に関する法律（S35）】

H26、薬事法が改称された

- 毒薬の表示（直接の容器又は直接の被包）：「毒」（黒地・白枠、白字）
- 劇薬の表示（直接の容器又は直接の被包）：「劇」（白地・赤枠、赤字）
- 毒薬の貯蔵陳列の場所にはかぎを施すこと
- 酸素ボンベ：黒（高圧ガス保安法等）

関連事項

（毒物及び劇物取締法）

- 毒物の表示（直接の容器又は直接の被包）：「毒物」（赤地、白字）
- 劇物の表示（直接の容器又は直接の被包）：「劇物」（白地、赤字）

2．医薬品副作用被害者救済

【独立行政法人医薬品医療機器総合機構法（H14）】

【肝炎対策基本法（H21.12）】

【薬害肝炎救済法〈特定フィブリノゲン製剤及び特定血液凝固第Ⅸ因子製剤によるC型肝炎感染被害者を救済するための給付金の支給に関する特別措置法〉〈平成20年１月16日施行〉】

１）対象

　　C型肝炎ウイルスに汚染された血液製剤を使用されたことでC型肝炎になった患者で、自分が被害者であるという証明ができる人（患者・感染者は推計で約60万人）

２）給付金支給まで

　　国等を相手に訴訟を提起して、被害者であることを証明できた場合（①勝訴の確定判決を得た　②和解や調停といった確定判決と同じ効力を有するものを得た）に、（独）医薬品医療機器総合機構に対して給付金の請求をする。

３）給付金の金額（症状が進行すれば、訴訟提起せずに、差額の給付金を請求できる。）

対　象	金　額
（ⅰ）慢性C型肝炎の進行による、肝硬変、肝がん、又は死亡した場合	4000万円
（ⅱ）慢性C型肝炎の場合	2000万円
（ⅰ）（ⅱ）以外の無症候性キャリアの場合	1200万円

４）請求期限：2008年：平成20年１月16日から５年以内⇒2023年１月16日まで延長

【特定B型肝炎ウイルス感染者給付金等の支給に関する特別措置法（H24. 1）】 ☞p.145

１）予防接種法に基づき、集団予防接種が、1948年（昭和23年）７月から1988年（昭和63年）１月までに６歳以下でなされて、B型肝炎ウイルスに感染して一定の条件を満たす人を対象に、和解金を死亡から無症状の持続感染者まで、病態に応じて3600万円～50万円が支払われる。

２）国内のB型肝炎の患者・感染者は推計約140万人で、集団予防接種を受けた団塊の世代に多い。注射器の使い回しで、ウイルスに感染する危険性は、世界保健機関が1953年に警告し、旧厚生省は、1958年に注射針を１人ずつ交換するよう予防接種法実施規則を改正した。

３）B型肝炎訴訟和解が平成23年６月29日に成立したのをうけて法整備がなされ、国を相手に国家賠償請求訴訟を提起し、和解すれば支給される。

４）請求期限：2022年１月12日まで延長

【安全な血液製剤の安定供給の確保等に関する法律（S31）】

3．薬事従業者

【薬剤師法（S35）】

1）問い合わせ義務（処方箋中の疑義）☞p.35

　　「薬剤師は、処方せん中に疑わしい点があるときは、その処方せんを交付した医師、歯科医師又は獣医師に問い合わせて、その疑わしい点を確かめた後でなければ、これによって調剤してはならない。」（同第24条）

　| 要諦 |　医師の適法でない指示に対する看護師の拒否権の法的根拠

4．取り締まり関係

法規名	摘　要	成立
毒物及び劇物取締法		S25
麻薬及び向精神薬取締法	睡眠薬、精神安定剤等の向精神薬の成分 取締：麻薬取締官（厚生労働省）、麻薬取締員（都道府県）	S28
あへん法	医療及び学術研究用のあへんの原料のケシ 取締：あへん監視員（麻薬取締官・員より指定）	S29
大麻取締法	麻薬の原料の大麻草 取締：麻薬取締官（厚生労働省）、麻薬取締員（都道府県）	S23
覚せい剤取締法		S26
国際的な協力の下に規制薬物に係る不正行為を助長する行為等の防止を図るための麻薬及び向精神薬取締法等の特例に関する法律		S31

第13章
環境衛生法規
（保健所の業務内容）

1．環境衛生—営業関係 ……………………………………………… 153

2．環境衛生—畜産衛生 ……………………………………………… 153

3．環境衛生—生活環境の整備改善 …………………………………… 154

4．環境衛生—墓地埋葬関係 …………………………………………… 155

5．食品衛生関係 ……………………………………………………… 155

6．予防衛生関係 ……………………………………………………… 155

7．自然保護関係 ……………………………………………………… 155

1．環境衛生—営業関係

【生活衛生関係営業の運営の適正化及び振興に関する法律】

【旅館業法】

【興行場法】

【公衆浴場法】

【クリーニング業法】

【理容師法】

2．環境衛生—畜産衛生

【化製場等に関する法律、へい獣処理場に関する法律】

3．環境衛生─生活環境の整備改善

【水道法】

【下水道法】

【廃棄物の処理及び清掃に関する法律（略称：廃棄物処理法）（S45）】

・　感染性廃棄物（医療廃棄物：毒性、感染性等）の処理について

　① 　特別管理一般廃棄物

　（血液等の付着した包帯・脱脂綿・ガーゼ・紙くずなどに感染性病原体が付着又は付着する虞のあるもの）

　　処分方法　→ 　組織等は焼却処分、体液を含むガーゼ・脱脂綿も同様

　② 　特別管理産業廃棄物

　（凝固した血液、アルコール等、レントゲン定着液、凝固していない血液、合成樹脂性の器具等、ディスポーザブル手袋、注射針、アンプル等）

　　処分方法　→ 　注射針は滅菌処理の上、プラスチック容器に入れて、溶鉱炉にて焼却処分（再利用又は埋立処分）、その他は焼却処分

☙ 過去問にチャレンジしてみよう ☙

［第103回　午前　18］

感染性廃棄物の廃棄容器に表示するのはどれか。

① 　　② 　　③ 　　④

［第103回　午後　37］

　外来で患者の血液が付着したガーゼを処理する取り扱いで正しいのはどれか。

① 　産業廃棄物　　③ 　感染性産業廃棄物

② 　一般廃棄物　　④ 　感染性一般廃棄物

【浄化槽法】

【建築物における衛生的環境の確保に関する法律】→シックハウス症候群

【有害物質を含有する家庭用品の規制に関する法律】→化学物質過敏症

４．環境衛生─墓地埋葬関係

【墓地、埋葬等に関する法律（S23）】 ☞p.16

１）死体の定義：妊娠４月（12週）以上の死胎を含む

２）24時間以内の火葬等の禁止

　　例外：妊娠４月以上７月未満の死胎、感染症患者の汚染死体

５．食品衛生関係

【食品衛生法（S22）】 →残留農薬についてポジティブリストの導入

【食品安全基本法（H15）】 →食品安全委員会の設置

【製菓衛生師法】

【と畜場法】 BSE牛海綿状脳症対策（脊髄の除去、焼却の義務化）

【食鳥処理の事業の規制及び食鳥検査に関する法律】

６．予防衛生関係

【狂犬病予防法（S25）】

７．自然保護関係

【自然公園法（S32）】 【自然環境保全法（S47）】 【温泉法（S23）】

第14章
公害関係法規
（環境省の業務内容）

14－1　国内法関係 ……………………………………………………… 156
14－2　地球環境問題 …………………………………………………… 157

14－1　国内法関係

通　則

【環境基本法（H5）】　※　2001年（平成13年）より、環境省が設置される。

【環境影響評価法（H9）】

大気汚染等

【大気汚染防止法（S43）】

大気汚染の原因（SPM（浮遊粒子状物質）＞PM2.5）

原因	排出物
自動車	NOx（窒素酸化物）
工場	SOx（硫黄酸化物）　　VOC（揮発性有機化合物）
廃棄物焼却	ダイオキシン類　煤
建築物の解体	アスベスト（石綿）

→眼、鼻、咽頭刺激　喘息、肺気腫　慢性呼吸器疾患　肺がん、心臓疾患　等

水質汚濁等

【水質汚濁防止法（S45）】

土壌汚染等

【土壌汚染対策法（H14）】

騒音・振動

【騒音規制法（S43）】

【振動規制法（S51）】

悪　臭

【悪臭防止法（S46）】

公害対策─公害防止事業

【公害紛争処理法（S45）】　※　公害等調整委員会、都道府県公害審査会：総務省外局

【公害健康被害の補償等に関する法律（S48）】

1）地域指定（第一種地域、第二種地域）

2）公害病の認定（公害医療手帳─都道府県知事が交付）

3）補償の内容

・　療養費　　　　　・　障害補償費

・　葬祭料　　　　　・　遺族補償費又は遺族補償一時金

・　児童補償手当　　・　療養手当

4）四大公害事件（一部の患者を除き、最高裁判所の判決等によって裁判闘争は終了している。）

事件名	事件の概要	公害病認定年
三重四日市公害事件	高濃度の硫黄酸化物等の大気汚染による気管支喘息	1972（S47）
富山イタイイタイ病事件	神通川流域で発生した、鉱山廃水に含まれるカドミウムの体内蓄積による骨疾患	1968（S43）
熊本水俣病事件	化学工場の廃液中に含まれる有機水銀によって汚染された魚介類の摂取による、有機水銀中毒による慢性の神経疾患	1968（S43）
新潟水俣病事件	「熊本水俣病」に同じ	1972（S47）

14－2　地球環境問題

地球環境問題　☞p.326

1	地球温暖化の原因	温室効果ガス（二酸化炭素、メタン、一酸化窒素、フロンガス）→熱中症、水系感染症、光化学オキシダント、動物由来感染症
2	オゾン層の破壊	フロンガスによるオゾン層（成層圏に90%）の破壊→UV（紫外線）障害
3	水質汚濁	1890年代　足尾鉱毒事件　1980年代　水俣病、第二水俣病イタイイタイ病

第15章
労働関係法規

15－1　労働関係、産業保健関係 ……………………………………………………… *158*
15－2　労働環境関係法規（社会基盤整備関係） …………………………… *161*

15－1　労働関係、産業保健関係

【労働基準法（S22.4.7）】

1）概容（主な規定）

総則	病院・診療所・助産所が、適用事業 ※国公立の病院は、国公法、地公法が優先的に適用される
労働契約	労働条件の明示、解雇予告の義務など
賃金	支払の方法、休業補償は60％
労働時間、休憩、休日及び年次有給休暇	
安全及び衛生→　労働安全衛生法	
年少者	深夜業についての適用除外
妊産婦等	産前産後の就業規制等
技能者の養成	徒弟制度の排除等
災害補償→　労働者災害補償保険法が優先適用	
就業規則	10人以上の労働者が働く事業所
寄宿舎	寄宿舎生活の自治等
監督機関（労働基準監督官）	厚生労働省—労働基準主管局 都道府県—労働局、労働基準監督署

2）目的　憲法27条

3）労働条件の原則

① 人たるに値する生活を営むための必要を満たすもの…この法律の労働条件の基準は最低のもの

② 労働条件は、労働者と使用者とが対等の立場で決定

③ 使用者は、労働者の国籍、信条、社会的身分を理由として、賃金、労働時間その他の労働条件について差別しないこと（均等待遇）

④ 男女同一賃金　　⑤ 強制労働の禁止　　⑥ 公民権行使の保障

4）**労働契約**

① 使用者には賃金、労働時間その他の労働条件を明示する義務がある。

② 義務違反の条件は無効、その部分は基準法に従う。

③ 解雇制限—業務上の負傷・疾病による療養目的の休業期間とその後の30日間

　　　　　　—女性の産前産後の休業期間とその後の30日間

④ 解雇の予告—30日前が原則、予告なしの場合は30日分以上平均賃金の支払い

5）**労働時間等**

① 労働時間：原則　8時間超えない／1日、40時間超えない／1週

　　　　　　：例外　40時間を超えない定め（就業規則、労働組合）ある場合は、1ヶ
　　　　　　　月以内で超過する週があってもよい

② 休憩時間：45分／労働時間6時間超　　　1時間／労働時間8時間超

③ 休日　　：原則1回／毎週　　例外4週4日以上の休日規定有りの場合

④ 年次有給休暇：10日／6ヶ月間継続勤務＋全労働日の8割以上出勤の場合

　　　　　　　　さらに勤務年数に応じて、加算される。

⑤ 割増賃金

時間外	通常賃金＋通常賃金の（25％〜50％）
休日	通常賃金＋通常賃金の（25％〜50％）
月60時間超（超えた時間）	通常賃金＋通常賃金の（50％〜）
深夜（午後10時〜午前5時）	通常賃金＋通常賃金の（25％〜）

6）**年少者、女子**

① 最低年齢—15歳の誕生日以後の最初の3月31日まで労働禁止（例外有り）

② 18歳未満

　8時間超労働の禁止坑内労働禁止

　深夜業（午後10時から午前5時）の禁止（例外：16歳以上の男子、病院等）

③ 産前産後の休業

　単胎　産前6週間(休業請求可)産後8週間(6週超で就業希望し、医師の許可があれば可)　☞p.76

　『出産前後の休業時の所得に関しては、健康保険法により出産手当金が支給される』☞p.180

　多胎　産前14週間（休業請求可）産後8週間（6週超で就業希望すれば可）

④ 育児時間—2回少なくとも30分ずつ／日（1歳未満の乳児）、母親のみ

7）**災害補償**

① 補償の対象：労働災害（業務上疾病・災害性腰痛、過重労働による健康障害、作業
　関連疾患等）

② 補償の種類：療養、休業、障害等、遺族、葬祭料

③ 労災保険（☞p.185）等で災害補償に相当する給付があれば、使用者（事業主）は
　補償の責任がない。

【労働安全衛生法（S47.6.8）】

1）概容（主な規定）

総括安全衛生管理者	50人以上の事業所の安全・技術の総括責任者
安全管理者	50人以上の事業所、安全に関する技術的事項管理
衛生管理者	50人以上の事業所、衛生に関する技術的事項管理
安全衛生推進者	10人以上50人未満の事業所
産業医	50人以上の事業所
健康診断内容	健康診断実施方法等
就業禁止	労働のために病勢増悪の場合
健康管理手帳	重度健康障害のおそれの場合に、労働者が離職するときに交付

2）目的

労働者の安全と健康を確保するため、労働災害（☞p.185）の防止、職場の健康管理者とその職務や法定健康診断などについて規定する。

（健康管理、作業管理、作業環境管理―労働衛生の三管理）

3）THP（トータル・ヘルスプロモーション）

① 産業医より指示、⇒「運動指導」「保健指導」（全労働者）

「心理相談」（メンタルヘルスケア）「栄養指導」

② ストレスチェック制度

・ 「心理的な負担の程度を把握するための検査及び面接指導の実施並びに面接指導結果に基づき事業者が講ずべき措置に関する指針」（2015年、平成27年12月施行／労安法第66条の10）

・ 50人以上の労働者を雇用する事業主に、労働基準監督署への報告義務（労安法第100条）あり。

4）健康診断

① 一般（雇い入れ時、定期、特定業務従事者、海外派遣労働者、結核、給食従業員の検便）

② 特殊健康診断（高気圧作業、放射線業務等）

③ 臨時

5）健康管理者

① 安全管理者、衛生管理者、産業医／常時50人以上の職場

② 安全衛生推進者（衛生推進者）／常時10人以上50人未満の職場

6）健康管理手帳（がん等重度の健康障害を生ずる業務従事者に都道府県労働局長が交付）

【過労死等防止対策推進（H26.11.1）】☞p.163

【石綿による健康被害の救済に関する法律（施行H18年、改正H23年）】

15－2　労働環境関係法規（社会基盤整備関係）

特別課題

> 女性労働者の仕事と家庭の調和（work-life-balance）について考えてみよう。

事例：「ある地方都市に住む看護師A（30歳）は、結婚して2年目に妊娠した。勤務するT病院まで電車で2駅のところに住んでいたが、妊娠週数25週あたりからラッシュアワーの通勤に苦痛を感じ始めていた。担当の病棟の師長に相談したところ、出勤時間を繰り下げたうえ、退勤時間も繰り上げる措置を行ってくれた。その後予定通り、出産予定日の前に休業申請し産休に入った。無事女児を出産し引き続き産後休業した。産後休業明けに育児のことを夫に相談したところ、快く引き受けてくれた。」

　様々な観点から法と制度について、以下の問いに答えてみよう。

（問題1）妊娠届出を提出した後、市町村（長）から交付されるのは何か？

（問題2）労働者に対して妊娠中の通勤緩和措置を事業主に課した法律は何か？

（問題3）産前産後の休業を定めた法律は何か？

（問題4）出産時に医療保険から給付される一時金のことを何というか？

（問題5）産後何週までが絶対労働禁止か？

（問題6）短時間正職員は週何時間労働と規定されているか？

（問題7）産前産後の期間中の所得の保障を定めた法律名と保険給付の名称を答えよ。

（問題8）産後8週以降育児休業した場合の所得の保障を定めた法律名と、保険給付の名称を答えよ。

（問題9）育児休業期間（申し出制）は、出産後最長何年か？

【雇用の分野における男女の均等な機会及び待遇の確保等に関する法律（S47.7.1）】

※　略称：「男女雇用機会均等法」

1）目的

①　女性労働者の就業に関し、妊娠中・出産後の健康確保を図る措置の推進

②　雇用分野における男女の均等な雇用機会、待遇の確保

③　職場における性的な言動に起因する問題に関する雇用管理上の配慮

2）勤務時間の変更、勤務の軽減の措置

①　女性労働者の就業に関して妊娠中及び出産後の健康の確保

②　母子保健法の規定による保健指導・健康診査を受けるための時間の確保

　(1)　妊娠中の通勤緩和措置—（時差出勤制）、勤務時間の短縮等

　(2)　妊娠中の通院休暇措置

　　　4週1回／妊娠23週未満　2週1回／妊娠24週以上35週未満　1週1回／妊娠36週以上

【女性活躍ハラスメント規制法（R2.4.1〜）】

【育児休業、介護休業等育児又は家族介護を行なう労働者の福祉に関する法律（H3.5.15）】

※　略称：「育児・介護休業法」

1）概容

① 育児休業、家族介護の申出に対する事業主の義務　　② 不利益取り扱いの禁止

③ 育児（原則1歳未満が対象、1歳以上小学校就学までにも準用）

④ 再雇用に関する特別措置　　⑤ 勤労者家庭支援施設（地方公共団体が設置）

2）目的

… 育児や介護を行なう労働者（正社員だけでなく、パートなどで働く方も対象）が、仕事と家庭を両立（両立支援）できるための勤務時間等の措置を定めた…（事業主の措置を規定した）

『休業時休業後の雇用継続に必要な休業給付（利用者分、事業主への助成金）に関しては雇用保険法に規定している。』☞p.184

3）育児休業

① 原則―1歳未満の子の養育（申し出制）

② 例外―1〜1歳6ヶ月の子の養育（保育所に入所できない、養育者の配偶者の死亡、疾病）

③ 2017年（平成29年）10月から、1歳6ヶ月以降も保育所に入れないなどの場合に最長2歳まで延長可能（申し出制）

4）介護休業

要介護状態の家族1人につき、1回、原則として93日の期間（申し出制）

（家族とは、配偶者、子、父母、配偶者の父母。同居の扶養者とは祖父母、兄弟、孫。）

5）子の看護休暇

小学校就学の始期に達するまでの子の養育、1年度5労働日が限度（申し出制）

（負傷又は疾病にかかった子の世話）

6）事業主の行なう措置

① 休業を理由とする、解雇その他の不利益扱いの禁止

② 1歳〜3歳までの子を養育する労働者に対して、育児休業に準ずる措置をとること

③ 3歳から小学校就学までの子を養育する労働者に対しても、②と同様。

④ 小学校就学までの子を養育及び要介護状態にある家族を介護する労働者に深夜業の制限（原則、申し出制）

⑤ 時間外労働の制限（1ヶ月24時間、1年150時間超）

⑥ 所定労働時間の短縮措置等（1日の所定労働時間を原則6時間とする措置）

⑦ 転勤についての配慮

【国家公務員の育児休業等に関する法律（Ｈ3）】

【地方公務員の育児休業等に関する法律（Ｈ3）】

【次世代育成支援対策推進法（H15）】

次代の社会を担う子どもや家庭に対する支援とその育成環境整備を目途に制定され、主に一般事業主に、労働者が子どもを育成するに当たって育児休業が取得できるような労働環境を整備することを求めている。事業主には、労働者の家庭生活と職業生活の両立を図る責務がある。

【少子化社会対策基本法（H15）】　　　　　**【高齢社会対策基本法（Ｈ7）】**

【個人情報の保護に関する法律（S63）】　　　　**【過労死防止対策推進法（H26.6）】**

【※医療勤務環境改善マネジメントに関する指針（H26.9）】※厚生労働省告示

【看護師等の人材確保の促進に関する法律（Ｈ4.6.26）】 ☞p.114

1）目的

　…　急速な高齢化の進展及び保健を取り巻く環境の変化等に伴い、…看護師等（保健師、助産師、看護師、准看護師）の確保を促進するため…　高度な専門知識と技能を有する看護師等の確保する…

2）ナースセンター

　①　厚生労働大臣—中央ナースセンターを全国に1個指定（日本看護協会）

　②　都道府県知事—都道府県ナースセンターを47都道府県に指定

3）確保のための措置

　看護師等就業協力員（都道府県が委嘱）☞p.117

　看護師等確保推進者（医療法基準を下回る病院）☞p.117

　※　「看護の日」は、通達に規定。

4）新たな業務

　就業促進に関する情報提供、相談等の援助

5）看護師等の届出義務（努力義務）☞p.119

　病院等を離職後、届出事項の変更の場合、各都道府県のナースセンターへ届出ること

（4）、5）は平成27年10月施行）

第16章
学校関係法規

【教育基本法（S22）】

〔前文〕

　　われらは、さきに日本国憲法を確定し、民主的で文化的な国家を建設して、世界の平和と人類の福祉に貢献しようとする決意を示した。この理想の実現は、根本において教育の力にまつべきものである。

　　われらは、個人の尊厳を重んじ、真理と平和を希求する人間の育成を期するとともに、普遍的にしてしかも個性ゆたかな文化の創造をめざす教育を普及徹底しなければならない。ここに、日本国憲法の精神に則り、教育の目的を明示して、新しい日本の教育の基本を確立するため、この法律を制定する。

　　第３条　教育の機会均等

　　第４条　義務教育（９年、無償）

　　第５条　男女共学

　　第６条　学校教育（公教育以外に私学教育を認める）

　　第７条　社会教育（学校以外の場における社会教育）

　　第８条　政治教育（特定政党支持または反対の教育の禁止）

　　第９条　宗教教育（公教育における宗教教育の禁止）

【学校教育法（S22.3.31）】

　　第１条　学校：幼稚園、小学校、中学校、高等学校、中等教育学校、大学、高等専門学校、特別支援学校、短期大学（修業年限が２年または３年の大学）

　　第37条第２項　養護教諭：児童の養護をつかさどる

　　第82条の２〜４　専修学校

　　　　　　高等専修学校：中学校卒業者対象　専門学校：高等学校卒業者

　　　　　　専修学校　　：学歴不問

　　第83条　各種学校

【大学設置基準（昭和31年文部省令）】

　　第29条第１項　専修学校修了者の大学編入

　　（修業年限２年以上の専門学校での学修で、大学教育の水準に相当するもの）

【学校保健安全法（S33.4.10）】

　　①　対象：児童生徒等（学校に在学する幼児、児童、生徒又は学生）

　　②　保健室：健康診断、健康相談、保健指導、救急処置、その他の措置

　　③　養護教諭：児童生徒等への保健指導及びその保護者への助言

　　④　専修学校の保健指導等：保健室設置は努力義務

【医学及び歯学の教育のための献体に関する法律（S58）】

【女子教職員の出産に際しての補助教職員の確保に関する法律】

【教育職員免許法（S24）】

　　養護教諭：小学校、中学校、中等教育学校、高等学校に配置（平成21年・2009年から
　　　　　　「教員免許更新制」導入）

　　　　①　専修免許状：大学院修士課程修了

　　　　②　第一種免許状：

　　　　　　・　看護師免許＋文科大臣指定養護教諭養成機関卒業（１年以上）

　　　　　　・　保健師免許（看護師国家試験合格）＋文科大臣指定養護教諭養成機
　　　　　　　　関卒業（６ヶ月以上）

　　　　　　・　大学の養護教諭養成学部で所定単位取得後卒業（４年）で第一種免
　　　　　　　　許取得

　　　　③　第二種免許状：

　　　　　　・　短大養護教諭養成学科で所定単位取得（２年）

　　　　　　・　専門学校・養成所で所定単位取得（２年）

　　　　　　・　保健師免許（看護師国家試験合格）＋教育職員免許法施行規則で規
　　　　　　　　定の８単位取得

　　※①～③いずれも、教員採用試験（各都道府県又は、私立学校で実施）に合格すること。

【いじめ防止対策推進法（2013年：H25）】

　　いじめ問題対策連絡協議会メンバー

　　（学校、学校教育委員会、児童相談所、法務局、人権擁護委員、警察、その他）

第16章　学校関係法規

第３編　各論Ⅱ
看護に関連する社会資源の概説

第17章
社会保障制度の概説

17－1　概要 ……………………………………………………………………… 168
17－2　所得保障と医療保障 …………………………………………………… 171

17－1　概要

　本編は、看護の対象及び看護者自身の生涯や生活に直接的に関わりのある分野である。看護師国家試験問題の12分の1くらい（過去3年分の出題実績）はこの分野からの出題と言って過言ではないほど出題頻度が高く、縦の糸（小児看護学、母性看護学、成人看護学、老年看護学、在宅看護学等）と横の糸（法と社会保障制度一般）の関わりを実感する分野でもある。

　2011年（平成23年）3月11日に起こった人類が想定できなかった災害「東日本大震災」やそれに起因する「原発事故」による国家的なダメージに対して、これからの日本の社会保障制度のあり方を根本的に再考することになろう。

　応益負担のイメージの強かった社会福祉制度の改革問題や震災復興資金捻出のための年金積立金の取り崩し問題など枚挙に暇がないほど今後この分野は大きな修正を余儀なくされるであろう。このことを念頭に、各自、政治や経済の問題と関連させながら理解を進めること。政府は、社会保障制度改革推進法2012年（平成24年）8月等を制定して "社会保障と税の一体改革" を進めているが、一向に改善の見通しが立たず、子どもの貧困、年金資金不足、医療分野における応能負担増等、次世代へ難題が積み残されそうだ。

(1)　日本の長い歴史の中で、昭和20年の第二次世界大戦での敗戦は、人民の生活を大きく変えるものとなった。国家の最高法規たる憲法の第25条において、国家の人民に対する生活保障を約束したからである。明治以降現代に至るまで、国家の生活保障は、資本主義社会の内部の諸矛盾を抱えながら、自由権の保障に留まらず、社会政策的基本権の保障にも及びその概念を変えつつある。

(2)　国家の生活保障の対象は、いわゆる現代的貧困だけでなく、社会生活上に起こる様々な事故も含んでいる。看護師労働のフィールドの中には、主に後者の事故に遭遇した人たちが入ってくることになる。もちろん、貧困問題が引き金になるケースも多くあるが。

(3)　社会生活上の事故には、疾病、障害、老齢、退職、失業（解雇）、主たる働き手の死亡、出産、多子出産、労働災害、その他の事故など枚挙に暇がない。この社会生活上の事故からの回復のための生活保障のことを、社会保障（広義の社会保障）という。
〔キーワード：広義の社会保障〕

(4)　憲法第25条第2項は、「国は、すべての生活部面について、社会福祉、社会保障及び公衆衛生の向上及び増進に努めなければならない」として、社会保障の概念を狭義に理解している。☞p.60

(5)　したがって、広義の社会保障には、社会保険や公的扶助といった狭義の社会保障、社会手当やいわゆる社会的弱者に対する社会参加のための援護・育成・更生といった対人的サービス（社会福祉）と、公衆衛生（疾病予防）や保健・生活環境面での医療活動サービスが含まれる。

(6)　社会保障制度を学んでゆく目的は、こういった社会資源をいかにして有効活用するか、また歴史とともに変化する社会の中でより良い生活保障とは何かを考えることにある。

課題⑩

①　広義の社会保障制度は、（ア）狭義の社会保障制度、（イ）社会福祉制度、（ウ）生活環境の保全のしくみに分類され、（ア）はさらに、社会保険制度と公的扶助制度に、（イ）はさらに、社会手当制度といわゆる社会的弱者に対する社会参加のための対人的サービスに、（ウ）はさらに、公衆衛生と医療活動に分類できる。このことを図式化してみよう。

②　国家の歴史の中で社会保障の実像はどのように変遷してきたか。つぎのキーワードを参考に、400字程度でまとめてみよう。
〔応能負担、応益負担、措置制度、支援費制度、契約福祉制度〕

(7)　人口構成比と社会保障給付費・社会保障関係費との関連について

17-2　所得保障と医療保障

1. 所得保障（所得の喪失・中断・減少によってもたらされる生活不安の予防と回復）

制度の種類		該当法令等（法令名）
社会保険	年金保険 A. B. C. Dは職域保険 （2015年から一元化された。☞p.183、p.186） Eは地域保険	A.　厚生年金保険　　　　　　　　　　　　　　　（厚生年金保険法） 　※1986年（昭和61年）4月から、船員保険制度の年金部門が統合された。2002年（平成14年）4月から、農林年金（農林漁業団体職員共済組合）が統合された。
		B.　国家公務員等共済組合　　　　　　　　（国家公務員共済組合法）
		C.　地方公務員等共済組合　　　　　　　　（地方公務員共済組合法）
		D.　私立学校教職員共済組合　　　　　（私立学校教職員共済組合法）
		E.　国民年金　　　　　　　　　　　　　　　　　　（国民年金法）
	雇用保険	失業給付　　　　　　　　　　　　　　　　　　　　（雇用保険法）
	労災保険	業務上及び通勤時の負傷、疾病　　　　（労働者災害補償保険法）
公的扶助	生活保護	生活・住宅・教育・出産・生業・葬祭扶助（金銭給付） ―医療扶助・介護扶助（現物）は除く　　　　　　　（生活保護法）
社会手当	高齢者	国民年金―無拠出老齢年金（老齢福祉年金） 1961年（昭和36年）4月1日で既に満50歳以上の国民が対象（国民年金法）
	要保護児童	**児童扶養手当**　　　　　　　　　　　　　（所得制限あり） 　生別母子・父子家庭（2010.08～）：父が死亡・一定の障害・生死不明の児童／父が1年以上遺棄しているか、法令により拘禁されている児童／私生児が対象 　支給対象―母又は父又は養育者　　　　　　　（児童扶養手当法）
社会手当	障害者（児）	**特別児童扶養手当**　　　　　　　（所得制限あり） （精神又は身体に障害を有する20歳未満　1級、2級） 　支給対象―父母、養育者
		障害児福祉手当　　　　　　　　（所得制限あり） （精神又は身体に重度の障害を有し常時介護を必要とする20歳未満　1級、2級） （法令で定める施設に収容されている場合は支給されない。） 　支給対象―本人
		特別障害者手当（20歳以上）（所得制限あり） 　支給対象―本人 （障害者支援施設入所、法令で定める施設に入所、病院等へ3ヶ月以上入院は除く） 　　　　　　　　　（特別児童扶養手当等の支給に関する法律）
	児童	**児童手当**（旧「子ども手当」）（所得制限あり） 　3歳未満の児童又は3歳未満の児童を含む2人以上の児童を養育している者（3歳以上小学6年修了前まで相当額給付） 　3歳未満／15000円　3歳以上小学校修了前／第1子第2子10000円、第3子以降15000円　中学生／10000円 　　　　　　　　　　　　　　　　　　　　　（児童手当法）

２．医療保障（傷病によって損なわれた健康の回復維持）（その１）

制度の種類			該当法令等（法令名）
社会保険	医療保険	職域保険 （被用者保険）	ア、健康保険（船員保険制度を含む）　　　　（健康保険法）
			イ、国家公務員等共済組合　　　（国家公務員共済組合法）
			ウ、地方公務員等共済組合　　　（地方公務員共済組合法）
			エ、私立学校教職員共済組合（私立学校職員共済組合法）
		地域保険	オ、国民健康保険　　　　　　　　　　（国民健康保険法）
		後期高齢者医療制度	医療等の保健事業は75歳以上が対象（一定の障害を持つ65歳以上の者で広域連合の認定を受けた場合を含む） 　＜財源の１割は後期高齢者が負担、他現役世代４割＋公費約５割＞　　　　　　（高齢者の医療の確保に関する法律）
	介護保険 （地域保険）		保健医療サービス部門 　（給付率９割、自己負担＝原則（☞p.9、p.182）１割＋食費、居住費）　　　　　　　　　　　　　　（介護保険法） 　保険者　―市町村及び特別区 　被保険者―第１号被保険者（市町村区域内に住所を有する65歳以上の者） 　　　　　　―第２号被保険者（市町村区域内に住所を有する40歳以上65歳未満の医療保険加入者で特定疾病に罹患した場合）

（注）各種保険の利用時の自己負担割合は、年金収入等所得によって異なる。☞p.8

3．医療保障（傷病によって損なわれた健康の回復維持）（その2）

公費負担	医療扶助	生活困窮者の医療　　　　　　　　　　　　　　　　―現物給付
	介護扶助	生活困窮者で、要介護・要支援（介護予防）を必要とする場合―現物給付
公費負担		公費負担：患者の医療費の負担軽減＝都道府県等による助成 〔補足〕医療保険の自己負担分が全額公費（国と都道府県）により負担される場合を特に給付率10割と表現する。

◆　**法律に基づく医療**

1．社会防衛の医療費　　※社会保険等の給付が優先（申請→諮問→承認）

※措置、緊急措置入院費用 　　　　　（給付率10割、一定所得以上費用負担あり）	（精神保健福祉法）
※感染症法による入院費用 新感染症・1・2類感染症 指定感染症　　　　　　　　　　}給付率10割（所得制限有り） 新型インフルエンザ感染症 3〜5類感染症―医療保険適用（自己負担分有り）	（感染症法）
※従業禁止・命令入所の結核患者医療費 　　　　　　（社会保険＋公費、所得制限有り）	（感染症法）
※一般結核患者の医療費 　　　　　（自己負担は総費用の5％、所得制限有り）	（感染症法）

2．福祉的医療費　（申請→承認→医療費の助成）

身体障害者	更生医療の給付	応能負担 （所得による一定限度以内の負担有り）	自立支援医療 （障害者総合支援法）☞p.217
身体障害児	育成医療の給付		
精神障害者 （児）	精神通院医療の給付		
結核患児	療育の給付	給付率10割(所得による費用徴収有り)	（児童福祉法）
未熟児	養育医療の給付	給付率10割 （所得による費用徴収有り）	（母子保健法） ☞p.207

3．小児慢性特定疾病の医療費助成制度　（児童福祉法）☞p.201
　①　実施主体：都道府県、政令指定都市、中核市
　②　18歳未満の児童が対象で、就学後の場合自己負担割合は3割から2割に変更（ただし、階層区分によって負担上限月額が異なる。）
　③　18歳到達後も引き続き治療が必要と認められる場合には、20歳未満の者を含む。☞p.201
4．指定難病の医療費助成費制度　（難病医療法―略称）☞p.174
　①　実施主体：都道府県、政令指定都市
　②　医療費の自己負担割合は3割から2割に変更
　　（ただし所得による自己負担金額の限度額が異なる。）

小児慢性特定疾病：対象疾患群 　※2019年（令和元年）7月現在

1	悪性新生物	2	慢性腎疾患	3	慢性呼吸器疾患
4	慢性心疾患	5	内分泌疾患	6	膠原病
7	糖尿病	8	先天性代謝異常	9	血液疾患
10	免疫疾患	11	神経・筋疾患	12	慢性消化器疾患
13	染色体または遺伝子に変化を伴う症候群	14	皮膚疾患	15	骨系統疾患
16	脈管系疾患				

難病：対象疾病 　※2019年（令和元年）7月現在、対象疾病は、333疾病
（スモン病は、障害者総合支援法独自の対象疾病）

（発病の機構が明らかでなく、かつ治療方法が確立していない希少な疾病で、長期療養を必要とするもの）

1	球脊髄性筋萎縮症	2	筋萎縮性側索硬化症	3	脊髄性筋萎縮症
4	原発性側索硬化症	5	進行性核上性麻痺	6	パーキンソン病
7	大脳皮質基底核変性症	8	ハンチントン病	9	神経有棘赤血球症
10	シャルコー・マリー・トゥース病	11	重症筋無力症	12	先天性筋無力症候群
13	多発性硬化症/視神経脊髄炎	14	慢性炎症性脱髄性多発神経炎/多巣性運動ニューロパチー	15	封入体筋炎
16	クロウ・深瀬症候群	17	多系統萎縮症	18	脊髄小脳変性症（多系統萎縮症を除く。）
19	ライソゾーム病	20	副腎白質ジストロフィー	21	ミトコンドリア病
22	もやもや病	23	プリオン病	24	亜急性硬化性全脳炎
25	進行性多巣性白質脳症	26	HTLV-1関連脊髄症	27	特発性基底核石灰化症
28	全身性アミロイドーシス	29	ウルリッヒ病	30	遠位型ミオパチー
31	ベスレムミオパチー	32	自己貪食空胞性ミオパチー	33	シュワルツ・ヤンペル症候群
34	神経線維腫症	35	天疱瘡	36	表皮水疱症
37	膿疱性乾癬（汎発型）	38	スティーヴンス・ジョンソン症候群	39	中毒性表皮壊死症
40	高安動脈炎	41	巨細胞性動脈炎	42	結節性多発動脈炎
43	顕微鏡的多発血管炎	44	多発血管炎性肉芽腫症	45	好酸球性多発血管炎性肉芽腫症
46	悪性関節リウマチ	47	バージャー病	48	原発性抗リン脂質抗体症候群
49	全身性エリテマトーデス	50	皮膚筋炎/多発性筋炎	51	全身性強皮症
52	混合性結合組織病	53	シェーグレン症候群	54	成人スチル病
55	再発性多発軟骨炎	56	ベーチェット病	57	特発性拡張型心筋症
58	肥大型心筋症	59	拘束型心筋症	60	再生不良性貧血
61	自己免疫性溶血性貧血	62	発作性夜間ヘモグロビン尿症	63	特発性血小板減少性紫斑病
64	血栓性血小板減少性紫斑病	65	原発性免疫不全症候群	66	IgA腎症
67	多発性囊胞腎	68	黄色靱帯骨化症	69	後縦靱帯骨化症
70	広範脊柱管狭窄症	71	特発性大腿骨頭壊死症	72	下垂体性ADH分泌異常症

73	下垂体性TSH分泌亢進症	74	下垂体性PRL分泌亢進症	75	クッシング病
76	下垂体性ゴナドトロピン分泌亢進症	77	下垂体性成長ホルモン分泌亢進症	78	下垂体前葉機能低下症
79	家族性高コレステロール血症（ホモ接合体）	80	甲状腺ホルモン不応症	81	先天性副腎皮質酵素欠損症
82	先天性副腎低形成症	83	アジソン病	84	サルコイドーシス
85	特発性間質性肺炎	86	肺動脈性肺高血圧症	87	肺静脈閉塞症/肺毛細血管腫症
88	慢性血栓塞栓性肺高血圧症	89	リンパ脈管筋腫症	90	網膜色素変性症
91	バッド・キアリ症候群	92	特発性門脈圧亢進症	93	原発性胆汁性肝硬変
94	原発性硬化性胆管炎	95	自己免疫性肝炎	96	クローン病
97	潰瘍性大腸炎	98	好酸球性消化管疾患	99	慢性特発性偽性腸閉塞症
100	巨大膀胱短小結腸腸管蠕動不全症	101	腸管神経節細胞僅少症	102	ルビンシュタイン・テイビ症候群
103	CFC症候群	104	コステロ症候群	105	チャージ症候群
106	クリオピリン関連周期熱症候群	107	全身型若年性特発性関節炎	108	ＴＮＦ受容体関連周期性症候群
109	非典型溶血性尿毒症症候群	110	ブラウ症候群	111	先天性ミオパチー
112	マリネスコ・シェーグレン症候群	113	筋ジストロフィー	114	非ジストロフィー性ミオトニー症候群
115	遺伝性周期性四肢麻痺	116	アトピー性脊髄炎	117	脊髄空洞症
118	脊髄髄膜瘤	119	アイザックス症候群	120	遺伝性ジストニア
121	神経フェリチン症	122	脳表ヘモジデリン沈着症	123	禿頭と変形性脊椎症を伴う常染色体劣性白質脳症
124	皮質下梗塞と白質脳症を伴う常染色体優性脳動脈症	125	神経軸索スフェロイド形成を伴う遺伝性びまん性白質脳症	126	ペリー症候群
127	前頭側頭葉変性症	128	ビッカースタッフ脳幹脳炎	129	痙攣重積型（二相性）急性脳症
130	先天性無痛無汗症	131	アレキサンダー病	132	先天性核上性球麻痺
133	メビウス症候群	134	中隔視神経形成異常症/ドモルシア症候群	135	アイカルディ症候群
136	片側巨脳症	137	限局性皮質異形成	138	神経細胞移動異常症
139	先天性大脳白質形成不全症	140	ドラベ症候群	141	海馬硬化を伴う内側側頭葉てんかん
142	ミオクロニー欠神てんかん	143	ミオクロニー脱力発作を伴うてんかん	144	レノックス・ガストー症候群
145	ウエスト症候群	146	大田原症候群	147	早期ミオクロニー脳症
148	遊走性焦点発作を伴う乳児てんかん	149	片側痙攣・片麻痺・てんかん症候群	150	環状20番染色体症候群
151	ラスムッセン脳炎	152	PCDH19関連症候群	153	難治頻回部分発作重積型急性脳炎
154	徐波睡眠期持続性棘徐波を示すてんかん性脳症	155	ランドウ・クレフナー症候群	156	レット症候群
157	スタージ・ウェーバー症候群	158	結節性硬化症	159	色素性乾皮症

160	先天性魚鱗癬	161	家族性良性慢性天疱瘡	162	類天疱瘡（後天性表皮水疱症を含む。）
163	特発性後天性全身性無汗症	164	眼皮膚白皮症	165	肥厚性皮膚骨膜症
166	弾性線維性仮性黄色腫	167	マルファン症候群	168	エーラス・ダンロス症候群
169	メンケス病	170	オクシピタル・ホーン症候群	171	ウィルソン病
172	低ホスファターゼ症	173	VATER症候群	174	那須・ハコラ病
175	ウィーバー症候群	176	コフィン・ローリー症候群	177	ジュベール症候群関連疾患
178	モワット・ウィルソン症候群	179	ウィリアムズ症候群	180	ATR-X症候群
181	クルーゾン症候群	182	アペール症候群	183	ファイファー症候群
184	アントレー・ビクスラー症候群	185	コフィン・シリス症候群	186	ロスムンド・トムソン症候群
187	歌舞伎症候群	188	多脾症候群	189	無脾症候群
190	鰓耳腎症候群	191	ウェルナー症候群	192	コケイン症候群
193	プラダー・ウィリ症候群	194	ソトス症候群	195	ヌーナン症候群
196	ヤング・シンプソン症候群	197	1p36欠失症候群	198	4p欠失症候群
199	5p欠失症候群	200	第14番染色体父親性ダイソミー症候群	201	アンジェルマン症候群
202	スミス・マギニス症候群	203	22q11.2欠失症候群	204	エマヌエル症候群
205	脆弱X症候群関連疾患	206	脆弱X症候群	207	総動脈幹遺残症
208	修正大血管転位症	209	完全大血管転位症	210	単心室症
211	左心低形成症候群	212	三尖弁閉鎖症	213	心室中隔欠損を伴わない肺動脈閉鎖症
214	心室中隔欠損を伴う肺動脈閉鎖症	215	ファロー四徴症	216	両大血管右室起始症
217	エプスタイン病	218	アルポート症候群	219	ギャロウェイ・モワト症候群
220	急速進行性糸球体腎炎	221	抗糸球体基底膜腎炎	222	一次性ネフローゼ症候群
223	一次性膜性増殖性糸球体腎炎	224	紫斑病性腎炎	225	先天性腎性尿崩症
226	間質性膀胱炎（ハンナ型）	227	オスラー病	228	閉塞性細気管支炎
229	肺胞蛋白症（自己免疫性又は先天性）	230	肺胞低換気症候群	231	α1-アンチトリプシン欠乏症
232	カーニー複合	233	ウォルフラム症候群	234	ペルオキシソーム病（副腎白質ジストロフィーを除く。）
235	副甲状腺機能低下症	236	偽性副甲状腺機能低下症	237	副腎皮質刺激ホルモン不応症
238	ビタミンD抵抗性くる病/骨軟化症	239	ビタミンD依存性くる病/骨軟化症	240	フェニルケトン尿症
241	高チロシン血症1型	242	高チロシン血症2型	243	高チロシン血症3型
244	メープルシロップ尿症	245	プロピオン酸血症	246	メチルマロン酸血症
247	イソ吉草酸血症	248	グルコーストランスポーター1欠損症	249	グルタル酸血症1型
250	グルタル酸血症2型	251	尿素サイクル異常症	252	リジン尿性蛋白不耐症
253	先天性葉酸吸収不全	254	ポルフィリン症	255	複合カルボキシラーゼ欠損症
256	筋型糖原病	257	肝型糖原病	258	ガラクトース-1-リン酸ウリジルトランスフェラーゼ欠損症

259	レシチンコレステロールアシルトランスフェラーゼ欠損症	260	シトステロール血症	261	タンジール病
262	原発性高カイロミクロン血症	263	脳腱黄色腫症	264	無βリポタンパク血症
265	脂肪萎縮症	266	家族性地中海熱	267	高IgD症候群
268	中條・西村症候群	269	化膿性無菌性関節炎・壊疽性膿皮症・アクネ症候群	270	慢性再発性多発性骨髄炎
271	強直性脊椎炎	272	進行性骨化性線維異形成症	273	肋骨異常を伴う先天性側弯症
274	骨形成不全症	275	タナトフォリック骨異形成症	276	軟骨無形成症
277	リンパ管腫症/ゴーハム病	278	巨大リンパ管奇形（頚部顔面病変）	279	巨大静脈奇形（頚部口腔咽頭びまん性病変）
280	巨大動静脈奇形（頚部顔面又は四肢病変）	281	クリッペル・トレノネー・ウェーバー症候群	282	先天性赤血球形成異常性貧血
283	後天性赤芽球癆	284	ダイアモンド・ブラックファン貧血	285	ファンコニ貧血
286	遺伝性鉄芽球性貧血	287	エプスタイン症候群	288	自己免疫性後天性凝固因子欠乏症
289	クロンカイト・カナダ症候群	290	非特異性多発性小腸潰瘍症	291	ヒルシュスプルング病（全結腸型又は小腸型）
292	総排泄腔外反症	293	総排泄腔遺残	294	先天性横隔膜ヘルニア
295	乳幼児肝巨大血管腫	296	胆道閉鎖症	297	アラジール症候群
298	遺伝性膵炎	299	嚢胞性線維症	300	IgG4関連疾患
301	黄斑ジストロフィー	302	レーベル遺伝性視神経症	303	アッシャー症候群
304	若年発症型両側性感音難聴	305	遅発性内リンパ水腫	306	好酸球性副鼻腔炎
307	カナバン病	308	進行性白質脳症	309	進行性ミオクローヌスてんかん
310	先天異常症候群	311	先天性三尖弁狭窄症	312	先天性僧帽弁狭窄症
313	先天性肺静脈狭窄症	314	左肺動脈右肺動脈起始症	315	ネイルパテラ症候群（爪膝蓋骨症候群）/LMX1B関連腎症
316	カルニチン回路異常症	317	三頭酵素欠損症	318	シトリン欠損症
319	セピアプテリン還元酵素(SR)欠損症	320	先天性グリコシルホスファチジルイノシトール(GPI)欠損症	321	非ケトーシス型高グリシン血症
322	β-ケトチオラーゼ欠損症	323	芳香族L-アミノ酸脱炭酸酵素欠損症	324	メチルグルタコン酸尿症
325	遺伝性自己炎症疾患	326	大理石骨病	327	特発性血栓症（遺伝性血栓性素因によるものに限る。）
328	前眼部形成異常	329	無虹彩症	330	先天性気管狭窄症/先天性声門下狭窄症
331	特発性多中心性キャッスルマン病	332	膠様滴状角膜ジストロフィー	333	ハッチンソン・ギルフォード症候群

第18章
社会保険制度の概説

社会保険（医療保険）制度のポイント ……………………………………………… *179*

18－1　医療保険制度 …………………………………………………… *180*

18－2　介護保険制度 …………………………………………………… *182*

18－3　年金保険制度 …………………………………………………… *183*

18－4　労働保険制度 …………………………………………………… *184*

　18－4－1　雇用保険制度 ………………………………………………… *184*
　18－4－2　労災保険制度 ………………………………………………… *185*

18－5　補遺（共済制度、訪問看護制度） ……………………………… *186*

　18－5－1　共済制度 ……………………………………………………… *186*
　18－5－2　訪問看護制度 ………………………………………………… *186*

　狭義の社会保障のうち、社会生活上の事故に遭った人やその家族が予め加入している保険のことを社会保険という。負傷したり疾病にかかったときは医療保険、失業したときなどは雇用保険、障害や老齢などで介護が必要となったときは介護保険、仕事をしていて負傷や死亡した場合は労災保険（保険料負担は事業主）、退職などによる老後の生活安定のための年金保険がある。国家試験の出題ポイントは次頁の表の通りである。

社会保険（医療保険）制度のポイント

1）医療保険

対象	保険名	保険者	種別
被用者（含家族）	健康保険	健康保険組合	職域保険
		全国健康保険協会	（被用者保険）
一般住民（自営業等）	国民健康保険	都道府県・市町村	地域保険
一般住民（自由業等）	国民健康保険	国保組合	地域保険
一般住民（75歳以上）	後期高齢者医療制度	都道府県＊	（地域保険）

＊後期高齢者医療広域連合

2）共済保険（雇用及び災害補償は別に担保）

A　国家公務員共済組合法　　医療＋年金

B　地方公務員共済組合法　　医療＋年金

C　私立学校教職員共済法　　医療＋年金

　☞p.186　被用者年金一元化

3）船員保険制度（1985年以降）

医療部門	健康保険部分—全国健康保険協会
所得部門	雇用保険部分—雇用保険法 労災保険部分—労災保険法 年金保険部分—☞p.183、p.186

18－1　医療保険制度

【健康保険法（T11.4.22）】

1）保険者

　　①　健康保険組合（単一事業所700人以上　同業同種集合体3,000人以上）

　　②　全国健康保険協会〔略称：協会けんぽ〕（船員保険制度の職務外疾病・負傷を含む）

2）被保険者（被用者、その被扶養者）

3）給付率（「最近の重要な法改正について」参照」）給付の割合＋自己負担の割合
　　＝10割

4）

　　◎　給付対象

　　①　療養の給付

　　②　入院時食事療養費、入院時生活療養費

　　③　高額療養費・高額介護合算療養費（限度超過分を保険給付）

　　④　保険外併用療養費（差額ベッド、先進医療は自己負担）

　　⑤　療養費（保険医療機関外での診療の場合）

　　⑥　訪問看護療養費

　　⑦　移送費

　　⑧　出産育児一時金（産科医療補償制度加入で、42万円）

　　⑧'　出産手当金　☞p.159（産前産後の休業中の所得保障）☞p.161（特別課題）

　　⑨　埋葬料

　　⑩　傷病手当金（賃金日額の6割、1年6月間）

　　　　※　被扶養者の場合は、①～④まで、家族～と表記する。

　　　　※　介護保険の給付を受ける場合は、②～⑥は給付されない。

　　◎　給付非対象

　　　　健康診断、予防接種、美容整形、症状が固定した身体障害、正常分娩、人間ドック等

5）診療報酬（健康保険法の規定による療養に要する費用の額の算定方法）

6）保険料の負担配分：事業主と被保険者が1/2ずつ（おおむね折半）

7）失業時：雇用元から、加入していた医療保険の「資格喪失証明書」を受け取り脱退した上で、在住の市区町村で、国民健康保険への切り替え手続きをする。

【国民健康保険法（S33.12.27）】

1 ）保険者

 ① 都道府県、市町村（共同保険者）

 ② 国民健康保険組合（同業職種で組織、知事の認可要）

2 ）被保険者（市区町村に在住する者―世帯主、その家族）

  ☆ 適用除外者

 生活保護受給者、被用者保険加入者、日雇特例被保険加入者、国民健康保険組合被保険者

3 ）給付率（☞p.8）

4 ）

 ◎ 　給付の種類

 ① 療養の給付

 ② 入院時食事療養費、入院時生活療養費

 ③ 高額療養費・高額介護合算療養費（限度超過分を保険給付）

 ④ 保険外併用療養費（差額ベッド、先進医療は自己負担）

 ⑤ 療養費（保険医療機関外での診療の場合）

 ⑥ 訪問看護療養費

 ⑦ 移送費

 ⑧ 出産育児一時金（産科医療補償制度加入で、42万円）

 ⑧' 出産手当金《任意給付》

 ⑨ 葬祭費の支給（葬祭の給付）

 ⑩ 傷病手当金《任意給付》

  ※ 介護保険の給付を受ける場合は、②～⑥は給付されない。

  ※ ⑧～⑩は、条例、規約によって決める。

 ◎ 　給付非対象　（健康保険と同様である。）

5 ）保険料（国民健康保険税 – 地方税）

【後期高齢者医療制度】（高齢者の医療の確保に関する法律（S57.8.17））

1 ）被保険者：75歳以上／65歳以上75歳未満：政令で定める障害（寝たきり）の状態

2 ）自己負担：原則として 1 割（保険による給付は 9 割）、2 割（単独世帯は200万円以上、夫婦 2 人世帯は320万円以上）、3 割（単独世帯は383万円以上、夫婦 2 人世帯は520万円以上）

3 ）保険料：後期高齢者にかかる医療費総額の10％を原則均等負担（軽減策有り）

4 ）保険者：後期高齢者医療広域連合（窓口は市区町村）

18－2　介護保険制度

【介護保険法（H9.12.17）】　（実施は、H12）

1）保険者（市区町村）

2）被保険者　　1号：65歳以上（強制加入）

　　　　　　　　2号：40歳〜64歳（医療保険加入＋特定疾病に該当する場合利用可）

3）介護保険2号被保険者に適用される「特定疾病」（16の疾病及び疾患）

末期の悪性腫瘍	筋萎縮性側索硬化症	後縦靭帯骨化症
骨折を伴う骨粗鬆症	多系統萎縮症	初老期における認知症
脊髄小脳変性症	脊柱管狭窄症	早老症
糖尿病性神経障害・腎症・網膜症		脳血管疾患（除く外傷性）
閉塞性動脈硬化症	関節リウマチ	慢性閉塞性疾患
両側の股関節又は股関節に著しい変形を伴う変形性関節症		
進行性核上性麻痺、大脳皮質基底核変性症及びパーキンソン病		

4）保険給付の種別 ┤ 介護給付＝要介護状態5区分

　　　　　　　　　　 予防給付＝要支援状態2区分

　　　　　　　　　　 市町村特別給付（市町村独自の任意事業）

施設サービス	要介護3〜5[※]
居宅サービス	要介護1・2
市町村サービス	要支援

※　老健は、要介護1〜5で入所可

5）介護給付（居宅サービス、施設サービス、地域密着型サービス）☞p.239〜p.241

6）被保険者の自己負担（＊原則1割＋食費・居住費）＊☞p.9、p.182

　　保険料滞納の場合、自己負担は3倍

7）認定手続

　　①　本人申請（市町村窓口、地域包括支援センターでも可）

　　②　面接調査（介護支援専門員、市町村の窓口）

　　③　主治医の意見

　　④　第1次審査：コンピュータ判定⇒第2次審査：介護認定審査会（市区町村）の審査

　　⑤　判定（認定：「非該当」「要支援1・2」「要介護1〜5」）

　　※　判定に不服の時は、介護保険審査会（都道府県）へ不服申し立て

　　※　介護保険審査会の裁定に不服のときは、国（厚生労働省）へ不服申し立て

8）介護保険実施に必要な費用の負担割合（1/2保険料　1/2公費負担）

9）地域包括支援センター（市区町村が設置）：地域支援事業の中核的存在

18－3　年金保険制度

要諦

　公的年金制度を支える厚生年金の積立金が想定以上のスピードで取り崩されたり（国の予算に回される）、また、国民年金の納付率が毎年低下している等の問題が、今後の超高齢化社会へ向けての国民の大きな不安材料になっている。以下の法規に関しては、今後大幅な改正がありうる。

【厚生年金保険法（S29.5.19）】 ☞p.186、p.314

1）加入者：被用者など

被保険者	被保険者種別	保険者・実施機関・窓口（年金事務所）
第1号	適用事業所で使用される者（会社員等）	国（厚生労働省）：年金事務所
第2号	国家公務員共済組合員	国（厚生労働省）：同共済組合・連合会
第3号	地方公務員共済組合員	国（厚生労働省）：同各共済組合等
第4号	私立学校教職員共済組合員	国（厚生労働省）：学校振興共済事業団

（注）被保険者は、第1種：男子、第2種：女子、第3種：坑内員・船員、第4種：任意継続者に区分される。

（注）厚生年金の被保険者は、国民年金の第2号被保険者として適用されるので二重加入になる。

2）年金の種類（①＋②又は①＋②＋③）

　①　国民年金基礎年金部分

　②　厚生年金

　③　企業年金（確定拠出年金、確定給付年金）

3）保険給付の種類（年金手帳）

　　・老齢厚生年金　・障害厚生年金、障害手当金　・遺族厚生年金

4）失業時：雇用元から、加入していた厚生年金の「資格喪失証明書」を受け取り、在住の市区町村で、国民年金への切り替え手続きをする。

5）賦課方式

【国民年金法（S34.4.26）】 （1961年（S36）4月から徴収開始⇒1989年（H元年）から学生の強制加入）

1）加入者：日本国内に住所を有する20歳以上の自営業者、学生など

被保険者	被保険者種別	保険者・実施期間・窓口（年金事務所）
第1号	日本国内に住所を有する、第2号、第3号に該当しない者（20歳以上60歳未満）	国（厚生労働省）：年金事務所
第2号	厚生年金保険の被保険者	
第3号	第2号被保険者の被扶養配偶者	

（注）別に、任意加入被保険者や付加年金被保険者がいる。

2）保険給付の種類（国民年金手帳）

　　・老齢基礎年金　・障害基礎年金（2016年現在203万人受給）　・遺族基礎年金

　　・付加年金、寡婦年金及び死亡一時金

3）保険料（原則20歳から、40年間加入して保険料を支払い、65歳から支給）

　　※　学生納付特例制度

4）第3号被保険者（サラリーマン、公務員の妻で専業主婦）問題

18－4　労働保険制度

18－4－1　雇用保険制度

【雇用保険法（S49.12.28）】

1）保険料負担：被保険者（船員保険制度の失業部門を含む）＋事業主

2）対象者

　①　一般被保険者（学生又は生徒、雇用される船員、国・都道府県・市町村等に雇用される者等を除く）

　②　高年齢継続被保険者　　③　短期雇用特例被保険者　　④　日雇い労働被保険者

3）給付の種類

　★　失業等給付

　①　求職者給付（一般求職者、高年齢求職者、短期雇用特例求職者、日雇労働求職者対象）

　②　就職促進給付　　③　教育訓練給付（教育訓練給付金等）

　④　雇用継続給付（i.高年齢雇用継続給付　ii.育児休業給付　☞p.162　iii.介護休業給付　☞p.162）

　★　付帯二事業（雇用安定事業〈雇用調整助成金〉、能力開発事業〈開発施設の運営等〉）

4）失業時：雇用元から、「離職票」「雇用保険被保険者証」を受け取り、公共職業安定所（ハローワーク）へ行き、失業手当を受け取る。

5）特別課題（☞p.161）があります。

18－4－2　労災保険制度

【労働者災害補償保険法（S22.4.7）】　**（業務上の事由または通勤上の災害）**

1）保険料負担（事業主のみ）

2）対象者：雇用される労働者全て

　　　　　　船員保険の被保険者（2010年（平成22年）1月〜）

　　　　※　特別加入制度対象（従業員300人以下の中小企業の事業主と従業員、自営業者とその従事者、特定作業従事者等）

　　非対象者：国家公務員、地方公務員（それぞれの公務員災害補償法が適用される。）

3）給付の種類

　①　業務災害

　・療養補償給付（現物給付）　　・休業補償給付（現金給付）

　・障害補償給付（現金給付）

　ⅰ．障害補償年金、障害特別年金、障害特別支給金　　ⅱ．障害補償一時金

　・介護補償給付（現金給付）　　・遺族補償給付（現金給付）

　②　通勤災害

　・療養給付（現物給付）　　・休業給付（現金給付）

　・障害給付（現金給付）

　ⅰ．障害年金、障害特別年金、障害特別支給金　　ⅱ．障害一時金

　・介護給付（現金給付）　　・遺族給付（現金給付）

　※　労働基準法にも同様の規定（業務災害に限定）がある。労災保険の給付があれば労基法の規定の適用はない。

今後の問題

・産業保健の観点から、職場における健康管理に関連して、仕事のストレスなどで「心の病」を患って、労災と認められる人が年々増加していることに注目しよう。「過労死等防止対策推進法」では防ぎきれない「時間外労働」（月80時間以上）の改善が急務となる。☞p.160

18－5　補遺（共済制度、訪問看護制度）

18－5－1　共済制度（特殊職域労働者の医療年金、労働に関する制度）

【国家公務員共済組合法】　医療保険 + 年金保険

【地方公務員等共済組合法】　医療保険 + 年金保険　⇒

【私立学校教職員共済法】　医療保険 + 年金保険

共済年金を廃止し、公務員を会社員と同じ厚生年金に加入させる「被用者年金一元化法」が2015年（平成27年）10月から施行された。

18－5－2　訪問看護制度

1）医療保険と介護保険を同時に利用する場合は介護保険が優先適用されるが、次の疾病の場合は医療保険が適用される。

★　厚生労働大臣が定める疾病：

末期の悪性腫瘍　多発性硬化症　重症筋無力症　スモン

筋萎縮性側索硬化症（ALS）　脊髄小脳変性症　ハンチントン病

進行性筋ジストロフィー症　パーキンソン病（ヤールの分類で制限あり）

進行性核上性麻痺　大脳皮質基底核変性症　多系統萎縮症　プリオン病

亜急性硬化性全脳炎　後天性免疫不全症候群　頚髄損傷

人工呼吸器を使用している状態

　　[　　は介護保険2号被保険者が利用できる特定疾病、　　は難病（稀有、原因不明、治療方法未確立、診断基準確立　☞p.174）]

─ ❦ **過去問にチャレンジしてみよう** ❦ ─

[第102回　午前　89]

　入所者または居住者が公的保険による訪問看護サービスを受けることができるのはどれか。**2つ選べ。**

① 乳児院 　　　　　　③ 高齢者専用賃貸住宅 　　⑤ 認知症対応型共同生活介護

② 介護老人保健施設 　④ 介護療養型医療施設 　　　（グループホーム）

[第103回　午前　73]

　訪問看護に関する制度について正しいのはどれか。

① 平成12年（2000年）に老人訪問看護制度が創設された。

② サービスを開始するときに書面による契約は不要である。

③ 訪問看護ステーションの管理者は医師もしくは看護師と定められている。

④ 介護保険法に基づく訪問看護ステーションの開設には都道府県の指定が必要である。

[第103回　午後　72]

　健康保険法による訪問看護サービスで正しいのはどれか。

① サービス対象は65歳以上である。

② 介護支援専門員がケアプランを作成する。

③ 末期の悪性腫瘍の療養者への訪問回数に制限はない。

④ 特定疾患医療受給者証を持っている者は自己負担額1割である。

第18章　社会保険制度の概説

2）保険制度を利用した訪問看護について

	「介護保険制度」を利用した訪問看護	「医療保険制度」を利用した訪問看護
定　義	看護師等が居宅において（主治の医師がその治療の必要の程度につき厚生労働省令で定める基準に適合していると認めたものに限る。）療養上の世話又は必要な診療の補助を行なうサービス	疾病又は負傷により居宅において継続して療養を受ける状態にあり、厚生労働省令で定める適合すると主治医の認めた者が、厚生労働大臣の指定を受けた訪問看護ステーションから受けるサービス
根拠法	介護保険法	健康保険法　国民健康保険法 高齢者医療確保法
利用申請	市区町村・原則として「介護認定」を受けることが利用開始条件（但し、要介護認定申請の場合は申請時点から利用可能だが、非該当の場合は、費用全額自己負担）	主治医又は訪問看護ステーション ・主治医の「訪問看護指示書」を受けて利用開始
実施主体	訪問看護ステーション （指定居宅サービス事業者）	訪問看護ステーション （指定訪問看護事業者）
	2箇所の訪問看護ステーションの訪問看護を利用できる（同一日時間差利用等）　　（例）　医＋医　介＋介　医＋介	
サービス提供者	看護師、保健師、准看護師、理学療法士、作業療法士、言語聴覚士 （常勤換算で2.5以上となる員数で、内1名は常勤）	
費用名目	訪問看護費	訪問看護療養費
負担割合	40歳以上65歳未満は1割、65歳以上は3段階（p.9参照）	原則3割、詳細はp.8参照
	・特定疾患医療受給者証を所持する場合も負担あり（2015年～） ・高額介護合算療養費制度の適用あり（医療保険と介護保険の利用者負担額の合計が一定額を超える場合）	
自己負担分	保険対象外サービス	時間外、休日サービスは差額負担
交通費	無料（サービス提供地域内）	有料（実費×訪問回数）
利用回数	制限なし	原則として週3回（月12回まで） 但し、★に関しては制限なし
訪問時間	1回当たり、30分～1時間30分	
対象者	・40歳以上65歳未満（特定疾病該当） ・65歳以上（介護認定該当）	・40歳未満（医療保険加入者と家族） ・40歳以上65歳未満（特定疾病非該当） ・65歳以上（介護認定非該当） ・病状悪化で特別訪問看護指示書が発行されたとき（要介護・要支援の場合） ・★厚生労働大臣が定める疾病（要介護・要支援の場合）
管理者	保健師、看護師、助産師（健康保険法の指定訪問看護ステーションのみ）	

第19章
公的扶助制度の概説

19−1　法制度 ……………………………………………………………… *189*
19−2　NIE『「お金ない」治療を断念』を読んで考えよう ……………… *192*

19−1　法制度

【生活保護法（S25.5.4）】

1）憲法第25条の生存権の理念の実現のための原理（**4原理**）

① 国家責任による最低生活保障の原理

② 無差別平等の原理

③ 最低限度生活保障の原理（最低限の生活とは健康で文化的な生活水準の維持を指す。）

④ 補足性の原理

　　　ⅰ．利用しうる資産、能力等を活用すること

　　　ⅱ．扶養義務者の扶養、その他の社会的扶助が優先　☞p.65

　　　ⅲ．急迫した事情があるときは、この原理は当てはまらない

2）生活保護実施上の原則（**4原則**）

① 申請保護の原則　　　：要保護者等（本人、扶養義務者、同居する親族）の申請に基づいて開始　☞p.346

② 基準及び程度の原則　：厚生労働大臣の定めた基準で、不足分を補う程度

③ 必要即応の原則　　　：要保護者等の必要の相違を考慮する

④ 世帯単位の原則　　　：世帯単位で決める

第19章　公的扶助制度の概説

３）保護の種類

種　類	給付形式	内　　容
生活扶助	金銭給付　前渡し	第1類：個人的経費 第2類：世帯共通経費
教育扶助	金銭給付	義務教育に伴う必要経費
住宅扶助	金銭給付　現物給付で補完	現物給付は「宿所提供施設」の利用
医療扶助	現物給付	「医療保護施設」の利用
介護扶助	現物給付	介護保険の保険給付が優先
出産扶助	金銭給付　現物給付で補完	現物給付は法指定の助産師に委託して実施　☞p.202助産施設
生業扶助	金銭給付　現物給付で補完	現物給付は「授産施設」の利用
葬祭扶助	金銭給付	葬祭者に給付

４）保護施設

施設の種類	内　　容
救護施設	身体・精神に著しい障害があって日常生活が営めない人に対して生活扶助を行なう
更生施設	身体・精神上の理由で養護及び生活指導を必要とする人に対して生活扶助を行なう
医療保護施設	医療を必要とする人に対して医療の給付を行なう
授産施設	体・精神上の理由又は世帯の事情で就業能力が限られている人に対して就労、技能習得の機会を与えて自立を助長する
宿所提供施設	住居のない人に対して住宅の扶助を行なう

５）生活扶助における主な加算

　　○妊産婦加算　　○障害者加算　　○介護施設入所者加算　　○在宅患者加算

　　○放射線障害者加算　　○児童養育加算　　○介護保険料加算　　○母子加算

　補足

　　母子加算は、'08年度末で廃止されたが、廃止は違憲とする行政訴訟の進行と相俟って、民主党政権下で見直し復活が検討され、'09年12月に復活した。一方、老齢加算は'04年～'06年に廃止された。現在行政訴訟が提起され見直しの検討中だが復活は厳しい情勢。（行政訴訟は継続中）

6）社会情勢に合わせた漸次法改正の主なポイント

①　就労自立支援金の創設

②　健康増進の努力、推進

③　不正・不適正受給対策

　　・調査権限の拡大

　　・罰則の引き上げ

④　医療扶助・介護扶助の支給適正化

⑤　制度の適正な実施

⑥　2018年度に生活扶助基準などの見直しがあった。

7）生活保護の見直し例

　生活扶助（児童養育加算、母子加算を含む）。65歳の単身の「町」は100円単位で減少。

（都）大都市圏

（町）主に町村部

		現在	2018年10月〜	2020年10月〜	増減
40代夫婦と子ども2人 （小・中学生）	都	205,000	202,000	196,000	↘
	町	164,000	162,000	159,000	↘
40代ひとり親と子ども2人 （小・中学生）	都	200,000	197,000	192,000	↘
	町	165,000	166,000	166,000	↗
50代の単身	都	80,000	79,000	76,000	↘
	町	65,000	65,000	66,000	↗
65歳の単身	都	80,000	78,000	76,000	↘
	町	64,000	64,000	64,000	↘
75歳の単身	都	110,000	11,0000	111,000	↗
	町	89,000	9,2000	97,000	↗

（2018.9.27　朝日新聞）

19－2　NIE：「『お金ない』治療を断念」を読んで考えよう

（2016年８月８日付　朝日新聞一部改変）

「お金ない」治療を断念
～にっぽんの負担　公平を求めて～

　「このまま帰る。何もしないで」

　救急で運ばれた時のことはなにも覚えていない。看護師らに後日聞くと、こうくり返していたそうだ。

　３年前の夏のことだ。埼玉県に住む女性（63）は、50代半ばから糖尿病を患っていた。だが、救急搬送される１カ月前に血糖値を下げるインスリンの注射をやめ、その影響で心臓の状態が悪くなっていた。

　注射をやめたのは、お金がないからだった。

　女性は19歳で結婚し３人の子を産んだが、40代で離婚。その後は１人、パン工場や清掃工場のパートで生計を立てた。10年ほど前、居酒屋で知り合った男性と同居を始めた。その頃からだるさやめまいを感じ、仕事を続けられなくなった。糖尿病と診断され、ほかの病気も含めた月の出費が２万数千円にもなった。

　数年後、同居の男性も腰痛で早期退職。退職金を切り崩して暮らしたが、自分の医療費が悩みのタネだった。病気はだんだん悪くなる。血液をきれいにする「人工透析」が必要になりそうだが、とても負担できないと思った。

　「これ以上、もう迷惑かけられない。長生きしたって仕方ない」

　インスリンをやめてから、めまいがひどくて立てなくなった。寝たきり生活になり、体重が20キロ減。１カ月ほど経った深夜、体の震えで目を覚ました。心臓を中心に体の左半分ががくがく震えた。もう終わりだ。広告の裏に走り書きした。〈無縁仏にお願いします〉。台所で突っ伏しているのを男性が見つけ、119番通報した。

　搬送されたのは、千葉県のT病院。女性が治療を受けている間、病院の医療ソーシャルワーカー、Aさんが男性に切り出した。「本人は帰りたいと言ってますが、このまま退院したら命はありません」

　男性は絶句した。「そんなに悪いんですか！高血圧としか聞いてなかった」。貯金はほとんど底をついていた。Aさんのすすめで生活保護の受給を決めた。数日後、病室で目を覚ました女性は、男性から「金の心配はするな」と聞き、涙を流した。

　いま、女性は退院し、週３回透析治療に通う。生活保護を受け、必要な医療は受けられる。容体は安定した。助けてもらったのはありがたいが、こうも思う。「私なんかが生きちゃっていいのかしら。だって医療費も税金。病気の人は大勢いる。私の分をほかの人に回してあげなきゃいけないんじゃないのかな」

制度知らず手遅れも

　Ｔ病院では、受診を我慢してしまったことで手遅れになった可能性がある患者もいた。

　警備会社に勤める50代女性＝千葉県＝は2014年11月の末、胸の痛みに耐えきれず、病院を訪れた。胸のしこりからウミが出て、異臭がしていた。しこりに気づいたのは３カ月前の８月。放っておいたら、食事がのどを通らないほど痛くなり、救急を受診したという。

　医師は「乳がん」と診断。すぐに抗がん剤治療を始めようとしたが、女性は「仕事を休みたくない」と言って治療をためらった。

　ソーシャルワーカーのＢさんが暮らし向きを聞くと、「仕事が生きがい」という理由のほかに、お金の問題があることもうかがえた。

　しばらく前に夫と離婚し、子どもと２人暮らし。ショッピングモールの警備をしていた女性の月収14万～15万円が、一家の主な収入だった。アパートの家賃５万３千円をひくと日々食べていくのがやっとで、貯金はほとんどゼロだった。国民健康保険料も滞納し、保険証は交付されず、国保の「被保険者資格証明書」を持っていた。

　保険証があれば病院での窓口負担が３割だが、資格証明書の場合いったん窓口で医療費全額を支払う必要がある。大金を工面することは女性には難しかった。仕事を休めば１日分給料が減るのも、受診を控えた理由だった。

　Ｂさんのすすめで生活保護を申請。治療を始めた。だが、半年以上の治療も実らずがんは肝臓などに転移した。昨年秋、これ以上の治療が難しく、医師から「余命２カ月」と言われた。

　「私が我慢しちゃったからいけなかったんだよなあ」。病院の談話室で、いつもは明るい女性が寂しそうな表情をＢさんに見せた。昨年11月、息をひきとった。

　お金がなくても受診できる仕組みはある。生活保護の利用者は必要な医療費が行政から支給される。生保受給者でなくても、貧しい人に対して医療費の自己負担分を減免する「無料低額診療」という制度もある。Ｔ病院も、無料低額診療を行っている。

　だが、亡くなった女性はこれらの制度を利用できていなかった。

　Ｂさんは「まだ腫瘍（しゅよう）が小さい段階で受診していれば、女性はがんの摘出手術ができたかもしれない」と受診が遅れたことを悔やむ。「無料低額診療や生活保護制度を周知していかなければ、貧しい人が医療にかかれないケースは今後も続いてしまう」と危惧する。

第19章　公的扶助制度の概説

「国民皆保険」にほころび

　「国民皆保険制度」にほころびが見える。誰もが国民健康保険や「協会けんぽ」などの公的医療保険に加入し、1〜3割の窓口負担を支払えば必要な医療を受けられるという仕組みだ。

　だが、実際には保険料が払えないために正規の保険証を持っていない人や、保険に入っていても窓口負担が払えず受診していない人が、少なからずいる。受診の回数を減らしたり、高額な治療を断ったりする人もいる。

　民間シンクタンク「日本医療政策機構」の'08年の調査では、1年間に費用が理由で医療を受けなかった経験がある人は、世帯年収800万円以上かつ金融資産2千万円以上の人々で18%。一方、年収と金融資産ともに300万円未満の低所得層は39%だった。

　収入や資産が少ない人々にも最低限の生活を保護するのが生活保護だ。だが、生保を受けられる世帯のうち、実際に保護を受けている割合（捕捉率）は1〜3割程度とされる。

　貧困問題に詳しい都留文科大学の後藤道夫名誉教授の推計では、世帯収入は保護の基準以下なのに実際は保護を受けていない人は国内で2千万人前後に上る。後藤氏は「多くの人々が福祉制度のすき間にいる。病気にかかった場合、受診をためらう人がたくさんいるはずだ」と指摘する。

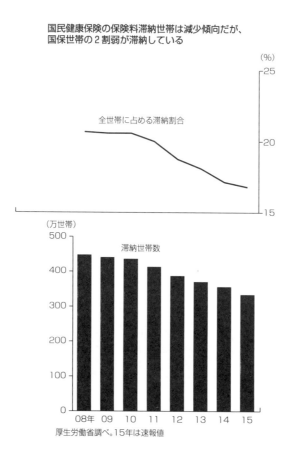

国民健康保険の保険料滞納世帯は減少傾向だが、
国保世帯の2割弱が滞納している

厚生労働省調べ。15年は速報値

第20章
社会福祉制度の概説

20−1　社会福祉の概要と歴史 ……………………………………………………… *196*

　20−1−1　導入 ……………………………………………………………………… *196*
　20−1−2　概括となる法制度 ……………………………………………………… *197*
　20−1−3　福祉制度の主な変遷 …………………………………………………… *198*

20−2　児童福祉 ……………………………………………………………………… *201*

　20−2−1　法制度 …………………………………………………………………… *201*
　20−2−2　NIE「児童虐待　最悪2万8923人」を読んで考えよう。 ……………… *205*
　　　　　　NIE「児童虐待　最多3万7000人（上半期）」を読んで考えよう。 ……… *206*

20−3　母子父子福祉 ………………………………………………………………… *207*

　20−3−1　法制度 …………………………………………………………………… *207*
　20−3−2　NIE「ママの悩み　途切れぬ支援」を読んで考えよう。 ……………… *208*
　　　　　　NIE「妊産婦の死因　自殺が最多」を読んで考えよう。 ……………… *210*

20−4　障がい者福祉 ………………………………………………………………… *215*

20−5　高齢者福祉 …………………………………………………………………… *221*

　20−5−1　法制度及び現状 ………………………………………………………… *221*
　2015年（平成27年）夏以降の介護保険制度改正のポイント ……………………… *223*
　20−5−2　NIE「報われぬ国—負担増の先に」を読んで考えよう。 ……………… *225*

20−6　被災者福祉（災害対策と復興） …………………………………………… *227*

20−7　貧困者福祉 …………………………………………………………………… *231*

　20−7−1　法制度及び現状 ………………………………………………………… *231*
　20−7−2　NIE「生活困窮　なぜ救えなかった」を読んで考えよう。 …………… *233*

20−8　補遺（いわゆる社会的弱者に対する虐待（暴力）問題） ……………… *234*

　20−8−1　法制度のまとめ及び国試対策上のポイント ………………………… *234*
　20−8−2　今後の課題 ……………………………………………………………… *235*

第20章　社会福祉制度の概説

　なお、この項以降で頻出する「障害者」の「害」の表記に関して、平成22年国語審議会で、「碍」の標記が認められなかったので、「害」のまま標記しているが、「がい」又は「碍」が相応しいと考えられることから「がい」又は「碍」と表記する場合がある。

20－1　社会福祉の概要と歴史

20－1－1　導入

　社会保障論とりわけ社会福祉の現状は、その国の豊かさのバロメーターでもある。そこで、その法や制度を論じるまえに、現実に眼を向ける必要がある。机上の学問と現場との温度差をできるだけ縮めるべく、本書を使った講義の中では最新の新聞報道等をNIEの手法を用いて展開することになるが、本章では制度の骨組みと問題点の指摘に留める。

(1)　ここでは前節の狭義の社会保障制度のうち公的扶助と、社会福祉について扱う。公的扶助の対象は法定の最低生活水準に達していない生活困窮者でその原因は先にあげた様々な社会生活上の事故があり、社会福祉の対象は、貧困に陥った者、保護を必要とする児童、母子家庭（父子家庭）、高齢者、障害者などひとりでは立ち上がれない人々である。また、国家が社会政策の一環としておこなう社会手当制度も社会福祉の領域にある。

(2)　公的扶助は生活保護制度の中で生活困窮者に実現され、社会福祉はいわゆる社会的弱者に対する、医療、住宅、職業や、その他の社会参加のための対人的サービスとして、対象者の援護、育成、更生に実現されている。

社会福祉 ┤ 社会手当

社会的弱者に対する医療、住宅、職業その他社会参加のための対人的サービス（援護、育成、更生）

障　碍　者 【障害者総合支援法】	身体障碍者【身体障害者福祉法】 知的障碍者【知的障害者福祉法】 精神障碍者【精神障害者保健福祉法】 難病等【難病医療法、児童福祉法】 発達障碍者【発達障害者支援法】 高次脳機能障碍
母子父子家庭 【母子及び父子並びに寡婦福祉法】	
要 保 護 児 童 【児童福祉法】	
高　　齢　　者 【老人福祉法】	
貧　　困　　者 【生活困窮者自立支援法】	
被　　災　　者 【被災者生活再建支援法】	

20－1－2　概括となる法制度

【社会福祉法（S26）】

1）概要

① 地方に社会福祉行政の第一線機関として福祉事務所を設置

② 専門技術職員として社会福祉主事を置く

③ 民間社会福祉事業の適正を確保するために社会福祉法人の制度を設ける

④ 福祉サービス利用者のために情報提供、苦情解決制度をつくる

⑤ 基本指針の策定、社会福祉事業従事者の確保の促進のための制度の創設

⑥ 地域社会の福祉ニーズ、福祉資源の組織化を図るために、社会福祉協議会を設置

⑦ 民間福祉事業の経済的安定化のために、共同募金の制度をつくる

2）福祉事務所（行政機関）☞p.243

設置自治体：都道府県、指定都市、中核市、政令市、特別区、市（町村は任意）

職　　　員：所長、査察指導員、社会福祉主事、事務職員

3）社会福祉協議会（各都道府県市区町村に設置―民間組織）☞p.243

福祉事務所	各都道府県の市区、町村（任意）【社会福祉法】	社会的（経済的）弱者
社会福祉協議会	各都道府県の市区町村（必置）【社会福祉法】	社会的（経済的）弱者

4）社会福祉事業の定義

① 第一種社会福祉事業（公共性の高い事業で、国、地方公共団体、社会福祉法人が経営）

◎ 生活保護法関係：救護施設、更生施設、授産施設、宿所提供施設

◎ 児童福祉法関係：児童福祉法に挙げた②〜⑤、⑧〜⑩施設の経営　　☞p.202

◎ 老人福祉法関係：養護老人ホーム、特別養護老人ホーム、軽費老人ホームの経営　☞p.242

◎ 障害者総合支援法（旧障害者自立支援法）関係：障害者支援施設、身体障害者更生援護施設、知的障害者援護施設の経営

◎ 売春防止法関係：婦人保護施設の経営　　◎　その他

② 第二種社会福祉事業

◎ 上記以外の福祉施設の経営

5）地域福祉の基本原則

① 地域の個別性尊重の原則　② 利用者主体の原則　③ ネットワーク化の原則

④ 公民協働の原則　⑤ 住民参加の原則

6）地域福祉の担い手　（自助＜□助＜□助＜□助）

informal service

① 都道府県―地域福祉計画　② 市町村―地域福祉計画　③ 社会福祉協議会

④ 民生委員（児童委員）　⑤ NPO法人（民間非営利組織）―特定非営利活動推進法

⑥ ボランティア組織　⑦ 社会福祉法人

【民生委員法（S23）】

・　児童委員も兼務　無給　3年の任期

①　市区町村の各区域に置く

②　都道府県知事の推薦により、厚生労働大臣が委嘱する

【特定非営利活動促進法—NPO法（H10）】

※NGO（非政府組織）との違いを確認しておこう。

20－1－3　福祉制度の主な変遷

時代区分	福祉の概念／主な出来事／国家施策	成立した主な法規
上代	聖徳太子 悲田院・施薬院（四天王寺）	
近世（江戸時代）	天皇の慈恵：人足寄場、 小石川養生所等	
近代（明治時代）	日清・日露戦争→経済の発展＋生活困窮者の増加→犯罪の増加	恤救規則（M7）
近代（大正時代）	第一次世界大戦→好景気＋米騒動／関東大震災	
近代（昭和時代） S20　　（1945）	第二次世界大戦→敗戦直後 要援護要員約800万人	救護法（S4） 児童福祉法（S22） 身体障害者福祉法（S24）
S31　　（1956）	「生活困窮者緊急生活援護要綱」閣議決定 →福祉三法の成立 朝日訴訟「権利としての社会福祉」に対する認識の展開	生活保護法（S25） 社会福祉法（S26）
S35　　（1960）	（※昭和42年　最高裁決定（訴訟終了） 「所得倍増計画（池田内閣）」 →福祉六法の成立 →高度経済成長＋過密・過疎問題、家族形態の変化、生活環境の激変 国民皆保険・皆年金制度	精神薄弱者福祉法（S35） ☞p.200、p.215
S36　　（1961）	《高齢社会へ》	老人福祉法（S38） 母子福祉法（S39） ☞p.200、207

（続き）

時代区分	福祉の概念／主な出来事／国家施策	成立した主な法規
S48　　（1973）	第一次オイルショック 　（中東戦争）→福祉見直し論	
S54　　（1979）	第二次オイルショック 　（イラン革命）→福祉八法	老人保健法（S57）
S58　　（1983）	老人医療費自己負担無料化の見直し→1割	
		社会福祉士及び介護福祉士法（S62）
現代（平成時代） H1　　（1989）	《地域福祉中心型の社会福祉のスタート》 バブル景気の崩壊 ゴールド・プラン＝高齢者福祉10カ年計画 高齢化率14％超	障害者基本法（H5）
H6　　（1994）	エンゼルプラン（子育て支援施策） ※合計特殊出生率　1.39 新ゴールドプラン	
H9　　（1997）	日本人平均年齢40歳超 　マザーテレサ（1910〜1997死去） ゴールドプラン21	介護保険法（H9、施行はH12）
H12　　（2000）	新エンゼルプラン 　（子ども子育て応援プラン） 健康日本21（健康寿命の延伸） 小泉内閣構造改革に着手	児童虐待防止法（H12）
H13　　（2001）	※合計特殊出生率　1.29 日本総人口減少化	
H17　　（2005）	※合計特殊出生率　1.26 　（戦後最低値）	発達障害者支援法（H17） 障害者自立支援法（H18） 高齢者虐待防止法（H18）
H20　　（2008）	後期高齢者医療制度	高齢者医療確保法（H20） ＜老人保健法改め＞

時代区分	福祉の概念／主な出来事／国家施策	成立した主な法規
H21　（2009）	民主党政権誕生 →社会保障諸制度の改革に着手 →子ども手当の新設、母子加算の復活、高校授業料無償化等 →後期高齢者医療制度、障害者自立支援法の見直し 　東日本大震災、原発事故 ※**合計特殊出生率　1.39**	
H23　（2011）	東日本大震災、原発事故 ※**合計特殊出生率　1.39**	
H24　（2012）	自民党政権奪還 国の借金が1000兆円突破	子ども・子育て支援法（H24） 社会保障制度改革推進法（H24）
H25　（2013）	※**合計特殊出生率　1.41** **健康日本21：第2次（smart life project）**	障害者総合支援法（H25） 子どもの貧困対策推進法（H25） いじめ防止対策推進法（H25）
H26　（2014）	※**合計特殊出生率　1.43　高齢化率　25.9%**	
H27　（2015）	※**合計特殊出生率　1.42**	
H28　（2016）	※**合計特殊出生率　1.44　高齢化率　27.3%**	
H29　（2017）	※**合計特殊出生率　1.43　高齢化率　27.7%**	
H30　（2018）	※**合計特殊出生率　1.42　高齢化率　28.1%**	
H31・R1　（2019）	※**合計特殊出生率　1.38　高齢化率　28.4%** **新型コロナウイルス感染症のpandemic** 　　　　　　　　　　　　　（〜2020以降）	

※　精神薄弱者福祉法→知的障害者福祉法

※　母子福祉法　　　→母子及び父子並びに寡婦福祉法

※　老人保健法　　　→高齢者の医療の確保に関する法律

（注）福祉三法：児童福祉法、生活保護法、身体障害者福祉法

　　　福祉六法：児童福祉法、生活保護法、身体障害者福祉法、

　　　　　　　　母子及び父子並びに寡婦福祉法、老人福祉法、知的障害者福祉法

20-2　児童福祉

20-2-1　法制度

　この節では、要保護児童、主に乳幼児や障害を持つ児童に対する福祉と、母子保健の分野で扱わなかった保健分野（児童虐待）について法制度とその問題点を扱う。

【児童福祉法（S22.12.12）】

1）
> 制度的背景：国は、昭和22年この法律を成立させた後、児童憲章（昭和26年）を掲げ、健常児、障害児の区別なく、「人として尊ばれ」「社会の一員として重んぜられ」「よい環境のなかで育てられる」ことを宣言した。また、児童の権利に関する条約（平成6年締結）において、「児童は、身体的及び精神的に未熟であるため、その出生の前後において、適当な法的保護を含む特別な保護及び世話を必要とする」との認識を共有した。

2）対象　　18歳未満＋保護者＋妊産婦

3）定義　　乳児：1歳未満　　　幼児：1歳以上義務教育就学始期まで

　　　　　　少年：義務教育就学から18歳未満

4）実施行政機関等（児童福祉関係のみ）

　①　児童相談所（都道府県、指定都市、一部の中核市）

　　　ⅰ．児童の医学的・心理的・教育学的・社会学的及び精神保健上の判定

　　　ⅱ．児童の一時保護　　ⅲ．職員：所長＋職員

　　　ⅳ．職員の資格：医師、児童心理司、保健師、児童福祉司、社会福祉士、心理学を修めた者等

　②　福祉事務所（都道府県市区、一部の町村）

　　　ⅰ．児童と妊産婦の相談　　ⅱ．保育所への入所　　ⅲ．助産施設への入院助産手続き

　③　保健所（都道府県、指定都市、中核市、政令市）

　　　ⅰ．障害児、長期療養児への療育指導　　ⅱ．児童福祉施設に対する指導・助言

　④　児童委員（民生委員も兼務、厚生労働大臣は児童委員の中から主任児童委員を指名）

　　　児童、妊産婦に関する通知：児童委員→市町村長→児童相談所長

　⑤　子育て世代包括支援センター（母子健康包括支援センター）（市町村に任意設置）

　　　妊婦乳幼児の妊娠出産・子育てに関する相談等　☞p.208

　⑥　家庭児童相談室（福祉事務所内に設置）

　　　児童、妊産婦の実態把握、相談対応

　　　調査の委嘱：児童相談所長→児童委員　　指揮監督：都道府県知事→児童委員

5）児童福祉施設

	施設名	内　　　容	窓口
①	助産施設	対象：経済的理由により入院助産を受けられない妊産婦	福祉事務所
②	乳児院	対象：保護者の養育が受けられない概ね2歳未満の乳幼児	児童相談所
③	児童養護施設	対象：保護者のいない児童又は虐待されている児童	児童相談所
④	福祉型障碍児入所施設	内容：日常生活の指導及び独立自活に必要な知識技能の付与	児童相談所
⑤	医療型障碍児入所施設	内容：日常生活の指導、独立自活に必要な知識技能の付与及び治療	児童相談所
⑥	福祉型児童発達支援センター（通所型）	内容：日常生活の基本動作の指導、独立自活に必要な知識技能の付与又は集団生活への適応のための訓練の提供	市町村
⑦	医療型児童発達支援センター（通所型）	内容：日常生活の基本動作の指導、独立自活に必要な知識技能の付与又は集団生活への適応のための訓練の提供及び治療	市町村
⑧	児童心理治療施設	内容：生活環境、交友関係等の環境上の理由で社会生活が困難になった児童を入所又は通所させて治療及び生活指導等を行う	児童相談所
⑨	児童自立支援施設	対象等：不良行為等を行う児童を入所又は通所させて指導、自立支援等を行う	児童相談所
⑩	母子生活支援施設	対象：配偶者がないかそれに準ずる女子とその監護すべき児童	福祉事務所
⑪	保育所	対象：保護者の委託を受けた保育に欠ける乳児又は幼児 内容：通所保育、障害児保育、夜間保育等 従事者：保育士（名称独占の国家資格、養成所卒業・保育士試験合格後都道府県に登録）	市町村（福祉事務所）
⑫	児童厚生施設	種類：児童館、児童遊園	施設
⑬	幼保連携型認定こども園	内容：幼稚園的機能と保育所的機能を併せ持つ施設	施設
⑭	児童家庭支援センター	児童相談所と児童福祉施設との連絡調整	施設

⑬：根拠法は認定こども園法　　⑭：連絡調整機関（積極的に児童を保護する機能はない）

今後の問題

①　養育者のいない子供の権利を守るための未成年者後見人制度について調べよう。

②　保育所の待機児童対策：「保育ママ」「無認可保育所」

課題⑪

　親権とは、身上監護権（監護教育権、職業許可権、居所指定権、懲戒権）と財産管理権をさす。次の児童虐待防止法で再説するが、児童の権利を守るためにどこまで親権が制限できるか事例に基づいて考察してみよう。☞p.65、p.69

【児童虐待の防止等に関する法律（H12.5.12）】

１）虐待の種別

　①心理的虐待　②身体的虐待　③ネグレクト（育児放棄）　④性的虐待

２）早期発見の努力義務

　児童の福祉に職務上関係のある者（学校教職員、児童福祉施設職員、保健師、助産師、看護師等）

３）通告義務

　個人又は医療機関は、虐待児童を発見したときは児童相談所又は福祉事務所へ通告しなければならない。通告者の守秘義務は優先しない。☞p.103

４）改正児童虐待防止法（2008年：平成20年施行）追加点

　児童相談所は、都道府県知事の出す出頭要求や立ち入り調査を保護者が拒否した場合、裁判所の許可状を得て、虐待が疑われる家庭に対して臨検・捜索できる。

５）児童虐待防止法（2011年：平成23年５月成立：2012年：平成24年４月施行）改正関係の骨子

①　期限の定めのない「親権喪失制度」→２年以内の親権一時停止（民法第834条）

②　親権制限の請求者（子の親族、検察官、児童相談所長）に、子ども本人、未成年後見人を追加（民法第834条）

③　親権のひとつの懲戒権の行使は「子どもの利益のための監護教育に必要な範囲内でのみ」と明確化／子への躾としての体罰禁止（2020年：令和２年４月以降）

④　未成年者後見人は、複数の個人や法人でも可（民法第840条）

⑤　児童養護施設長（児童相談所長も）の権限強化（緊急時親の意に反しても対応可）

⑥　接近禁止命令

今後の問題

①　民間の病院から出された「赤ちゃんポスト」設置申請を、地方自治体が許可したことにおける問題点を整理してみよう。☞p.70

②　虐待要因のひとつである「育てにくさ」には、被虐待児に何らかの障害があるという実態をどう分析するか。

③　虐待相談の半数近くを占める乳幼児（未就学児）虐待を早期に発見するのに必要な施策について考えてみよう。

④　「宗教上の理由で、子の治療に必要な輸血を親が拒否した場合、「医療ネグレクト」として、児童相談所が親権の停止を申し立てたのに対して、家庭裁判所が申し立てを認める審判をした。」この事案について、起こりうる問題点を挙げてみよ

第20章　社会福祉制度の概説

う。☞p.31

⑤　児童虐待は犯罪であるという認識の共有の上、行政は医療、福祉、教育の連携に取り組むべきであるが、改正児童虐待法以後どのような取り組みがあるか調べてみよう。

⑥　要保護児童（約4万人）の受け皿となる里親制度の見直しについて、その問題点と、今後の展望を考えてみよう。

⑦　改正児童虐待法による臨検・捜索の実効性に問題が残る。例えば、手続きが複雑であったり、強制力の行使を児童相談所に負わせてよいのかなど、問題が山積している。行政の今後の対応を注視しよう。

❧ **過去問にチャレンジしてみよう** ❧

[第101回　午前　83]

　児童虐待の防止等に関する法律で、親の虐待によって負傷した児童を発見した際の通告先として規定されているのはどれか。**2つ選べ。**

①　警察署　　　③　家庭裁判所　　　⑤　教育委員会

②　福祉事務所　　④　児童相談所

20－2－2　NIE：「児童虐待　最悪2万8923人」を読んで考えよう。

（2015年3月26日付　読売新聞　夕刊）

児童虐待　最悪2万8923人

昨年、警察が通告 「心理的」 6割

　全国の警察が2014年に虐待を受けたとして児童相談所に通告した18歳未満の子供は前年より7320人（34％）増え、2万8923人と過去最多を更新したことが26日、警察庁のまとめでわかった。東京都西東京市の中学生が7月、継父から「24時間以内に自殺しろ」などと心理的に追い込まれて自殺したとされる事件など、「心理的虐待」事案の増加が目立っている。

　通告の理由別では、「生まれてこなければ良かった」「死ね」などと心ない言葉をぶつけたり、無視したりするなどの「心理的虐待」が最も多く、6割にあたる1万7158人に上った。

　このうち、親が子供の目の前で配偶者に暴力を振るう「面前DV（ドメスティック・バイオレンス）」の被害は1万1669人で、心理的虐待の7割を占めた。

　ほかに、「身体的虐待」は7690人、育児放棄などの「ネグレクト」は3898人、「性的虐待」は177人だった。

　刑事事件として摘発された件数も、前年比で5割増の698件で過去最多になり、このうち、身体的虐待は526件、性的虐待は150件だった。被害を受けた子供は708人で、うち20人が死亡した。加害者は719人で、うち実父は298人、実母は158人、養父・継父149人、内縁の男84人などだった。

　西東京市の事件では、継父が同居していた長男で中学2年の男子生徒（当時14歳）に暴行を加え、「24時間以内に自殺しろ」などと言って自殺に追い込んだとする傷害と自殺教唆の罪で起訴され、現在も公判が続いている。

　家庭という「密室」で行われる児童虐待を早期発見するため、全国に207か所ある児童相談所には約160人の現職警察官や警察OBが配置されている。

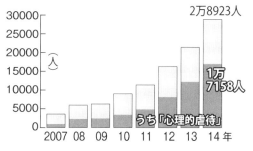

全国の警察が虐待の疑いで児童相談所へ通告した子供の数の推移
（警察庁まとめ）

第20章　社会福祉制度の概説

NIE：「児童虐待　最多３万7000人（上半期）」を読んで考えよう。

（2018年10月４日付　共同通信配信）

児童虐待　最多３万7000人
上半期、警察が通告　面前DV被害伸び

今年１〜６月に虐待を受けている疑いがあるとして警察が児童相談所（児相）に通告した18歳未満の子どもは昨年同期より6851人多い３万7113人に上り、上半期として過去最多となったことが４日、警察庁のまとめ（暫定値）で分かった。子どもの前で家族に暴力を振るうといった面前DV（ドメスティックバイオレンス）の伸びが顕著となっている。

命の危険があるなどとして警察が保護した子どもも2127人で高水準。警察庁は「虐待が増えているというより、国民の意識の高まりで情報提供が増えた。エスカレートする前に把握し、通告や摘発ができているのではないか」としている。

虐待の内容別では、面前DVの１万6869人（昨年同期比3010人増）を含む心理的虐待が２万6415人で７割を占めた。他は、殴るなどの身体的虐待が6792人、育児放棄（ネグレクト）といった怠慢・拒否が3795人、強制性交などの性的虐待が111人。都道府県警別では、大阪が最多の5150人で、埼玉の4752人、神奈川の3721人などが続いた。兵庫は1941人で全国６位だった。

摘発は641件（昨年同期比130件増）で、傷害や暴行、強制わいせつが多かった。死亡した子どもは19人で、そのうち６人は０歳児だった。通告とは別に、その場で明確な虐待は確認されなかったものの、虐待に関連する通報を受けたとして児相に情報提供したのも4917件多い１万4869件に上った。

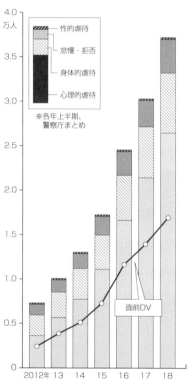

児童相談所に通告された子どもの数

※各年上半期、警察庁まとめ

20－3　母子父子福祉

20－3－1　法制度

　この節では、生命の誕生の前後を規律する法規について考察する。生命を身篭った母性の保護に関する保健と、妊娠中からおおよそ義務教育就学前までの母性及び児童の保健についての法制度とその問題点、さらには、児童虐待の誘因のひとつである配偶者に対する暴力の問題を扱う。

【母子保健法（S40.8.30）】　昭和40年制定→平成6年改正

1）対象　母性及び乳幼児

2）定義

　①　妊産婦—妊娠中又は出産後1年未満の女子

　②　乳児—1歳未満

　③　幼児—1歳以上小学校就学始期まで

　④　保護者—親権者、後見人かつ現に保護する者

　⑤　新生児—出産後28日未満

3）市町村の事業内容

　①　母子健康手帳の交付

　②　健康診査（妊産婦、乳児、3歳児【3歳以上4歳未満】、1歳6ヵ月児【1歳6ヶ月以上2歳未満】）

　③　訪問指導（妊産婦、新生児—28日以降も継続訪問可能）

　　　※　乳児家庭全戸訪問事業（市町村事業）／児童福祉法

　④　未熟児訪問指導＋養育医療　☞p.173

　　　※　未熟児（出生体重2000g以下etc　低出生体重児を指す。：母子保健法第6条）

4）都道府県の事業内容

　①　市町村の連絡調整

　②　障害児の療育医療、慢性疾患児の療育指導

【母子及び父子並びに寡婦福祉法（S39）】　☞p.244

1）対象：配偶者のいない女子とその扶養する20歳未満の児童で構成する

2）担当行政機関：福祉事務所　母子父子自立支援員

3）サービス：母子父子福祉資金、寡婦福祉資金の貸与　公営住宅の優先入居

20－3－2　NIE：「ママの悩み　途切れぬ支援」を読んで考えよう。

（2014年9月23日付朝刊　読売新聞を元に作成）

ママの悩み　途切れぬ支援

　妊娠初期から子育て期にかけて、母親が直面する様々な悩み事の相談に乗り、継続的に支援する体制づくりに国が乗り出した。産前産後の不安や、児童虐待の多発に対応して、フィンランドの制度を手本に、一つの相談窓口でサービスを受けられる仕組みを目指す。手厚い支援を通じて第2子、第3子の出産につなげる狙いもあり、少子化対策としても重要な施策になる。

　千葉県浦安市の「子育て相談室」で、今は希望者の相談に乗るだけだが、市は10月から全ての妊婦にケアマネと保健師が継続的に面談し、家庭環境や就労状況に合った「子育てケアプラン」を作成する。問題によって保健所や児童相談所などとも情報を共有する。

中　略

　同市の取り組みは、今年度、厚生労働省が約8億円の予算を付け、28のモデル市町村でスタートさせた「妊娠・出産包括支援」の一つ。妊娠期から子育て期まで、親子の様々な悩みに継続して対応する。

　先行事例として注目されたのは、「助言の場」を意味するフィンランドの「ネウボラ」。地域ごとに設置されている妊産婦や子育て家庭のための相談支援拠点のことで、専門の保健師が常駐し、健診や予防接種、育児情報の提供などを一括して行う。母親の利用率は99％以上といい、同市など福祉先進自治体の間で研究が進められていた。

　全家庭どう把握　＊　人材育成も課題

　日本版「ネウボラ」の導入で、最大のポイントは全ての妊婦の状況を行政側が把握することとされる。フィンランドの制度に詳しい吉備国際大学の高橋睦子教授は「リスクの高い家庭に絞ろうとすると、すでに問題が深刻になっており、対応が難しい。全ての家庭を対象にすることで、よりスムーズに支援につながり、虐待を減らすことができる」と指摘する。

　浦安市や名張市などは、妊娠届を受理する時にアンケートや面接を実施。不安を感じていたり、周囲に頼れる人がいなかったりする妊婦を見つけ、訪問などの支援につなげている。浦安市

の場合、「対象者は1割程度」（市子ども家庭課）という。

　フィンランドでは、手当をもらえることが、ネウボラ利用の契機になっている。浦安市も、ケアプラン作成の際に赤ちゃん用品などを贈る計画だが、出産をためらっている妊婦に対する効果は未知数だ。

　人材の確保と育成も急務だ。母子保健の知識がある保健師や看護師などが望ましいが、人材が少ない地域もある。ケースに応じて、その分野の専門家に引き継ぐ体制づくりも欠かせない。妊娠・出産では、現在も健診の補助や出産一時金の支給、乳幼児健診や予防接種など様々な公的支援があるが、市町村や保健所など窓口がバラバラな点も問題視されてきた。

　高橋教授は「日本では、縦割り行政の弊害で、どこに行けば必要な支援や助言が得られるかがわかりづらい。地域や社会の実情に沿って連携を改善し、市民の目線に合わせた使い勝手の良いサービスづくりが大切だ」と話している。

現状

　　2017年・H29.4「子育て世代包括支援センター」法定化　☞p.201

　　　　　・妊娠〜出産—子育てまでの様々なニーズに対して総合的相談支援する拠点の整備を進めている。

　　（2017年・H29.4現在、525市区町村・1,106ヶ所／全数1,741）

第20章　社会福祉制度の概説

NIE：「妊産婦の死因　自殺が最多」を読んで考えよう。

（2018年９月６日付　朝日新聞）

妊産婦の死因　自殺が最多
厚労省研究班　２年間で102人

　2016年までの２年間で、産後１年までに自殺した妊産婦は全国で少なくとも102人いたと、厚生労働省研究班が５日発表した。全国規模のこうした調査は初めて。この期間の妊産婦の死因では、がんや心疾患などを上回り、自殺が最も多かった。

「うつ」悪化も一因

　妊産婦は子育てへの不安や生活環境の変化から、精神的に不安定になりやすいとされる。研究班は「産後うつ」などメンタルヘルスの悪化で自殺に至るケースも多いとみて、産科施設や行政の連携といった支援の重要性を指摘している。

　研究班（代表＝国立成育医療研究センター研究所の森臨太郎部長）が、国の人口動態統計をもとに、15～16年に妊娠中や産後１年未満に死亡した妊産婦357人を調べたところ、自殺は102人だった。

　自殺した時期は妊娠中３人、出産後が92人、死産後７人。出産後に自殺した92人を分析したところ、10万人あたりの自殺者数を示す「自殺死亡率」は、無職の世帯の女性が45.3と最も高かった。国内の女性の自殺率10.0（17年）を大きく上回った。年齢別だと35歳以上の自殺率がほかの年代より高かった。初産婦は２人目出産の約２倍だった。

　今回の調査方法だと離婚などで姓が変わった人らを見逃す恐れがあり、自殺者はもっと多い可能性があるという。研究班の森代表は「分娩施設や小児科、行政が連携して母親の異変の兆候を見つけ、地域で支え合うことが必要ではないか」と話している。

「初産婦　家族も注意」

　別の厚生労働省研究班による、東京都世田谷区の妊産婦約1300人を対象にした心の状態の調査（2014年度）では、産後２週時点で初産婦の25％は「うつ病の可能性がある」と判定された。

　調査した国立成育医療研究センター研究所の竹原健二室長は「初産婦にとっての産後２週目は、退院して自分で子育てができるのか不安な時期。本人も家族も注意してほしい」と話す。

　産後うつを早期に発見し、治療や支援につなげるため、厚労省は17年度から自治体による産後健診への助成を始めた。産後２週目と１カ月に、うつ病の検査などを行う。大阪府は妊娠や子育て中の女性や家族向けに電話相談窓口を設けている。担当者は「急にイライラしたり、なぜか涙が出たりといった症状があれば、ひとりで悩まずに地域の保健所や保健センターに相談してほしい」。

　日本助産師会は都道府県支部ごとに相談に応じている。各支部の連絡先と対応時間はウェブサイトで確認できる。

■産後１年までに死亡した妊産婦の主な死因と人数

自殺	102
がん	75
心疾患	28
脳神経疾患	24
出血	23
羊水塞栓（そくせん）	13
妊娠高血圧症候群	11

（厚生労働省研究班の資料をもとに作成）

■当てはまる症状があれば、地域の保健所などに相談を（大阪府の資料をもとに作成）
　□急にイライラする
　□なぜか涙が出てしまう
　□気分が重い
　□食欲がない
　□体がだるい
　□眠れない
　□不安がいっぱい
　□何もする気になれない
　□子どもがかわいいと思えない

【母体保護法（S23.7.13）（1996（H8）優生保護法より改称）】

1）目的　…母性の生命健康の保護…

2）内容

① 不妊手術

- 生殖腺を除去しない生殖不能手術
- 要件　ⅰ．妊娠又は分娩が母体の生命に危険を及ぼす虞があるもの
  - ⅱ．現に数人の子がおり、分娩ごとに母体の健康度を著しく低下する虞があるもの

② 人工妊娠中絶　☞p.69

- 胎児が母体外で生命を保続できない時期に、人工的に胎児とその付属物を母体外に排出すること（妊娠満22週未満）
- 要件　ⅰ．妊娠の継続や分娩が、身体的、経済的理由で、母体の健康を著しく害するとき
  - ⅱ．暴行や脅迫によって妊娠したもの

③ 受胎調節の実地指導

- 医師＋保健師・助産師・看護師（都道府県知事の認定講習を受けて指定を受けた者）

④ 母体保護法指定医（都道府県医師会）

今後の問題

　　エコー（超音波）検査の画像精度の向上による出生前診断の影響と近年の人工妊娠中絶の特徴点について考えてみよう。

【ストーカー行為等の規制等に関する法律（ストーカー規制法）（H12.5.18）（R3．一部改正含む）】

1）目的

　　ストーカー行為等について必要な規制を行い、相手方に対する援助措置等を定める。

2）ストーカー行為等とは、同一の者に対する「つきまとい等」を繰り返すこと。

　　「つきまとい等」とは、『つきまとい・待ち伏せ・押しかけ』『監視していると告げる行為』『面会・交際の要求』『乱暴な言動』『無言電話、連続電話、fax、電子メール（SNS含む）、GPS機器を使った位置情報取得』『汚物などの送付』『名誉を傷つける』『性的羞恥心の侵害』と規定する。

3）罰則　懲役2年以下又は罰金200万円（上限）以下

4）非親告罪

【配偶者からの暴力の防止及び被害者の保護等に関する法律—DV防止法（H13.4.13）】

1）目的

　　主に家庭内に潜在してきた女性への暴力について、女性の人権擁護と男女平等の実現を図るため、夫やパートナーからの暴力の防止及び被害者の保護・支援を目的に作られた法律。この法律は、夫からの暴力を「暴力」と認め、かつ、それが「犯罪となる行為をも含む重大な人権侵害」だと規定し、暴力と女性への人権侵害の根絶を図るために、保護命令制度の規定、婦人相談所や婦人相談員の位置付け、関係機関相互の連携協力の義務付けなど、被害女性支援のための仕組みを規定している。

（R1.一部改正追加）

2）「配偶者からの暴力」の定義

　①　配偶者の解釈：法律上の婚姻関係の配偶者だけでなく、いわゆる事実婚の関係のパートナーも含まれる。さらに、同居関係にあった場合も含まれることになった。

　②　離婚後（事実婚解消後）も引き続き暴力を受ける場合も含まれる。

　③　暴力とは、身体的暴力だけでなく、それに準ずる心身に有害な影響を及ぼす言動も含まれる。

　④　暴力の対象：被害者と同居している未成年の子供

3）行政機関：配偶者暴力相談支援センター（都道府県の婦人相談所、市町村でも指定を受ければ設置可）☞p.244

4）守秘義務免責規定

　　医師その他の医療関係者は、受診した患者がDVの被害者であると配偶者暴力相談支援センター又は警察に通報しても、本人の同意があれば（本人の意思を尊重する）、守秘義務規定に違反はしない。

5）国及び都道府県の責務：基本方針の策定及び基本計画の策定

6）配偶者暴力相談支援センターの業務

　①　相談又は相談機関の紹介

　②　カウンセリング

　③　被害者及び被害者の同伴者の一時保護

　（一時保護については、婦人相談所または婦人相談所から委託された者が行う。）

　④　被害者の自立生活促進のための就業促進、住宅確保、援護等に関する制度の利用についての情報提供、助言、関係機関との連絡調整その他の援助　（福祉事務所との連携）

　⑤　保護命令制度の利用についての情報提供、助言、関係機関への連絡その他の援助

　⑥　被害者を居住させ保護する施設の利用についての情報提供、助言、関係機関との連

絡調整その他の援助

⑦　被害者からの苦情の適切かつ迅速な処理

⑧　国籍や障害の有無を問わず被害者の人権の尊重し、安全の確保・秘密の保持に対して十分な配慮をする。

7）保護命令制度

　　保護命令とは、被害者が配偶者からの更なる身体に対する暴力によりその生命又は身体に重大な危害を受けるおそれが大きいときに、地方裁判所が被害者からの申立てにより、加害者に対し発する命令のことである。命令には、「接近禁止命令」と「退去命令」の2種類がある。

①　接近禁止命令

　　加害者に、被害者及びその子や親族等の身辺へのつきまとい等を6か月間禁止するもの。

　　再度の申し立ても可能である。

②　退去命令

　　加害者に、2か月間、住居からの退去を命じるものです。（被害者が身辺整理をしたり、転居を準備したりするため）

　　再度の申し立ても可能である。

③　命令違反に対する刑罰

　　1年以下の懲役又は100万円以下の罰金

8）DV原因としてのDV加害者の共通点　　（「脱暴力のプログラム」青木書店より）

①　自分が暴力を振るう事実を否定する。暴力はたいしたことでないと発言する。

②　自分の暴力をパートナーのせいにする。　③　パートナーに対する依存度が高い。

④　自尊心が低い。　⑤　考えや気持ちを言葉で伝え合うのが苦手。

⑥　「～こうあるべき」という固定観念を持っている。　⑦　孤立する傾向がある。

⑧　些細なことで怒りやすい。　⑨　アルコールや薬物の問題を抱えている人が多い。

⑩　自分の人生は自分でコントロールできないと感じている。

今後の問題

①　接近禁止命令の対象に友人を含めるべきではないか。

②　加害者と別居することで受けられなくなる社会資源について。

20－4　障がい者福祉

障がいを持つ人を守る法律（概容）　　　　　　　　　　　　　　　2020年10月現在

種　別	年齢	保護する法律	所持手帳 （根拠となる法律）	内容
精神 障害者	不問	精神保健 福祉法	精神障害者保健福祉手 帳（精神保健福祉法）	• 統合失調症 • 精神作用物質による急性中毒ま 　たはその依存症 • 精神病質 • その他の精神疾患を有する者 • 知的障害（＋知的障害者）
発達 障害者	不問	発達障害者支 援法 【注】障害者 総合支援法で も保護	なし	• **広汎性発達障害** （自閉症／自閉性障害、高機能自 　閉症、アスペルガー症候群等） • **注意欠如多動性障害（ADHD）** • **学習障害（LD）**
知的 障害者 （知的発 達障害）	18歳 以上	知的障害者福 祉法	療育手帳 （根拠法はなく、厚 労省の通達によっ て規定）	• 知的障害 （軽度―2／3、中等度―1／4、 　重度、最重度―5％） （内因性＝80％　外因性＝20％）
	18歳 未満	児童福祉法		
身体 障害者	18歳 以上	身体障害者福 祉法	身体障害者手帳 （身体障害者福祉法）	• 視覚障害 • 聴覚または平衡機能の障害 • 音声機能・言語機能または咀嚼 　機能の障害 • 肢体不自由 • 内部障害
	18歳 未満	児童福祉法		
高次脳 機能障害 （器質性精 神障害）	不問	保護法なし	なし （申請すれば、精保 福手帳取得可）	病気や事故が原因で脳に損傷を受 け、単なる麻痺や呂律の障害では なく、言語、思考、記憶、行為、学 習、注意などに障害が起きた状態
難病患者	＊20歳 以上	難病医療法	なし	対象疾病333疾病　　☞p.174～p.175
	18歳 未満	児童福祉法		対象症候群16症候群　　　　☞p.174

＊2022年4月より、成人年齢が18歳となれば変更。

⑴　これまでの障害者自立支援法では、その運用指針に、「発達障害者」や「高次脳機能障害
　者」を含めて支援するようにしていたが、「難病患者」については放置されていた。この障
　害者自立支援法自体が、憲法の趣旨に違背する可能性があったので、2013年（平成25年）6
　月より「障害者総合支援法」に改正され、障害者の定義に新たに難病等を追加して、障がい
　福祉サービス等の対象とした。

⑵　一方、知的障害者を保護するしくみが、手帳制度ひとつとっても他の障害者に比べて十分で
　ない。知的障害者の犯罪の増加と再犯の連鎖が社会問題化し、矯正と福祉の間に落ちないよ

うにするにはどうすればよいか。国は「地域生活定着支援センター」（☞p.244）の設置を進めているが、まだ実効性は出ていない。

【障害者基本法（S45.5.21）】

要諦

　法の目的にも、精神保健福祉法との歴然とした違いが存在し今後様々な問題が生じよう。また、2011年（平成23年）6月に障害者虐待防止法が成立したことを受けて、捕捉範囲が狭く自己負担に憲法上の疑義のあった障害者自立支援法を廃止し、『障害者総合支援法（2013年4月施行）』を制定した。さらに、国連障害者権利条約の批准へ向けて『障害者差別禁止法（仮称）』の検討を進めているが、「障害を理由とする差別の解消の推進に関する法律（平成25年6月）」を制定するにとどまっている。

1）目的…障害者の自立及び社会参加の支援のための施策に関する国及び地方公共団体の責務を定め…よって障害者の福祉を増進することを目的とする。（ノーマライゼーションの理念）

2）定義　障害のある人＝身体障害のある人、知的障害のある人、精神障害のある人（※発達障害のある人を含む）

3）障害者週間（12月3日〜9日）の制定

4）具体的施策

① 公共的施設のバリアフリー化
② 情報利用におけるバリアフリー化
⇒ バリアフリー法：2006年（平成18年）施行（高齢者、障害者等の移動等の円滑化の促進に関する法律）

③ 医療、介護、年金等、教育、職業相談等、雇用の促進等、住宅の確保に関する施策

④ 権利擁護のための相談業務等に関する施策

⑤ 経済的負担の軽減施策

⑥ 文化的諸条件の整備に関する施策

⑦ 障害者優先調達推進法：2013年（平成25年）4月施行

⑧ 障害者雇用推進法：1960年（昭和35年）7月施行

─── ❧過去問にチャレンジしてみよう❧ ───

［第103回　午後　36］

　障害者基本法で正しいのはどれか。

① 目的は障害者の保護である。

② 障害者の日が規定されている。

③ 身体障害と知的障害の2つが対象である。

④ 公共的施設のバリアフリー化の計画的推進を図ることとされている。

【障害者総合支援法（H25.4.1）】

1）目的　　　　　　「自立」の代わりに、「基本的人権を享有する個人としての尊厳」を
　　　　　　　　　　明記　☞p.59

2）基本理念　　　　共生社会を実現するため、社会参加の機会の確保及び地域社会におけ
　　　　　　　　　　る共生、社会的障壁の除去に資する

3）障害者の範囲　　障害のある人（身体障がいのある人、知的障がいのある人、精神障が
　　　　　　　　　　いのある人）及び新たに「難病等」

4）障害支援区分の創設　障害の多様な特性その他の心身の状態に応じて必要とされる標
　　　　　　　　　　準的な支援の度合いを総合的に示す

5）支援内容

（福祉サービス）

①	重度訪問介護の対象拡大（重度肢体不自由者に加え、重度知的障害者・精神障害者に拡大）
②	共同生活介護（ケアホーム）を共同生活援助（グループホーム）に統合
③	地域移行支援の拡大（施設入所の障害者、入院中の精神障害者に加え、保護施設・矯正施設等を退所する障害者に拡大）
④	地域生活支援事業の追加（市町村事業と都道府県事業の追加と明確化）

6）利用者負担　☞p.173
- 利用者負担はサービス量と所得に着目した負担のしくみで、その負担は所得等に配慮した負担（応能負担）
- 月ごとに利用者負担の上限有／療養介護利用の場合、医療費と食費の減免有／食費等実費負担にも減免措置有／グループホーム・ケアホーム利用者に家賃助成有　等
- 利用者負担の上限（月額）：2019年（令和元年）
  生活保護、低所得／0円、一般Ⅰ／9,300円、一般Ⅱ／37,200円

7）障害に係る**自立支援医療**（ほぼ従来通り）☞p.173
- 精神通院医療（都道府県）、育成医療（都道府県）、更正医療（市町村）

8）補装具の制度（利用者負担は応能負担）
　従来の補装具給付制度が、個別給付である補装具費支給制度に変更
- 利用者負担の上限（月額）：2019年（令和元年）
  生活保護、低所得／0円、一般／37,200円

9）利用申請から利用開始まで
　利用希望者→市町村へ申請→サービス等利用計画案の作成→市町村が支給決定→サービス等利用計画の作成→サービス利用

【障害者虐待防止法（H23.6.17成立　H24.10.1施行）】

1）目的：家庭や福祉施設、職場での虐待の予防と早期発見により、障害者の人権を守る。

2）虐待の定義

 ①　身体的虐待（暴行や不当な身体的拘束）　②　心理的虐待　③　経済的虐待

 ④　ネグレクト（衰弱させるような長時間の放置）　⑤　性的虐待

3）通報義務等

 ①　通報先：障害者虐待防止センター（市町村が設置）☞p.244

 ②　通報義務：虐待を発見した人に対して、速やかに市町村に通報することを義務付けた。

 ③　不利益処分の禁止：通報した施設従業者や職場の同僚らが、解雇等の不利益処分を受けないよう保護する。

 ④　立ち入り調査権：家族による虐待で障害者の生命に重大な危険が生じている虞がある場合、市町村は立ち入り調査ができる。家族側が立ち入り拒否をすれば罰則が科せられる。また、障害者を施設等で一時保護する。

 ⑤　通報義務の対象外：病院や学校内での虐待行為は通報義務の対象外。ただし、病院の管理者や学校長には虐待防止策を策定することを義務付けた。

4）見直し規定：施行から3年後

【身体障害者福祉法（S24.12.26）】

1）定義

 ①　視覚障害　②　聴覚・平衡機能障害　③　音声・言語機能障害

 ④　肢体不自由　⑤　内部障害・免疫機能障害

2）手帳の交付（申請主義）

 交付権者―都道府県知事　　対象―身体障害者・児

3）障害の程度

 重度―1級、2級　中程度―3級、4級　軽度―5級、6級、7級（手帳交付なし）

4）医療費助成、交通割引、居宅介護・就労支援

【精神保健及び精神障害者福祉に関する法律（S25.5.1）】 ☞p.137

 今後の問題

① 障害者の雇用問題―精神障害者にもその門戸が開かれつつある

② 精神障害者の治療や社会復帰に関して、（ⅰ）同法第20条「保護者規定」により、その多くの例において家族がその責任を持つ、（ⅱ）同法第50条「精神障害者社会適応訓練事業」があるが、授産施設等地域に居場所がある精神障害者の割合は数％、といった問題がある。

③ 精神障害者が犯す犯罪に関して、

ⅰ．責任能力があれば、刑法により処罰され、執行猶予が付くと入院措置がとられるが、主治医の判断で退院すれば再び家族の元に戻ることになり、家族の負担が増したり、再犯の可能性が生じる。

ⅱ．責任能力なしであれば、不起訴や無罪となり、心神喪失者等医療観察法により、裁判所が入院や通院を命じて、全額国費で専門的な治療を行うことになる。

【心神喪失等の状態で重大な他害行為を行った者の医療及び観察等に関する法律（略称：心神喪失者等医療観察法）（H15.7.16）】

　2001年（平成13年）大阪府で起きた児童殺傷事件を契機に制定されたが、当該事件の被告人はこの法律の適用を受けることなく死刑となり執行された。

 要諦

　重大犯罪であるにもかかわらず刑事責任能力が問えないことで不起訴や無罪となり、全額国費で治療することに多くの疑義が残る。精神保健福祉法の「保護者制度」（㊟2016年：平成28年4月の改正精神保健福祉法で、保護者制度が廃止された。）との関係で、精神障害者が犯罪者となった場合の精神鑑定のあり方も今後の課題となろう。

1）目的

　心神喪失等の状態で重大な他害行為を行った者に対し、その適切な処遇を決定するための手続きを定めることにより、継続的かつ適切な医療並びにその確保のために必要な観察及び指導を行うことによって、その病状の改善及びこれに伴う同様の行為の再発の防止を図り、もってその社会復帰を促進することを目的とする。

2）対象行為

① 刑法第108条　現住建造物等放火（死刑又は無期若しくは5年以上の懲役）

② 刑法第109条　非現住建造物等放火（2年以上の有期懲役）

③　刑法第110条　建造物等以外放火（1年以上10年以下の懲役）

④　刑法第112条　刑法第108条、109条の未遂

⑤　刑法第176条　強制わいせつ（6月以上10年以下の懲役）

⑥　刑法第177条　強制性交（5年以上の有期懲役）

⑦　刑法第178条　準強制わいせつ、準強制性交（同上）

⑧　刑法第179条　監護者わいせつ、性交罪（6月以上10年以下の懲役）

⑨　刑法第180条　刑法第176条～179条の未遂

⑩　刑法第199条　殺人（死刑又は無期若しくは5年以上の懲役）

⑪　刑法第202条　自殺関与及び同意殺人（6月以上7年以下の懲役又は禁錮）

⑫　刑法第203条　刑法第199条、202条の未遂

⑬　刑法第204条　傷害（15年以下の懲役又は50万円以下の罰金）

⑭　刑法第236条　強盗（5年以上の有期懲役）

⑮　刑法第238条　事後強盗（5年以上の有期懲役）

⑯　刑法第243条　刑法第236条、238条の未遂

3）対象者

①　心神喪失者「精神の障害により事物の理非善悪を弁識する能力又は弁識に従って行動する能力のない状態」

②　心神耗弱者「精神の障害がまだこのような能力を欠如する程度には達していないが、その能力が著しく減退した状態」

※　不起訴（心神喪失又は心神耗弱）になった者

※　無罪又は刑の減軽の確定裁判（実刑判決を除く）を受けた者

4）手続き　裁判所の審判（裁判官＋精神保健審判員）

→　命令（保護観察所入所又は入院若しくは通院）

20－5　高齢者福祉

20－5－1　法制度及び現状

　わが国では老年化は40歳（WHOの基準では45歳）に始まるとされ、介護保険の被保険者資格（第2号被保険者資格：40歳以上64歳以下）を取得する。65歳になると高齢者（前期高齢者）の仲間入りをし、同じく介護保険の第1号被保険者資格（65歳以上終身）を取得するとともに、年金の受給が始まる。さらに、75歳になると後期高齢者と呼ばれ、一律全員が別立ての医療保険制度に組み込まれることになる。

　今後日本が避けて通れない「踏み絵」としての高齢化問題は、人類の未体験ゾーンにあり、その対策を見誤ると国家的危機に陥ることになる。刻々と変化する国の施策が対処療法であっても、現場を守る看護職に取れば必要な社会資源になると考えると、高齢化問題は国家試験対策上重要出題ポイントになる。高齢者保健については ☞p.136を参考にして、ここでは福祉的視点から法制度及び現状について考える。

1）高齢化の特徴　☞p.304
　①　高齢者の占める割合（高齢化率）

高齢化率	定義	到達年
7～14%	高齢化社会	1970年
14～21%	高齢社会	1994年
21～28%	超高齢化社会	2006年
28～35%	超高齢社会	2018年

←aging society

　②　高齢化と世帯構成割合の変化
　【国民生活基礎調査】

主な介護者	2001年	2013年	2016年
息　子	7.6%	10.1%	10.5%
娘	12.3%	11.8%	20.9%
息子の妻	22.1%	11.0%	11.9%

（注）認知症を含む介護が必要な人と同居する主な介護者

　【国立社会保障・人口問題研究所調べ】

生涯未婚率	2000年	2005年	2010年	2015年
男　性	12.57%	15.96%	20.14%	23.4%
女　性	5.82%	7.25%	10.61%	14.1%

（注）50歳時点で一度も結婚したことがない人の割合

③　高齢化と「孤独」「貧困」

　所得保障＝収入（年金等）と、医療保険の限界から生じる自己負担（治療費＋生活関連費＋保険料）のバランスが崩れたときどうなるか。

④　高齢化と終末へ向けて　☞p.25

　健康に老い死を迎えることと、そうでない死の迎え方について、安楽死や尊厳死と比較しながら模索する。医学的、法律学的、社会学的観点から死の捉え方は異なるが、いま認知されている死は以下のようになる。

ⅰ	安楽死	助かる見込みのない病人を苦痛の少ない方法で人為的に死なせること
ⅱ	尊厳死	人間としての尊厳を保って死に臨み得られる死
ⅲ	平穏死	寿命を迎えた人が過剰な延命措置や介護を受けないで穏やかに死ぬこと
ⅳ	自然死	寿命が尽きて死ぬこと
ⅴ	事故死	不慮の事故による死
ⅵ	病　死	病気が原因による死

　ⅰ〜ⅲの死はいずれも本人の真摯な意思表示が前提なので、現段階では法的に認められていない、しかし、ⅱの尊厳死に関しては法制化が進行している。（平成30年10月）　（参考）☞p.332

⑤　高齢化と終末へ向けての生活の場所

2）保健・医療・福祉対策
①　予防の大切さ　☞p.129

　ロコモティブシンドローム（運動器症候群）を予防することの大切さとその対策
　・家事をする—炊事、洗濯、掃除、買い物等　・身辺処理　・社会参加

②　病気と医療保険

国民医療費の増加をもたらした原因について、医療保険による診療の限界点から考察する。

【国民医療費の推移】

	総国民医療費 一人当り	若年世代医療費 一人当り	後期高齢者医療費 一人当り
2018年	43.4兆円	26.9兆円	16.5兆円
平成30年	34.2万円	18.8万円	91.2万円
2017年	43.0兆円	26.9兆円	16.1兆円
平成29年	34.0万円	18.7万円	92.1万円
2016年	42.1兆円	26.8兆円	15.3兆円
平成28年	33.2万円	18.4万円	91.0万円
2015年	42.3兆円	27.1兆円	15.2兆円
平成27年	33.3万円	18.5万円	92.9万円

③　介護生活と介護保険　☞p.182

- 2014年（平成26年）「医療介護総合確保推進法」→ "地域包括ケアシステム" の展開
  地域に住む高齢者が住まいを中心に、医療・介護・生活支援介護予防を受けることができる
  システムの構築を目指す。（介護サービスの主体を国から自治体へ／互助システムの確立）

- ┃ 2015年（平成27年）夏以降の介護保険制度改正のポイント ┃

  (a)　自己負担割合増加グループ（65歳以上＋年収340万円以上）→ 2割から3割

  　　　　　　　　　　　　　　　（65歳以上＋年収280万円以上）→ 1割から2割

  (b)　原則自己負担の食費と居住費に対する保険による補助対象の認定基準が厳しくなる。

  (c)　「要支援」事業が、国から市町村へ移管される。

  (d)　要介護1、2は原則として居宅サービスの対象となる。

  (e)　特別養護老人ホーム（介護老人福祉施設）入居（入所）基準は、要介護3以上となる。（終身利用可、平均入所期間は4年）

  (f)　65歳以上で低所得の場合の保険料の軽減率が上がる。

3）認知症問題

①　認知症患者数／高齢者人口（推計数）

【国立社会保障・人口問題研究所調べ（2012年）】

	2008年	2014年	2015年	2020年	2024年	2025年	2034年
認知症患者数	200万人	470万人	500万人	600万人	700万人	730万人	？
高齢者人口	3000万人	3300万人	3340万人	3500万人	3600万人	3670万人	3800万人

（注）2024年以降は推計数

②　認知症対策（オレンジプラン）

- ・　地域包括支援センターの活用
- ・　認知症疾患医療センター（全国150箇所整備予定：2016年2月末336ヶ所）☞p.246
- ・　成年後見人制度（「市民後見人」を追加）

── ⚜過去問にチャレンジしてみよう⚜ ──

［第100回　午前　66］

　成年後見制度で正しいのはどれか。

①　法定後見人は、都道府県知事が選任する。

②　任意後見人とは、家族が後見人になる場合を指す。

③　成年後見人は、財産管理などの法律行為を支援する。

④　日常生活自立支援事業の一部として位置づけられる。

③　認知症高齢者の療養先　☞p.239〜p.242

施設名	特　　徴	設置主体	備　　考
介護老人保健施設*	リハビリから自宅への復帰	医療法人等	施設（35万）
特別養護老人ホーム*	常時介護、家庭生活困難者	社会福祉法人等	施設（52万）
認知症グループホーム	介護を受けながら少人数で共同生活	限定なし	居宅（18万）
介護療養型医療施設*	急性期からの転院先病院	医療法人等	施設
精神科病院	興奮幻覚症状を薬で調整	医療法人等	施設（23万）
有料老人ホーム	食事生活支援付、介護サービス付（40%）	限定なし	居宅

＊介護保険3施設（内　介護療養型医療施設は、2023年：平成35年度末に廃止して「介護医療院」に変更）

4）高齢者虐待問題

【高齢者虐待防止法（高齢者虐待の防止、高齢者の擁護者に対する支援等に関する法律 H17.11）】

①　高齢者虐待の早期発見義務―医療福祉関係者、権利擁護関係者

②　被虐待者発見時の通報義務―通報先は市町村

③　地域包括支援センター職員等による立ち入り調査権　☞p.241

④　要介護施設者による虐待に関する通報―通報先は市町村

★　加害者（家族、親族）（2019年）

1　息子　40.3%	2　夫　21.1%	3　娘　17.4%	4　息子の妻	5　妻

★　虐待通報件数（2017年）

	件　　数	前年比
要介護施設	2,081件	15.2%増
自　宅等	32,231件	7.3%増

（注）虐待した介護施設職員の内訳：男性54％女性41％

★　被虐待者（2019年）

要介護施設	女　性	73.4%	男　性	26.6%
自　宅等	女　性	76.8%	男　性	23.2%

20－5－2　NIE：「報われぬ国—負担増の先に」を読んで考えよう。

朝日新聞　2014年（平成26年）12月1日（月）

報われぬ国—負担増の先に
第3部　療養不安

［一部抜粋］

　夫婦はともに病に倒れ、老後の人生設計が狂ってしまった。「人生の終盤にこんな苦痛が待っているとは思いませんでした。」妻（85）はつぶやく。

　東京都内に住んでいた夫婦は昨年、夫（71）にがんが見つかった。妻も下血し腸の病気と診断された。

　夫婦には子どもがおらず、世話をする親族もいない。自宅での療養が難しいこともあって、夫は約半年、妻は約50日間入院した。

　夫は公的医療保険の健康保険組合（健保）に入っていた。70〜74歳なら、治療代のうち病院窓口で払う自己負担分は原則2割だ。75歳以上の妻は後期高齢者医療制度により1割で済む。

　さらに大病で治療代がかさむ場合は自己負担を抑える高額療養費制度もある。70歳以上では、収入の区分が「一般」の家庭なら自己負担は1人あたり月に約4万4千円が上限だ。

　しかし、これらの保険や制度だけでは、2人の生活は守りきれなかった。

　病気になった後、夫婦の収入は月に14万円の厚生年金だけが頼りだった。一方、高額療養費制度を使っても、手術や入院などでの治療代の自己負担は2人で月に9万円近くもかかる。

　それだけではない。入院すると、健保や高額療養費制度の対象外の費用がかかる。治療そのものではない「ホテルコスト」だ。

　「食事代＝1食260円（460円：2020年度）」「寝巻きとタオル代＝1日550円（2020年参考値）」「オムツ代＝1日500円（2020年参考値）」。夫婦はこれらの費用がそれぞれかかったという。

　6人部屋に空きがないなどとして、4人部屋に入ることもあった。その際は「差額ベッド代」として1日約2千円が必要だった。

　ホテルコストは2人で月に15万円近いときもあった。退院までにあわせて100万円以上かかった。

　夫は50代半ばまで運輸会社に勤め、がんになるまで不動産会社で働き続けた。年金の保険料も健保の保険料も納めてきた。手取りで月約15万円の給料と月約14万円の年金があり、病気が

なければ暮らしていけた。

　しかし、病気になった途端、生活は成り立たなくなった。運輸会社の退職金約500万円は一部を借金の返済に回しており、残った預金は治療などにかかった費用でなくなった。

　夫婦はいま、妻が東京、夫が東京近郊の老人ホームで離れて暮らす。療養と介護の費用をまかなえないため、生活保護を受け、福祉事務所の紹介で安くて空きがあるホームに入った。

　「私たちはいまの医療や年金の仕組みでは救うのが難しい老人だったんでしょうか」妻はそう話す。

主な病気にかかる入院医療費

脳出血	213万1498円
急性心筋梗塞	197万4980円
結腸がん	90万1181円
胃がん	86万9587円
肺がん	76万9980円
肺　炎	61万894円

［全日本病院協会の実績］

㊟　文中の「ホテルコスト」代については最新の数字を各自が確認すること。

20－6　被災者福祉（災害対策と復興）

　様々な災害によって、国民の生活の現状変更を余儀なくされる時に、どのようにすれば原状回復できるか、被災者を前に何ができるかを、社会保障制度・健康危機管理の視点から考察する。このことは、前もってどのような対策を立てれば被害を最小限に抑えられるかについても考えることになる。2015年２月実施の看護師国家試験に登場した問題をベースに考えてみよう。

〔第104回看護師国家試験問題（午前118～120）〕より
　次の文を読み118～120の問いに答えよ。

　山間部の地域で、１時間雨量80mm以上の降雨で土石流が発生し、地域の住民は市民体育館に避難した。避難所には近くの医療機関から医師と看護師とが派遣された。

118　発災直後の避難所で対応する看護師の行動で最も適切なのはどれか。
　　　1．ボランティアを手配する。
　　　2．災害給付金の説明をする。
　　　3．心のケアに時間をかける。
　　　4．重症度に応じて診療の優先順位をつける。

〔解答　4〕

119　土石流で家を失った被災者は市民体育館から仮設住宅へ移動した。仮設住宅には１人暮らしの世帯が多い。看護師が仮設住宅の巡回訪問を行うことになった。
　　　災害の慢性期（復興期）の看護師の巡回訪問の主な目的として適切でないのはどれか。
　　　1．感染症を予防する。
　　　2．救援物資を届ける。
　　　3．室内の安全性を確認する。
　　　4．生活習慣病の重症化を予防する。

〔解答　2〕

120　看護師のAさんは、土石流の発生直後から被災地に１か月派遣された。その後、病院に戻り３カ月が経過した。Aさんは勤務中に表情が乏しく考え込む様子がみられた。
　　　Aさんへの看護管理者の対応として最も適切なのはどれか。

　　　　1．忙しい部署に異動させる。

　　　　2．仕事に専念するよう伝える。

　　　　3．すぐに忘れるものだと励ます。

　　　　4．体験を語ることができる場を設ける。

　　　　　　　　　　　　　　　　　　　　　　　　　　　　　〔解答　4〕

〔第104回看護師国家試験問題（午後74）〕より

　74　災害急性期における精神障害者への看護師の対応で最も適切なのはどれか。

　　　　1．名札の着用を指示する。

　　　　2．災害の状況については説明しない。

　　　　3．不眠が続いても一時的な変化と判断する。

　　　　4．服薬している薬剤を中断しないように支援する。

　　　　　　　　　　　　　　　　　　　　　　　　　　　　　〔解答　4〕

1）災害とは

　災害は、原因により、自然（自然現象）災害と人的（人為的）災害に分類できる。2011年3月11日、東日本を襲った大震災はこの両者を含んでおり、津波や地震からの復興だけでなく、原子力発電所のシャットダウンからの回復もいまだ果たされていない。きっと、原状回復は不可能で、自然の威力に対する人間の弱さをどれだけ多くの人々が認識できるかが課題となる。

　災害のサイクルは、一般的に、〈災害発生→初動対策期→緊急対策期→応急対策期→復旧・復興対策期→平時の防災準備期〉である。

2）社会保障の一環としての健康危機管理について

　厚生労働省の健康危機管理指針では、「健康危機管理とは、医薬品、食中毒、感染症、飲料水 [注] その他何らかの原因により生じる国民の生命、健康の安全を脅かす事態に対して行われる健康被害の発生予防、拡大防止、治療等に関する業務であって、厚生労働省の所管に属するものをいう。」とされている。このように、国民の健康を維持するためには、自然災害とどう向き合うか、人為的災害を防ぐための社会政策に関心を持つことが、医療従事者にとっては重要な課題である。

　　（注）自 然 災 害：阪神淡路大震災、東日本大震災等

　　　　　犯　　　　罪：和歌山毒物混入カレー事件、秋葉原通り魔殺人事件等

　　　　　放射線事故：東海村臨界事故、福島原子力発電所爆発事故

　　　　　テ ロ 事 件：地下鉄サリン事件等

３）過去の代表的な災害（日本）―2016年現在判明分

発生年月日	災害名	備　考
2016年4月14日	熊本地震	M7.3　死者267名　負傷者2804名
2014年9月27日	御嶽山噴火	死者57名　行方不明者6名
2014年8月20日	広島市土砂災害	死者74名
2011年3月11日	東日本大震災	M8.8　死者・行方不明者18466名
2011年3月11日	福島第一原子力発電所爆発事故	災害関連死1400名超　避難生活者15万名超
2008年6月8日	秋葉原通り魔殺人事件	死者7名　負傷者10名　加害者死刑確定
1999年9月30日	東海村JCO臨界事故	死者2名　被曝者667名
1998年7月25日	和歌山毒物混入カレー事件	死者4名　急性ヒ素中毒者63名　加害者死刑確定（再審中）
1995年3月20日	地下鉄サリン事件	死者13名　負傷者約6000名　加害者集団員は殆んどが死刑、無期懲役刑確定
1995年1月17日	阪神淡路大震災	M7.2　死者6434名　行方不明者3名　負傷者43792名
1991年6月3日	雲仙普賢岳噴火・火砕流	死者63名
1982年7月23日	長崎豪雨水害	死者299名

４）災害弱者（WATCHPPP）

　主に、高齢者、障がい者、病人、貧困者、子ども、女性などをさすが、その他の人々もその対象になりうる。

５）法・制度

【災害対策基本法（S36.11）】

　国土並びに国民の生命、身体及び財産を災害から保護し、もって、社会の秩序の維持と公共の福祉の確保に資することを目的とする。

　① 防災に関する責務の明確化

　　国・都道府県・市町村・特定公共機関等の責務と住民等の責務

　② 防災に関する組織

　　国・都道府県・市町村の防災会議、災害対策本部

　③ 防災計画

　　計画的防災行政の整備・推進

　④ 防災対策の推進

　　災害予防・災害応急対策、災害復旧の段階ごとに役割・権限を規定

　⑤ 財政金融措置

　⑥ 災害緊急事態

【災害救助法（S22.10）】

災害に際して、国が地方公共団体、赤十字社その他の団体及び国民の協力の下に、応急的に、必要な救助を行い、災害にかかった者の保護と社会の秩序の保全を図ることを目的とする。

① 実施体制　都道府県（市町村長が補助）
② 適用基準　（例　人口5000人未満　住家全壊30世帯以上）
③ 救助の種類（医療、助産）、程度、方法及び期間
④ 強制権の発動（例　医療関係者への従事命令）
⑤ 経費の支弁及び国庫負担
⑥ 災害救助基金の積み立て義務と運用
⑦ 災害拠点病院の指定（都道府県）

【災害弔慰金の支給等に関する法律（S48.9）】
【被災者生活再建支援法（H10.5）】
【災害救助法（S22.10）】
【災害弔慰金の支給等に関する法律（S48.9）】

以上の法規は、自然災害を前提とする。

【犯罪被害者等基本法（H16.12）】

国・地方公共団体の講ずる基本的施策

① 相談及び情報の提供
② 損害賠償の請求についての援助
③ 給付金の支給に係る制度の充実等
④ 保健医療サービス・福祉サービスの提供
⑤ 犯罪被害者等の二次被害防止・安全確保
⑥ 居住・雇用の安定
⑦ 刑事に関する手続きへの参加の機会を拡充するための制度の整備

20－7　貧困者福祉

20－7－1　法制度及び現状

　貧困には二つの意味があるが、経済的に乏しい方の意味について考察する。この節では、生活保護に至る前の段階で生活を送る低所得者の人々、生活保護すら受給できないホームレスの人々を対象とする。

　資本主義経済の下ですべての人々が平等に暮らすことは不可能だが、今日異常なまでに広がってしまった格差社会の中で、社会的弱者である貧困者の生活をどうやって守ることができるのかその方策を探ってみる。

　再説となるが、生活保護の対象は、「生活に困窮する日本国民（日本国民に準じた保護を受ける在日外国人を含む）で、その者が利用しうる現金を含む資産、稼動能力その他あらゆるものを生活費に充当しても、なお、厚生労働大臣の定める保護の基準で測定される最低限度の生活を維持できない者」に限定されていて、わずかな資産があり、収入と支出がゼロかマイナスになる人々や、ホームレスの人々は日本の社会保障の安全網では救済されないのが現状だ。

憲法　第25条が保障するセーフティーネット

　第1のセーフティーネット：社会保険制度（医療・年金・雇用・労災・介護）

　第2のセーフティーネット：生活困窮者支援制度

　第3のセーフティーネット：生活保護制度

1）ホームレス対策

　ホームレス数（2014年）〈2003年　25,296人→2014年　8,265人→2017年　5,534人→2018年　4,977人→2019年　4,555人〉

男	女	不明	合計
7,671人	254人	340人	8,265人

※前年比　-1,311人

【セーフティーネット支援対策事業の実施について：通達（H17.3）】

（実施主体：都道府県・市町村・NPO法人・社会福祉法人）

　①　ホームレス総合相談支援事業

　②　ホームレス自立支援事業

第20章　社会福祉制度の概説

③　ホームレス緊急一時宿泊事業

④　ホームレス能力活用推進事業

⑤　NPO等民間支援団体が行う生活困窮者等の支援事業

【ホームレスの自立の支援等に関する特別措置法（2002年H14.8→2027年まで期限延長）】

2）低所得者対策　低所得となる原因：失業、離婚、高齢化、疾病、災害等

【生活困窮者自立支援法（H25.12）】

　この法律は、税金、保険料の滞納などを手がかりに、生活保護を受けそうなほど困窮している人を対象に、行政が相談窓口を作り、家賃相当額の一定期間補助、就労機会の提供、子どもの学習支援など、社会資源の利用を促すことを目的に作られた。

①　必須事業（実施主体：福祉事務所設置の自治体）

　・自立相談支援事業の実施、離職により住宅を失った生活困窮者の住居確保給付金の支給

②　任意事業（実施主体：福祉事務所設置の自治体）

　・就労準備支援事業

　・一時生活支援事業（住居のない生活困窮者に対する宿泊場所、衣食の提供）

　・家計相談支援事業

　・学習支援事業（生活困窮家庭の子ども対象）

③　都道府県知事、政令市・中核市長等による就労訓練事業

【生活福祉資金貸付について：通達（H21.7）】

①　目的　低所得者、障がい者又は高齢者に対する、経済的自立及び生活意欲の助長促進並びに在宅福祉及び社会参加の促進を図り安定した生活が送れるようにする。

②　実施主体：社会福祉協議会

【公営住宅法（S26.6）】
【売春防止法（S31.5）】

20－7－2　NIE：「生活困窮　なぜ救えなかった」を読んで考えよう。

朝日新聞　2015年（平成27年）3月27日（金）〔一部抜粋・改変〕

生活困窮　なぜ救えなかった

　「生きてゆけなくなると思った」。生活に行き詰ったひとり親家庭の母親が、中学生の長女を殺害した罪に問われている。事件があったのは、家賃滞納で公営住宅を立ち退く日の朝だった。（中略）

　千葉県の公営住宅の一室で母親（44）は中学2年の長女（当時13歳）を、学校で使う赤い鉢巻きで首を絞め殺害した容疑で逮捕起訴された。（中略）母親は給食センターでのパート収入が年100万円に届かない程度以外に、児童扶養手当など月約5万円を受け取っていた。公営住宅の家賃は月12,800円だったが、3年前から滞納し、県が裁判に踏み切り強制執行（強制退去）になった。（中略）県住宅課が訴訟の前に、「事情のある方は相談に応じます」と伝えていたが、相談はなかった。（中略）住民票がある市では、2年前に国民健康保険の保険料（地方税）の滞納に関して短期保険証の交付を行った。その際、生活苦を察した職員に促され、母親は社会福祉課（生活保護の担当窓口）へ相談に行った。その時の「面接記録票」には、預貯金・収入に関する聴取がされておらず、保険料滞納の理由も記載されていなかった。母親は、生活保護制度の概容を聞き、帰路についた。再び相談はなく、市からも連絡しなかった。（中略）

　厚生労働省が2012年に公表した調査では、「母親がパートなどの非正規雇用」の場合、働いて得る収入は1年間で平均125万円。ひとり親家庭の貧困率は54.6％（2012年）で、先進国で最悪レベルだ。（以下略）

20－8　補遺（いわゆる社会的弱者に対する虐待（暴力）問題）

20－8－1　法制度のまとめ及び国試対策上のポイント

１）虐待問題に関する法制度

社会的弱者の種別	虐待の主体	法令	虐待の種類
要保護児童（乳幼児） ☞p.203	保護者（親権者他）	児童虐待防止法 2000年施行	1、心理的虐待 2、身体的虐待 3、育児放棄（ネグレクト） 4、性的虐待
配偶者から暴力を受けている者 （経済的自立が困難な女性等） ☞p.213	配偶者	DV防止法 2001年施行	1、身体的暴力 2、1に準ずる心身に有害な言動
高齢者 ☞p.224	配偶者 子 養護者 施設職員他	高齢者虐待防止法 2006年施行	1、身体的虐待 2、心理的虐待 3、経済的虐待 4、介護放棄（ネグレクト） 5、性的虐待
障害者 ☞p.218	保護者 養護者 施設職員他	障害者虐待防止法 2011年成立、 2012年施行	高齢者の虐待に準ずる
貧困者	非行少年他	なし	主に身体的虐待

２）虐待事案に対する対処方法

対　象	連絡方法	連　絡　先
児　童	通　報	警察署
	通　告	児童相談所、福祉事務所（市町村）
高齢者	通　報	市町村（地域包括支援センター）
障がい者		市町村障害者虐待防止センター 都道府県障害者権利擁護センター
DV被害者	通　報	配偶者暴力相談支援センター、警察署

20－8－2　今後の課題

(1) 近年社会問題化している虐待問題は、いわゆる社会的弱者がその対象となることから、問題（事件）としての発覚に時間がかかり、被害者の救済が手遅れとなる事案がその多くを占めている。

(2) いずれも社会構造上の問題として、人間関係が希薄になることで、加害者となる者（子供を抱える親、特に母親、婚姻関係にあるもの特に夫、介護する者）が相談すべき相手がいなくて孤立しがちになることも原因の一つとして考えられる。また、全ての虐待に共通していることは、加害者に虐待行為の明確な自覚がないことである。

(3) 国をはじめとする行政（主に都道府県や政令指定都市、中核市など）の取り組みは後手後手となり問題をより深刻化させている。

(4) 予防には制度上の対策だけでなく、教育、家庭、文化、地域社会といった諸分野を統合した、モラルハザードに対する施策が必要になる。

第20章　社会福祉制度の概説

第４編　各論Ⅲ
国家試験対策用資料

第21章
医療関連の手帳・記録

1．医療関連の手帳

手帳の種類	対　象　者	根　拠　法	交付権者
精神保健福祉手帳	精神障害者	精神保健福祉法	都 道 府 県 知 事
母 子 健 康 手 帳	妊娠した人	母子保健法	市 区 町 村 長
健　康　手　帳	40歳以上	健康増進法【高齢者の医療の確保に関する法律（旧老人保健法）より、2008年に移行】	市 区 町 村 長
被爆者健康手帳	被爆地域にいた人及び放射能の残存中にその地域に入った人第二次放射能受ける事情にあったか、その者の胎児	原子爆弾被爆者に対する援護に関する法律	都 道 府 県 知 事
公 害 医 療 手 帳	公害病の認定を受けた者	公害健康被害の補償に関する法律	都 道 府 県 知 事
身 体 障 害 者 手 帳	身体障害者（児）	身体障害者福祉法	都 道 府 県 知 事
療　育　手　帳	知的障害者（児）	通達	都 道 府 県 知 事
健 康 管 理 手 帳	重度の健康障害を惹起する事業に従事していた労働者	労働安全衛生法	都道府県労働局長

2．医療に関する記録の保存期間

記録の名称	記載責任者	保存責任者	保存期間	根　拠　法
助　産　録	助　産　師	助産師/施設管理者	5年	保 助 看 法
診療録（カルテ）	医　師	医師/施設管理者	5年	医　師　法
照　射　録	診療放射線技師	※医師、歯科医師の要署名	5年（3年）	診療放射線技師法
救急救命処置録	救 急 救 命 士	施設管理者/消防機関	5年	救 急 救 命 士 法
病　院　日　誌	事　務　方	施設管理者	2年（保険医療機関は3年）	医　療　法
各 科 診 療 日 誌	看　護　師			
処　方　箋	医　師			
手　術　記　録	医　師			
検 査 所 見 記 録	臨 床 検 査 技 師			
エックス線写真	診療放射線技師			
紹　介　状	医　師			
退院患者の診療経過要約	医　師			
臓 器 移 植 記 録	医　師	施設管理者/医師	5年	臓器移植に関する法律
調 剤 済 処 方 箋	薬　剤　師	施設管理者/薬剤師	3年	薬 剤 師 法
結 核 登 録 票	保 健 所 長	保健所長	内規	感 染 症 法

<h1>第22章
医療・福祉に関する施設一覧</h1>

1．社会福祉関係

■介護保険法（介護給付―施設サービス、居宅サービスを行なう施設）

給付種別	施設名／サービス種別	サービス内容	施設基準等		
介護保険 対象外	医療療養病床 （医療法）	病院・診療所の病床のうち、主として長期療養を必要とする患者を入院させるもの	医師 看護職員 介護職員 面積	48：1（3名以上） 4：1（★6：1で可） 4：1（★6：1で可） 6.4m²以上 ★2023年度末まで	
施設 （入所）	介護療養病床 （医療法：医療提供施設） （介護保険法：介護療養型医療施設） ㊟2023年度末を期限に「介護医療院」へ転換予定 ⇓	病院・診療所の病床のうち、長期療養を必要とする要介護者に対し、医学的管理の下における介護、必要な医療等を提供するもの	医師 看護職員 介護職員 面積	48：1（3名以上） 6：1 4：1～6：1 6.4m²以上	
施設 （入所）	介護医療院 （医療法：医療提供施設） （介護保険法：介護医療院） ※2018年4月施行	要介護者の長期療養・生活施設	Ⅰ型（重症）	医師 看護職員 介護職員 面積	48：1 6：1 4：1～5：1 8.0m²以上
			Ⅱ型（軽症）	医師 看護職員 介護職員 面積	100：1 6：1 4：1～6：1 8.0m²以上
施設 （入所）	介護老人保健施設 （医療法：医療提供施設） （介護保険法：介護老人保健施設）	要介護者にリハビリ等を提供し、在宅復帰を目指す施設：入所期間、原則3ヶ月間	医師 看護職員 介護職員 面積	100：1（1名以上） 3：1（うち看護職員を2／7程度を標準） 8.0m²	
施設 （入所）	特別養護老人ホーム （老人福祉法：老人福祉施設） 指定介護老人福祉施設 （介護保険法：保険適用施設）	要介護者のための生活施設：終身利用可 （入浴、排泄、食事等の介護その他の日常生活上の世話、機能訓練、健康管理、療養上の世話）	医師 看護職員 介護職員 面積	必要数＊（非常勤可） 看護・介護合わせて3：1 10.65m²（原則個室） ＊健康管理及び療養指導のための必要数	

居宅 （通所）	老人デイサービスセンター等／通所介護	入浴、排泄、食事等の介護その他の日常生活上の世話、機能訓練	高齢者の自立生活の助長 社会的孤立感の解消 心身機能の維持向上 +養護者の身体的労苦の軽減
居宅 （通所）	介護老人保健施設・病院等／通所リハビリテーション	心身の機能の維持回復、日常生活の自立を助ける理学療法、作業療法等	
居宅 （入所）	短期入所施設（ショートステイ） ／短期入所生活介護	入浴、排泄、食事等の介護その他の日常生活上の世話、機能訓練	養護者が一時的に介護できないとき
居宅 （入所）	介護老人保健施設・病院等 ／短期入所療養介護	看護、医学的管理下、介護及び機能訓練その他必要な医療並びに日常生活上の世話	

■介護保険法（介護給付―**地域密着型サービス**を行なう施設及び居宅）

サービス種別	サービス拠点	サービス内容	備　　考
小規模多機能型居宅介護	居宅又はサービス拠点 （通所・短期入所）	入浴、排泄、食事等の介護その他の日常生活上の世話、機能訓練	入所定員15人以下 利用登録25人 通い15人、泊9人
夜間対応型訪問介護	居宅	入浴、排泄、食事等の介護その他の日常生活上の世話、機能訓練	夜間 定期巡回及び通報 介護福祉士等
認知症対応型通所介護	老人デイサービスセンター等	入浴、排泄、食事等の介護その他の日常生活上の世話、機能訓練	入所定員12人以下
認知症対応型共同生活介護	共同生活を営む住居 （認知症グループホーム）	入浴、排泄、食事等の介護その他の日常生活上の世話、機能訓練	・入所定員5～9人／1unit 認知症の原因となる疾患が急性の状態でない者 ・原則2unit
特定施設入居者生活介護	特定施設 （介護付有料老人ホーム） （軽費老人ホーム） （高齢者向け優良賃貸住宅）	入浴、排泄、食事等の介護その他の日常生活上の世話、機能訓練	入所定員29人以下 市町村の指定した施設
介護老人福祉施設入所者生活介護	介護老人福祉施設 （特別養護老人ホーム）	入浴、排泄、食事等の介護その他の日常生活上の世話、機能訓練、健康管理及び療養上の世話	入所定員29人以下

定期巡回・随時対応型訪問介護看護	居宅（自宅、軽費老人ホーム、有料老人ホームなど）	入浴、排泄、食事などの介護や療養生活を支援するための看護	要介護と認定された人が対象
地域密着型通所介護	居宅（自宅、軽費老人ホーム、有料老人ホームなど）	入浴、排泄、食事などの介護。その他日常生活上の世話及び機能訓練	要介護と認定された人が対象
療養通所介護	療養通所介護計画	入浴、排泄、食事などの介護。その他日常生活上の世話及び機能訓練	常時看護師による観察が必要な難病等の重度要介護者又はがん末期患者が対象
看護小規模多機能型居宅介護（複合型サービス）	居宅又はサービス拠点（通所・短期入所）	入浴、排泄、食事などの介護。その他日常生活上の世話及び機能訓練	要介護と認定された人が対象

■介護保険法（介護認定を受けているかいないに係わらず全ての高齢者対象、原則利用料は無料）

施　設　名	事業主体	事業内容
地域包括支援センター（介護保険実施に伴う「在宅介護支援センター」が事業を引き継ぐケースが多い。また市町村は、老人福祉法に規定する「老人介護支援センター」に事業を委託できる。）	・市区町村 ・市区町村長から委託を受けたもの（社会福祉法人、医療法人、民間事業者） 職員／　保健師 　　　　社会福祉士 　　　　主任介護支援専門員 　　　　（ケアマネージャー）	地域支援事業 ○必須事業 　介護予防事業 　包括的支援事業 　　介護予防ケアマネジメント 　　総合相談支援事業 　　権利擁護事業（虐待防止・発見） 　　包括的・継続的ケアマネジメント ○任意事業 　介護給付費等費用適正化事業 　家族介護支援授業

■老人福祉法

施　設　名	事業内容	対　　　　象	窓　　口
老人デイサービスセンター（実施場所：特別養護老人ホーム）（通所）	居宅介護入浴、排泄、食事等の介護、機能訓練、介護方法等の指導等	・65歳以上／身体上又は精神上の障害のため日常生活に支障があるもの・介護保険適用者	施設
老人短期入所施設（入所）	居宅介護（入所）	・65歳以上／養護者の疾病等により自宅において介護を受けることが一時的に困難となったもの・介護保険適用者	施設
養護老人ホーム（入所）	養護し、自立した日常生活を営み、社会活動に参加するための支援	・65歳以上／環境上の理由及び経済的理由により居宅で養護を受けることが困難なもの	市町村（福祉事務所）
特別養護老人ホーム（入所）	養護	・65歳以上／身体上又は精神上著しい障害があるため、常時介護が必要で居宅介護が困難なもの・介護保険適用者	施設
軽費老人ホーム（A型）（入所）	給食、身の回りの世話その他日常生活の便宜供与	・家庭の事情等で居宅生活が困難な者／無料又は低額料金（月収34万円まで）／身寄りなし・60歳以上可	施設
軽費老人ホーム（B型）（入所）	日常生活上の便宜供与	・家庭の事情等で居宅生活が困難な者／無料又は低額料金／自炊可能な健康状態・60歳以上可	施設
軽費老人ホーム（C型）（ケアハウス）一般型介護型—要介護1以上（入所）	給食その他日常生活上の便宜供与	・身体機能低下／独立生活不安／家族援助困難／無料又は低額料金・60歳以上可（夫婦の場合どちらかが60歳以上なら可）	施設
老人福祉センター（特A型、A型、B型）（利用）		・老人に関する相談・健康の増進・教養の向上・レクレーションのための便宜の総合的供与／	施設
老人介護支援センター（利用）		・居宅老人、養護者と市町村、事業者との連絡調整機関・福祉用具の展示及び使用法の指導等	施設
有料老人ホーム（入所）		・老人福祉施設ではない。・介護保険利用可／入居一時金要	施設

■社会福祉法　☞p.197

行政機関等	種別	設置主体等	対象
福祉事務所	公的機関	都道府県の市区（町村は任意設置）／職員：所長、査察指導員、社会福祉主事	社会的弱者
社会福祉協議会	民間機関	都道府県市区町村すべて	社会的弱者

■生活保護法（手続きの窓口は福祉事務所、市町村）☞p.190

施　設　名	扶助の種別	利用形態	内　　容	備　考
救護施設	生活扶助	入所	身体上又は精神上の著しい障害のため日常生活が困難な要保護者	金銭給付（原則）
更生施設	生活扶助	入所	身体上又は精神上の理由により養護及び生活指導を必要とする要保護者	金銭給付（原則）
医療保護施設	医療扶助	利用	医療を必要とする要保護者	現物給付
授産施設	生業扶助	通所	身体上若しくは精神上の理由又は世帯の事情により就業能力に限られた要保護者に就労又は技能習得の機会及び便宜を与えて、自立を助長する。	金銭給付（原則）
宿所提供施設	住宅扶助	利用	住宅のない要保護者の世帯	金銭給付（原則）

■児童福祉法

種　別	機関・施設名	設置地域
行政機関	児童相談所	都道府県、政令指定都市、市区町村も設置可
	福祉事務所	都道府県市区（町村は任意設置）
	保健所	都道府県、政令指定都市、中核市、政令市、東京23区

（窓口は、児童相談所又は福祉事務所、市町村）☞p.197、p.202

種　別	施　設　名	窓　口
児童福祉施設（国、都道府県、市区町村が設置、社会福祉法人も設置可）	① 助産施設	福祉事務所
	② 乳児院	児童相談所
	③ 児童養護施設	児童相談所
	④ 福祉型障碍児入所施設	児童相談所
	⑤ 医療型障碍児入所施設	児童相談所
	⑥ 福祉型児童発達支援センター（通所型）	市町村
	⑦ 医療型児童発達支援センター（通所型）	市町村
	⑧ 児童心理治療施設	児童相談所
	⑨ 児童自立支援施設	児童相談所
	⑩ 母子生活支援施設	福祉事務所
	⑪ 保育所	市町村（福祉事務所）
	⑫ 児童厚生施設	施設
	⑬ 幼保連携型認定こども園	施設
	⑭ 児童家庭支援センター	施設

⑬：根拠法は認定こども園法　　⑭：連絡調整機関（積極的に児童を保護する機能はない）

第22章　医療・福祉関連施設

■母子及び父子並びに寡婦福祉法（手続きの窓口は福祉事務所：母子自立支援員）☞p.207

施設種別	施　設　名	内　　容	備　　考
母子福祉施設	母子福祉センター	・無料又は低額料金で利用 ・母子家庭に対する相談、生活指導及び生業指導等の便宜の総合的供与	窓口は施設
母子福祉施設	母子休養ホーム	・無料又は低額料金で利用 ・レクレーションその他休養のための便宜供与	窓口は施設
公共施設 （母子保健法）	母子健康センター	・母子保健に関する各種の相談 ・母性、乳児、幼児の保健指導等	設置主体は市区町村（必置でない）

■配偶者からの暴力の防止及び被害者の保護に関する法律／売春防止法　☞p.213

（相談窓口は、配偶者暴力相談支援センター、婦人相談所：都道府県、政令指定都市他）

施　設　名	業務内容	備　　考
配偶者暴力相談支援センター	配偶者からの暴力の防止・被害者の保護	婦人保護施設で保護
婦人相談所	要保護女子の一時保護等 （相談、調査、指導、一時保護）	

■障害者福祉法規関連　☞p.218

施　設　名	内　　容	根拠法令
地域生活定着支援センター	服役（刑務所や少年院）後の自立が困難な高齢者や障害者（知的障碍者）の再犯を、保護観察所と協働して防ぐ	法務省通知
障害者虐待防止センター （各市町村で設置）	・虐待家庭への立ち入り調査権（市町村） ・立ち入り拒否の場合に罰則規定有り ・病院や学校での虐待行為は通報義務の対象外 　（病院管理者、学校長に虐待防止策作成義務） ・施行後3年で見直し	障害者虐待防止法 （注）

（注）2011年（平成23年）6月成立、2012年（平成24年）10月施行

2．保健衛生関係

■看護師等の人材確保の促進に関する法律　☞p.114～p.122

中央ナースセンター （公益法人）	厚生労働大臣が全国で1個指定（日本看護協会） 都道府県ナースセンターの業務について、啓発活動、連絡調整、指導その他の援助、情報収集やその提供等
都道府県ナースセンター （公益法人）	都道府県知事が各都道府県で1個指定（各看護協会） （業務）看護師等の確保の動向、就業希望状況の調査／訪問看護等の知識技能に関する研修／看護に関する啓発活動／病院等の開設者、看護師等確保推進者への情報提供・その他相談援助／無料職業紹介

■地域保健法　☞p.130

行政機関	設置主体	主な業務または対象
保健所	都道府県、指定都市（人口50万人以上）、中核市（人口20万人以上）、政令市、東京特別区（23区）に設置	不特定多数の公衆衛生
市町村健康センター	市町村が設置（必置ではない）	特定多数の公衆衛生

■精神保健及び精神障害者福祉に関する法律（精神保健福祉法）　☞p.137

施　設　名	摘　　要	設置条件等
精神科病院	平成18年、「精神病院」から名称変更	国立及び都道府県立又は指定病院
精神保健福祉センター	知識普及、調査研究、相談指導（複雑困難なもの） 総合的技術センター	都道府県、指定都市 職員／医師、精神科ソーシャルワーカー、臨床心理技術者、保健師、看護師、作業療法士等
精神障害者社会復帰促進センター	精神障害者の社会復帰のための事業	全国１個（現在指定なし）

■医療法関連（医療提供施設）　☞p.147

【医療圏：一次医療圏（かかりつけ医）　二次医療圏（一般病床、療養病床／初期救急、二次救急、三次救急）　三次医療圏（都道府県単位／精神病床、結核病床、感染症病床）】

施　設　名	要　件　等	根拠法令
診療所 20人未満（19人以下）	開設者／非医師等—都道府県知事の許可 　　　　／医師等—都道府県知事への届出	医療法
病院 20人以上	開設者／医師等・非医師等—都道府県知事の許可	医療法
地域医療支援病院 200人以上	都道府県知事の承認 病院、診療所との連携（紹介率80％以上） 医療従事者の研修体制/救急医療体制	医療法 （二次医療圏に１以上）
特定機能病院 400人以上	厚生労働大臣の承認（高度先端医療） 10以上の診療科/紹介率20％以上 高度医療技術の開発・評価・研修	医療法
助産所 10人未満（９人以下）	産科医の嘱託医＋産科医のいる病院と提携すること（平成20年４月より）	医療法
介護医療院 ※2018年４月施行	介護療養型医療施設、介護老人保健施設等からの転換及び新規設立は、病院・診療所の要件と同じ	介護保険法 医療法
介護老人保健施設	病院と同じ	介護保険法・医療法

第22章　医療・福祉関連施設

245

精神科病院	国立及び都道府県立又は指定病院	精神保健福祉法
休日夜間急患センター	（初期救急）	厚生労働省通知
休日等歯科診療所	（初期救急）	厚生労働省通知
救急病院／救急診療所	（二次救急）都道府県知事による救急告示の認定	厚生労働省令
救命救急センター	（三次救急）	厚生労働省通知
高度救命救急センター	（三次救急）	厚生労働省通知
認知症疾患医療センター	認知症患者とその家族の支援（全国150ヵ所予定）	厚生労働省通知

3．介護及び医療（看護）両分野共通　☞p.186

■訪問看護療養費に係る指定訪問看護の費用の額の算定方法（厚生労働省告示：平成20年）

・常勤換算で、2.5人（大規模は、5人以上）　・許可は都道府県、指定都市、中核市等

名　　称	業務内容	適用法令等
訪問看護ステーション （指定訪問看護事業者）	主治医が交付する、「訪問看護指示書」に基づく、診療の補助又は療養上の世話	医療保険適用 （健康保険法） （国民健康保険法） （高齢者医療確保法）
訪問看護ステーション （指定居宅サービス事業者）	介護サービス計画書に基づく、療養上の世話又は必要な診療の補助（主治医が必要と認めた場合）：要「訪問看護指示書」	介護保険適用 （介護保険法）

第23章
過年度出題精選問題演習
（第107回～第109回）

　「過去問を制する者は受験を制す」の字句通り、良質の過去出題問題を演習することは受験の鉄則です。ただ、本書の分野は社会情勢に大きく影響を受ける事項を扱うこともあるので、第107回国家試験問題以降から学習にプラスになる問題のみを抜粋しました。必須問題・一般問題の両方を掲載しましたので、適宜使い分けて挑戦してみてください。正解答はこの章の最後にまとめて示しましたが、解説は省略しました。また、問題文中の日本語及び英語のルビも省略しました。

〔第107回　看護師国家試験問題　抽出〕

［午前問題　1］
　平均寿命で正しいのはどれか。
①　0歳の平均余命である。
②　20歳の平均余命である。
③　60歳の平均余命である。
④　死亡者の平均年齢である。

［午前問題　2］
　平成27年（2015年）の病院報告による一般病床の平均在院日数はどれか。
①　6.5日　　②　16.5日　　③　26.5日　　④　36.5日

［午前問題　3］
　シックハウス症候群に関係する物質はどれか。
①　アスベスト　　　③　放射性セシウム
②　ダイオキシン類　④　ホルムアルデヒド

［第107回　午前問題　4］

介護保険法に基づき設置されるのはどれか。

① 老人福祉センター
② 精神保健福祉センター
③ 地域包括支援センター
④ 都道府県福祉人材センター

［午前問題　5］

QOLを評価する項目で最も重要なのはどれか。

① 高度医療の受療　　③ 乳児死亡率
② 本人の満足感　　　④ 生存期間

［午前問題　9］

一般病床の看護職員の配置基準は、入院患者〔　〕人に対して看護師及び准看護師１人と法令で定められている。

〔　〕に入るのはどれか。

① 2　　② 3　　③ 4　　④ 6

［午前問題　17］

他の医薬品と区別して貯蔵し、鍵をかけた堅固な設備内に保管することが法律で定められているのはどれか。

① ヘパリン　　② インスリン　　③ リドカイン　　④ フェンタニル

［午前問題　18］

面接時の質問方法でopen-ended question〈開かれた質問〉はどれか。

① 「頭痛はありますか」
② 「昨晩は眠れましたか」
③ 「朝食は何を食べましたか」
④ 「退院後はどのように過ごしたいですか」

[第107回　午前問題　25]

平成26年（2014年）の国民健康・栄養調査において、運動習慣のある女性の割合が最も高い年齢階級はどれか。

① 30〜39歳 　　④ 60〜69歳

② 40〜49歳 　　⑤ 70歳以上

③ 50〜59歳

[午前問題　29]

平成24年度（2012年度）における社会保障給付費の内訳で多い順に並んでいるのはどれか。

① 年金＞医療＞福祉その他

② 年金＞福祉その他＞医療

③ 医療＞年金＞福祉その他

④ 医療＞福祉その他＞年金

[午前問題　30]

法律とその内容の組合せで正しいのはどれか。

① 児童福祉法—————————受胎調節の実地指導

② 地域保健法—————————市町村保健センターの設置

③ 健康増進法—————————医療安全支援センターの設置

④ 学校保健安全法—————特定給食施設における栄養管理

[午前問題　32]

良質の医療を受ける権利を宣言しているのはどれか。

① リスボン宣言

② ヘルシンキ宣言

③ ジュネーブ宣言

④ ニュルンベルク綱領

[第107回　午前問題　35]

患者と看護師が面談をする際、両者の信頼関係を構築するための看護師の行動で最も適切なのはどれか。

① 患者の正面に座る。

② メモを取ることに集中する。

③ 患者と視線の高さを合わせる。

④ 事前に用意した文章を読み上げる。

[午前問題　43]

難病の患者に対する医療等に関する法律〈難病法〉に基づく医療費助成の対象となる疾患はどれか。

① 中皮腫

② Ｃ型肝炎

③ 慢性腎不全

④ 再生不良性貧血

[午前問題　48]

平成26年（2014年）の国民生活基礎調査における65歳以上の高齢者がいる世帯について正しいのはどれか。

① 単独世帯は１割である。

② 三世代世帯は３割である。

③ 夫婦のみの世帯は４割である。

④ 親と未婚の子のみの世帯は２割である。

[午前問題　54]

性同一性障害〈GID〉/性別違和〈GD〉について正しいのはどれか。

① 出現するのは成人期以降である。

② ホルモン療法の対象にはならない。

③ 生物学的性と性の自己認識とが一致しない。

④ 生物学的性と同一の性への恋愛感情をもつことである。

[第107回　午前問題　60]

　養護者による虐待を受けたと思われる高齢者を発見した者が、高齢者虐待の防止、高齢者の養護者に対する支援等に関する法律〈高齢者虐待防止法〉に基づき通報する先として正しいのはどれか。

① 市町村
② 警察署
③ 消防署
④ 訪問看護事業所

[午前問題　62]

　特別訪問看護指示書による訪問看護について正しいのはどれか。

① 提供できる頻度は週に３回までである。
② 提供できる期間は最大６か月である。
③ 対象に指定難病は含まない。
④ 医療保険が適用される。

[午前問題　63]

　要介護２と認定された高齢者の在宅療養支援において、支援に関与する者とその役割の組合せで適切なのはどれか。

① 介護支援専門員——————家事の援助
② 市町村保健師——————居宅サービス計画書の作成
③ 訪問看護師——————日常生活動作〈ADL〉の向上のための訓練
④ 訪問介護員——————運動機能の評価

[午前問題　64]

　日本の医療保険制度について正しいのはどれか。

① 健康診断は医療保険が適用される。
② 75歳以上の者は医療費の自己負担はない。
③ 医療保険適用者の約３割が国民健康保険に加入している。
④ 健康保険の種類によって１つのサービスに対する診療報酬の点数が異なる。

[第107回　午前問題　65]

　日本の医療提供施設について正しいのはどれか。

① 病院数は1995年から増加傾向である。

② 2013年の人口対病床数は先進国の中で最も多い。

③ 介護老人保健施設数は2000年から減少傾向である。

④ 精神科の平均在院日数は1990年から先進国で最短である。

[午前問題　66]

　看護師が自ら進んで能力を開発することの努力義務を定めているのはどれか。

① 医療法

② 労働契約法

③ 教育基本法

④ 看護師等の人材確保の促進に関する法律

[午前問題　67]

　災害医療について正しいのはどれか。

① 災害拠点病院は市町村が指定する。

② 医療計画の中に災害医療が含まれる。

③ 防災訓練は災害救助法に規定されている。

④ 災害派遣医療チーム〈DMAT〉は災害に関連した長期的な医療支援活動を担う。

[午前問題　73]

　糖尿病の合併症のうち、健康日本21（第二次）の目標に含まれるのはどれか。

① 腎症　　②　感染症　　③　網膜症　　④　神経障害　　⑤　血行障害

[午前問題　77]

　平成26年（2014年）の人口動態統計において、1〜4歳の死因で最も多いのはどれか。

① 肺炎　　　　　④　不慮の事故

② 心疾患　　　　⑤　先天奇形、変形及び染色体異常

③ 悪性新生物

[第107回　午前問題　79]

　Aさん（28歳、女性）は、2歳の子どもを養育しながら働いている。

　Aさんが所定労働時間の短縮を希望した場合、事業主にその措置を義務付けているのはどれか。

① 児童福祉法

② 労働基準法

③ 男女共同参画社会基本法

④ 雇用の分野における男女の均等な機会及び待遇の確保等に関する法律〈男女雇用機会均等法〉

⑤ 育児休業、介護休業等育児又は家族介護を行う労働者の福祉に関する法律〈育児・介護休業法〉

[午前問題　86]

　労働基準法で定められているのはどれか。**2つ選べ**。

① 妊娠の届出

② 妊婦の保健指導

③ 産前産後の休業

④ 配偶者の育児休業

⑤ 妊産婦の時間外労働の制限

[第107回　午前問題　90]

　3 L/分で酸素療法中の入院患者が、500L酸素ボンベ（14.7MPaで充塡）を用いて移動した。現在の酸素ボンベの圧力計は5 MPaを示している。

　酸素ボンベの残りの使用可能時間を求めよ。

　ただし、小数点以下の数値が得られた場合には、小数点以下第1位を四捨五入すること。

解答：① ② 分

①	②
0	0
1	1
2	2
3	3
4	4
5	5
6	6
7	7
8	8
9	9

次の文を読み106〜108の問いに答えよ。

Aさん（50歳、男性）は、23歳で統合失調症を発症し、精神科病院へ5回入院したことがある。1年前に、被害妄想が原因で隣人に暴力を振るい措置入院となった。入院後2か月で自傷他害の恐れは消失し、医療保護入院へ切り替えられたが、幻覚や妄想があり家族へ1日に何回も電話をかけていた。その後は家族へ電話をかける回数が減り、病棟での生活も安定してきた。幻聴は続いているが、自分の身の回りのことは自分で行えるようになった。作業療法も継続して参加できていることから、退院を検討することになった。

[第107回　午前問題　106]

Aさんの退院について、両親は「退院は反対。入院前のように隣人とトラブルになるのではないかと不安です。私達も高齢になってきたので負担が大きいです」と話した。

このときの両親への看護師の対応で適切なのはどれか。

① 退院後に活用できる社会資源について情報提供する。
② Aさんの主治医に入院の継続を依頼するよう勧める。
③ Aさんの現在の病状を隣人に説明するよう勧める。
④ 退院の承諾は家族の義務であることを伝える。

[午前問題　107]

その後もAさんの両親は、高齢であることを理由に自宅への退院には同意しなかった。

Aさんの退院を計画的に進めるために行うことで適切なのはどれか。

① 精神医療審査会の開催
② 入院診療計画書の修正
③ 行動制限最小化委員会の開催
④ 医療保護入院者退院支援委員会の開催

[午前問題　108]

Aさんの退院については、アパートでの単身生活か、共同生活援助〈グループホーム〉での生活を目指すことになった。

Aさんの精神科リハビリテーションを進めるにあたり、病棟看護師が連携する職種で最も優先度が高いのはどれか。

① 退院後生活環境相談員　　③ 介護福祉士
② 理学療法士　　　　　　　④ 栄養士

次の文を読み112～113の問いに答えよ。

　Aさん（38歳、男性）。23時ころ、徒歩で来院した。Aさんは胸を押さえ苦しそうに待合室で座っており、救急外来の看護師が声をかけると、Aさんは日本語を少し話すことができ、外出中に急に胸が痛くなったと話した。Aさんは英語は話せないようだった。Aさんは日本語学校の学生であり、Aさんの指定した番号に電話したところ、Aさんの妻につながり、日本語でのコミュニケーションが可能であった。妻は1時間後に病院に到着できるということだった。この病院には、夜間にAさんの母国語を話せる職員はいなかった。

［第107回　午前問題　112］

　医師の診察までに救急外来の看護師が行う対応として適切なのはどれか。

①　Aさんの在留資格を確認する。
②　Aさんの母国の大使館に連絡する。
③　Aさんの理解度に応じた日本語で症状を聴取する。
④　妻が来院するまでAさんに待合室で待ってもらう。

［午前問題　113］

　Aさんの妻が、Aさんの国民健康保険証を持って救急外来に到着した。妻から聴取した情報によると、Aさんは特に既往はないが、時々頭痛があり、母国で市販されていた鎮痛薬を常用していたとのことであった。心電図でST上昇が認められ、Aさんと妻は、医師から「入院して冠動脈造影〈CAG〉を受けないと命の危険があるかもしれない」と説明を受けた。しかし、Aさんは「たくさんの費用は支払えないし、学校を休むのが心配だ」と検査を受けることを拒んだ。

　このときの救急外来の看護師の説明で優先されるのはどれか。

①　検査の手順を説明する。
②　学校は退学にならないことを説明する。
③　宗教に応じた食事対応ができることを説明する。
④　医療費は国民健康保険が適用されることを説明する。

[第107回　午後問題　1]

世界保健機関〈WHO〉が定義する健康について正しいのはどれか。

①　単に病気や虚弱のない状態である。

②　国家に頼らず個人の努力で獲得するものである。

③　肉体的、精神的及び社会的に満たされた状態である。

④　経済的もしくは社会的な条件で差別が生じるものである。

[午後問題　2]

健康日本21（第二次）で平成34年度（2022年度）の目標として示されている1日当たりの食塩摂取量はどれか。

①　5g　　②　8g　　③　11g　　④　14g

[午後問題　3]

大気汚染物質の二酸化硫黄〈SO_2〉について正しいのはどれか。

①　発がん性がある。

②　じん肺を引き起こす。

③　酸性雨の原因物質である。

④　不完全燃焼によって発生する。

[午後問題　4]

仕事と生活の調和（ワーク・ライフ・バランス）憲章が策定された年はどれか。

①　1947年　　②　1967年　　③　1987年　　④　2007年

[午後問題　5]

倫理原則の「正義」はどれか。

①　約束を守る。

②　害を回避する。

③　自己決定を尊重する。

④　公平な資源の配分を行う。

［第107回　午後問題　6］

スピリチュアルな苦痛はどれか。

① 手術後の創部痛がある。　　③ 治療の副作用に心配がある。

② 社会的役割を遂行できない。　④ 人生の価値を見失い苦悩する。

［午後問題　7］

更年期の女性で増加するのはどれか。

① 卵胞刺激ホルモン〈FSH〉　③ プロラクチン

② テストステロン　　　　　　④ エストロゲン

［午後問題　8］

平成25年（2013年）の国民生活基礎調査で、要介護者からみた主な介護者の続柄で割合が最も多いのはどれか。

① 同居の父母　③ 同居の配偶者

② 別居の家族　④ 同居の子の配偶者

［午後問題　9］

訪問看護ステーションの管理者になることができる職種はどれか。

① 医師　　③ 介護福祉士

② 看護師　④ 理学療法士

［午後問題　31］

インフォーマルサポートはどれか。

① 介護支援専門員による居宅サービス計画の作成

② 医師による居宅療養管理指導

③ 近隣住民による家事援助

④ 民生委員による相談支援

[第107回　午後問題　32]

ハイリスクアプローチについて正しいのはどれか。

① 費用対効果が高い。

② 成果が恒久的である。

③ 一次予防を目的とする。

④ 集団全体の健康状態の向上に貢献する。

[午後問題　33]

フィンク, S. L.の危機モデルの過程で第3段階はどれか。

① 防衛的退行　　② 衝撃　　③ 適応　　④ 承認

[午後問題　36]

感染症の成立過程において、予防接種が影響を与える要素はどれか。

① 病原体　　② 感染源　　③ 感染経路　　④ 宿主の感受性

[午後問題　40]

麻薬の取り扱いで正しいのはどれか。

① 看護師は麻薬施用者免許を取得できる。

② 麻薬を廃棄したときは市町村長に届け出る。

③ アンプルの麻薬注射液は複数の患者に分割して用いる。

④ 麻薬及び向精神薬取締法に管理について規定されている。

[午後問題　48]

梅毒について正しいのはどれか。

① ウイルス感染症である。

② 感染経路は空気感染である。

③ 治療の第一選択薬はステロイド外用薬である。

④ 梅毒血清反応における生物学的偽陽性の要因に妊娠がある。

[第107回　午後問題　51]

　子どもの権利について述べている事項で最も古いのはどれか。

① 児童憲章の宣言

② 児童福祉法の公布

③ 母子保健法の公布

④ 児童の権利に関する条約の日本の批准

[午後問題　58]

　母子保健施策とその対象の組合せで正しいのはどれか。

① 育成医療————————結核児童

② 養育医療————————学齢児童

③ 健全母性育成事業————高齢妊婦

④ 養育支援訪問事業————特定妊婦

[午後問題　59]

　精神保健活動における二次予防に該当するのはどれか。

① 地域の子育てサークルへの支援

② 休職中のうつ病患者への復職支援

③ 企業内でのメンタルヘルス講座の開催

④ 学校を長期間欠席している児童への家庭訪問

[午後問題　62]

　健康保険法による訪問看護サービスで正しいのはどれか。

① サービス対象は75歳以上である。

② 訪問看護師が訪問看護計画を立案する。

③ 要介護状態区分に応じて区分支給限度基準額が定められている。

④ 利用者の居宅までの訪問看護師の交通費は、診療報酬に含まれる。

[第107回　午後問題　66]

A病院の組織図を図に示す。

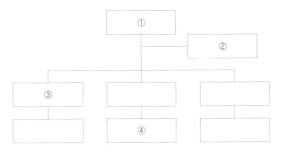

医療安全管理を担う部門が、組織横断的な活動をするのに適切な位置はどれか。

① ①

② ②

③ ③

④ ④

[午後問題　68]

紙カルテと比較したときの電子カルテの特徴として正しいのはどれか。

① データ集計が困難である。

② 診療録の保存期間が短い。

③ 多職種間の情報共有が容易になる。

④ 個人情報漏えいの危険性がなくなる。

[午後問題　69]

医療機関に勤務する看護師のうち、特殊健康診断の対象となるのはどれか。

① 内視鏡室で勤務する看護師

② 精神科病棟で勤務する看護師

③ 血管造影室で勤務する看護師

④ 一般病棟で勤務する夜勤専従の看護師

[第107回　午後問題　76]

感染症と保健所への届出期間の組合せで正しいのはどれか。

① 結核————————————————診断後7日以内

② 梅毒————————————————診断後直ちに

③ E型肝炎 ——————————————診断後直ちに

④ 腸管出血性大腸菌感染症——————診断後7日以内

⑤ 後天性免疫不全症候群〈AIDS〉 ————診断後直ちに

[午後問題　77]

平成24年（2012年）の医療法の改正によって、医療計画には〔①〕疾病・〔②〕事業及び在宅医療の医療体制に関する事項を定めることとされている。

①と②に入る数字の組合せで正しいのはどれか。

```
        ①    ②              ①    ②
①    4——4        ④    5——5
②    4——5        ⑤    6——6
③    5——4
```


[午後問題　79]

平成25年度（2013年度）の「高齢者虐待の防止、高齢者の養護者に対する支援等に関する法律に基づく対応状況等に関する調査結果」における養介護施設従事者等による虐待で最も多いのはどれか。

① 性的虐待　　　④ 心理的虐待

② 介護等放棄　　⑤ 経済的虐待

③ 身体的虐待

[午後問題　81]

社会福祉士及び介護福祉士法に基づき、介護福祉士が一定の条件を満たす場合に行うことができる医療行為はどれか。

① 摘便　　　④ 喀痰吸引

② 創処置　　⑤ インスリン注射

③ 血糖測定

[第107回　午後問題　84]

難病の患者に対する医療等に関する法律〈難病法〉において国が行うとされているのはどれか。**2つ選べ**。

①　申請に基づく特定医療費の支給

②　難病の治療方法に関する調査及び研究の推進

③　指定難病に係る医療を実施する医療機関の指定

④　支給認定の申請に添付する診断書を作成する医師の指定

⑤　難病に関する施策の総合的な推進のための基本的な方針の策定

〔第108回　看護師国家試験問題　抽出〕

[午前問題　1]
　疾病や障害に対する二次予防はどれか。
① 早期治療
② 予防接種
③ 生活習慣の改善
④ リハビリテーション

[午前問題　2]
　日本における平成28年（2016年）の部位別にみた悪性新生物の死亡数で、男性で最も多い部位はどれか。
① 胃
② 肝及び肝内胆管
③ 気管、気管支及び肺
④ 結腸と直腸S状結腸移行部及び直腸

[午前問題　4]
　介護保険制度における保険者はどれか。
① 市町村及び特別区
② 都道府県
③ 保健所
④ 国

[午前問題　6]
　業務に従事する看護師は、（　）年ごとに保健師助産師看護師法に定める届出をしなければならない。
　（　）に入る数字はどれか。
① 1
② 2
③ 3
④ 4

[第108回　午前問題　10]

平成28年（2016年）の国民健康・栄養調査の結果で、該当年代の男性における肥満者（BMI ≧ 25.0）の割合が最も高い年代はどれか。

① 15〜19歳

② 30〜39歳

③ 50〜59歳

④ 70歳以上

[午前問題　11]

平成18年（2006年）の介護保険法改正で、地域住民の保健医療の向上および福祉の増進を支援することを目的として市町村に設置されたのはどれか。

① 保健所

② 市町村保健センター

③ 地域包括支援センター

④ 訪問看護ステーション

[午前問題　15]

感染症の潜伏期間で最も長いのはどれか。

① インフルエンザ

② 結核

③ ノロウイルス性胃腸炎

④ 流行性耳下腺炎

[午前問題　21]

黄色のバイオハザードマークが表示された感染性廃棄物の廃棄容器に入れるのはどれか。

① 病理廃棄物

② 使用済み手袋

③ 使用済み注射針

④ 血液が付着したガーゼ

[第108回　午前問題　24]

臓器の移植に関する法律における脳死の判定基準で正しいのはどれか。

① 瞳孔径は左右とも3mm以上
② 脳波上徐波の出現
③ 微弱な自発呼吸
④ 脳幹反射の消失
⑤ 浅昏睡

[午前問題　32]

疫学的因果関係があると判断できるのはどれか。

① 要因と疾病の関係が生物学的研究で得られた事実と異なる。
② 特定の要因と疾病の関係に特異的な関連が存在する。
③ 要因と疾病の関係でオッズ比が1である。
④ 要因と疾病の関係が散発的である。

[午前問題　33]

平成27年（2015年）の日本の結核対策で増加が問題とされているのはどれか。

① 新登録結核患者数
② 菌喀痰塗抹陽性の肺結核患者数
③ 外国生まれの新登録結核患者数
④ 新登録結核患者における20歳代の割合

[午前問題　34]

トータル・ヘルスプロモーション・プラン〈THP〉で実施されるのはどれか。

① がん検診
② 健康測定
③ 一般健康診断
④ 特定健康診査

[第108回　午前問題　35]

健康寿命の説明で適切なのはどれか。

① 生活習慣病の予防は健康寿命を伸ばす。

② 2013年の健康寿命は2011年よりも短い。

③ 2013年の健康寿命は女性より男性のほうが長い。

④ 平均寿命と健康寿命の差は健康上の問題なく日常生活ができる期間である。

[午前問題　44]

作業と健康障害の組合せで正しいのはどれか。

① VDT作業―――――――――――――栄養機能障害

② 有機溶剤を扱う作業 ―――――――――呼吸機能障害

③ 電離放射線を扱う作業 ――――――――造血機能障害

④ 石綿（アスベスト）を扱う作業 ―――――排尿機能障害

[午前問題　46]

がん診療連携拠点病院に設置されている「がん相談支援センター」の業務はどれか。

① 就労の斡旋

② がん検診の実施

③ がんについての情報提供

④ セカンドオピニオン外来の開設

[午前問題　54]

平成28年（2016年）の国民生活基礎調査における高齢者世帯の所得構造を図に示す。
Aはどれか。

① 稼働所得

② 財産所得

③ 公的年金・恩給

④ 年金以外の社会保障給付金

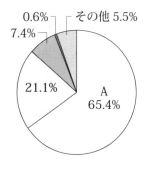

[第108回　午前問題　58]

　Aさん（75歳、女性）は、腰部脊柱管狭窄症と診断されており、要介護1、障害高齢者の日常生活自立度判定基準A-1である。

　Aさんが介護保険による貸与を受けられる福祉用具はどれか。

① 車椅子
② 歩行器
③ 電動ベッド
④ 入浴用椅子

[午前問題　59]

　乳幼児健康診査を規定しているのはどれか。

① 母子保健法
② 児童福祉法
③ 次世代育成支援対策推進法
④ 児童虐待の防止等に関する法律

[午前問題　63]

　平成16年（2004年）に性同一性障害者の性別の取扱いの特例に関する法律が施行され、戸籍上の性別を変更することが可能になった。

　その変更の条件で正しいのはどれか。

① 15歳以上であること
② うつ症状を呈していること
③ 現に未成年の子がいないこと
④ 両親の同意が得られていること

[第108回　午前問題　64]

日本における母の年齢階級別出生率の推移を図に示す。

図の矢印で示してある年齢階級はどれか。

① 20〜24歳
② 25〜29歳
③ 30〜34歳
④ 35〜39歳

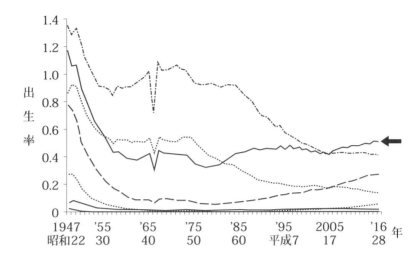

[午前問題　67]

注意欠如・多動性障害〈ADHD〉の症状はどれか。

① 音声チックが出現する。
② 計算を習得することが困難である。
③ 課題や活動に必要なものをしばしば失くしてしまう。
④ 読んでいるものの意味を理解することが困難である。

[午前問題　68]

精神医療審査会で審査を行うのはどれか。

① 精神保健指定医の認定
② 入院患者からの退院請求
③ 退院後生活環境相談員の選任
④ 心神喪失等の状態で重大な他害行為を行った者の医療及び観察等に関する法律による処遇の要否

[第108回　午前問題　69]

精神保健及び精神障害者福祉に関する法律で、平成25年（2013年）に改正された内容はどれか。

① 保護者制度の廃止

② 自立支援医療の新設

③ 精神保健指定医制度の導入

④ 精神分裂病から統合失調症への呼称変更

[午前問題　70]

平成28年（2016年）の国民生活基礎調査において、要介護者等のいる世帯に同居している主な介護者全数の特徴で正しいのはどれか。

① 性別は女性が多い。

② 続柄は子が最も多い。

③ 年齢は70〜79歳が最も多い。

④ 介護時間は「ほとんど終日」が最も多い。

[午前問題　74]

地域包括ケアシステムにおける支援のあり方で、「互助」を示すのはどれか。

① 高齢者が生活保護を受けること

② 住民が定期的に体重測定すること

③ 要介護者が介護保険サービスを利用すること

④ 住民ボランティアが要支援者の家のごみを出すこと

[午前問題　75]

医療提供の理念、病院・診療所等の医療を提供する場所、その管理のあり方を定めたのはどれか。

① 医療法

② 医師法

③ 健康保険法

④ 保健師助産師看護師法

[第108回　午前問題　77]

日本における政府開発援助〈ODA〉の実施機関として正しいのはどれか。

① 国際協力機構〈JICA〉

② 世界保健機関〈WHO〉

③ 国連児童基金〈UNICEF〉

④ 国連世界食糧計画〈WFP〉

[午前問題　78]

災害に関する記述で正しいのはどれか。

① 災害時の要配慮者には高齢者が含まれる。

② 人為的災害の被災範囲は局地災害にとどまる。

③ 複合災害は同じ地域で複数回災害が発生することである。

④ 発災直後に被災者診療を行う場では医療の供給が需要を上回る。

[午前問題　81]

ネグレクトを受けている児の一時保護を決定するのはどれか。

① 家庭裁判所長

② 児童相談所長

③ 保健所長

④ 警察署長

⑤ 市町村長

[午前問題　87]

日本の公的医療保険制度に含まれるのはどれか。**2つ選べ。**

① 年金保険

② 雇用保険

③ 船員保険

④ 組合管掌健康保険

⑤ 労働者災害補償保険

[第108回　午前問題　90]

　身長170cm、体重70kgの成人の体格指数〈BMI〉を求めよ。

　ただし、小数点以下の数値が得られた場合には、小数点以下第1位を四捨五入すること。

解答：①　②

①	②
0	0
1	1
2	2
3	3
4	4
5	5
6	6
7	7
8	8
9	9

次の文を読み106〜107の問いに答えよ。

　Aさん（34歳、初産婦）は、夫（37歳、会社員）と2人暮らし。事務の仕事をしている。身長157cm、非妊時体重54kg。妊娠24週4日の妊婦健康診査時の体重58kgで4週前から1.5kg増加している。血圧128/88mmHg。尿蛋白（±）、尿糖（−）。浮腫（±）。Hb10g/dL、Ht30%。子宮底長22.5cm、腹囲84cm。胎児推定体重700g。非妊時より白色の腟分泌物は多いが、搔痒感はない。

［第108回　午前問題　106］

　Aさんの妊婦健康診査時のアセスメントで適切なのはどれか。

① 妊娠性貧血
② 腟カンジダ症
③ 胎児発育不全〈FGR〉
④ 妊娠高血圧症候群〈HDP〉

［午前問題　107］

　妊婦健康診査後、Aさんは看護師に「毎朝30分、電車内で立ち続けているので職場までの通勤がとても疲れます」と話した。看護師はAさんに、就労する妊娠中の女性に関する制度について説明した。

　Aさんがこの時点で取得できるのはどれか。

① 産前休業
② 時差出勤
③ 就業の制限
④ 所定労働時間の短縮

[第108回　午後問題　1]

　日本における平成28年（2016年）の総人口に占める老年人口の割合で最も近いのはどれか。

① 17%

② 27%

③ 37%

④ 47%

[午後問題　2]

　平成28年（2016年）の国民生活基礎調査における通院者率が男女ともに最も高いのはどれか。

① 糖尿病

② 腰痛症

③ 高血圧症

④ 眼の病気

[午後問題　3]

　労働安全衛生法に規定されているのはどれか。

① 失業手当の給付

② 労働者に対する健康診断の実施

③ 労働者に対する労働条件の明示

④ 雇用の分野における男女の均等な機会と待遇の確保

[午後問題　4]

　看護師が行う患者のアドボカシーで最も適切なのはどれか。

① 多職種と情報を共有する。

② 患者の意見を代弁する。

③ 患者に害を与えない。

④ 医師に指示を聞く。

[第108回　午後問題　5]

看護師の免許の取消しを規定するのはどれか。

① 刑法

② 医療法

③ 保健師助産師看護師法

④ 看護師等の人材確保の促進に関する法律

[午後問題　10]

要介護者に対し、看護・医学的管理の下で必要な医療や日常生活上の世話を行うのはどれか。

① 介護老人保健施設

② 短期入所生活介護

③ 保健センター

④ 有料老人ホーム

[午後問題　22]

赤色のトリアージタグが意味するのはどれか。

① 死亡群

② 保留群

③ 最優先治療群

④ 待機的治療群

[午後問題　29]

介護保険の第1号被保険者で正しいのはどれか。

① 介護保険料は全国同額である。

② 介護保険被保険者証が交付される。

③ 40歳以上65歳未満の医療保険加入者である。

④ 介護保険給付の利用者負担は一律3割である。

[第108回　午後問題　30]

　発達障害者支援法で発達障害と定義されているのはどれか。

① 学習障害

② 記憶障害

③ 適応障害

④ 摂食障害

[午後問題　31]

　自殺対策基本法で都道府県に義務付けられているのはどれか。

① 自殺総合対策推進センターの設置

② 自殺総合対策大綱の策定

③ ゲートキーパーの養成

④ 自殺対策計画の策定

[午後問題　48]

　判断能力が不十分な認知症高齢者の権利擁護を目的とするのはどれか。

① 公的年金制度

② 生活保護制度

③ 後期高齢者医療制度

④ 日常生活自立支援事業

[午後問題　51]

　介護保険制度における地域密着型サービスはどれか。

① 介護老人保健施設

② 介護老人福祉施設

③ 通所リハビリテーション

④ 認知症対応型共同生活介護〈認知症高齢者グループホーム〉

[第108回　午後問題　53]

小児慢性特定疾病対策における医療費助成で正しいのはどれか。

① 対象は5疾患群である。

② 対象年齢は20歳未満である。

③ 医療費の自己負担分の一部を助成する。

④ 難病の患者に対する医療等に関する法律に定められている。

[午後問題　58]

出生前診断を目的とした羊水検査で適切なのはどれか。

① 先天性疾患のほとんどを診断することができる。

② 診断された染色体異常は治療が可能である。

③ 合併症として流早産のリスクがある。

④ 妊娠22週以降は検査できない。

[午後問題　63]

現在の日本の精神医療で正しいのはどれか。

① 精神保健福祉センターは各市町村に設置されている。

② 精神病床に入院している患者の疾患別内訳では認知症が最も多い。

③ 精神障害者保健福祉手帳制度によって通院医療費の給付が行われる。

④ 人口当たりの精神病床数は経済協力開発機構〈OECD〉加盟国の中では最も多い。

[午後問題　65]

訪問看護制度で正しいのはどれか。

① 管理栄養士による訪問は保険請求できる。

② 精神科訪問看護は医療保険から給付される。

③ 医療処置がなければ訪問看護指示書は不要である。

④ 訪問看護事業所の開設には常勤換算で3人以上の看護職員が必要である。

[第108回　午後問題　68]

　家族からネグレクトを受けている高齢者について、地域包括支援センターに通報があった。

　この通報を受けた地域包括支援センターが行う業務はどれか。

① 権利擁護
② 総合相談支援
③ 介護予防ケアマネジメント
④ 包括的・継続的ケアマネジメント支援

[午後問題　69]

　病院では、育児中の時短勤務、夜勤専従、非常勤など多様な労働時間や雇用形態の看護師が働いている。

　看護管理者が行うマネジメントで最も優先するのはどれか。

① 夜勤専従の看護師の休暇を増やす。
② 育児中の看護師の院内研修を免除する。
③ 非常勤看護師は患者の受け持ちを免除する。
④ 特定の看護師に仕事が集中しないよう調整する。

[午後問題　70]

　診療情報の取り扱いで適切なのはどれか。

① 診療情報の開示請求は患者本人に限られる。
② 医療者は患者が情報提供を受けることを拒んでも説明する。
③ ２類感染症の届出は患者本人の同意を得なければならない。
④ 他院へのセカンドオピニオンを希望する患者に診療情報を提供する。

[午後問題　71]

　医療法における病院の医療安全管理体制で正しいのはどれか。

① 医療安全管理のために必要な研修を２年に１回行わなければならない。
② 医療安全管理のための指針を整備しなければならない。
③ 特定機能病院の医療安全管理者は兼任でよい。
④ 医薬品安全管理責任者の配置は義務ではない。

[第108回　午後問題　72]

看護師等の人材確保の促進に関する法律における離職等の届出で適切なのはどれか。

① 届出は義務である。

② 届出先は保健所である。

③ 離職を予定する場合に事前に届け出なければならない。

④ 免許取得後すぐに就職しない場合は届け出るよう努める。

[午後問題　73]

国際社会が抱えるヘルスケアを含む課題に対して、すべての国に適用される普遍的（ユニバーサル）な目標で、2015年の国連サミットで採択されたのはどれか。

① ヘルスフォーオール21（Health For All in the 21st century：HFA 21）

② ミレニアム開発目標（Millennium Development Goals：MDGs）

③ 持続可能な開発目標（Sustainable Development Goals：SDGs）

④ 国連開発目標（International Development Goals：IDGs）

[午後問題　86]

感染症の予防及び感染症の患者に対する医療に関する法律〈感染症法〉に基づく五類感染症はどれか。**2つ選べ**。

① 後天性免疫不全症候群〈AIDS〉

② 腸管出血性大腸菌感染症

③ つつが虫病

④ 日本脳炎

⑤ 梅毒

次の文を読み114の問いに答えよ。

　Aさん（40歳、男性、会社員）は、うつ病と診断されていた。最近、仕事がうまくいかず、大きなミスを起こし、会社に損失を与えたことから自分を責め不眠となり、体重が減少した。ある朝、リビングの床で寝ているAさんを妻が発見し、大きな声で呼びかけたところ、Aさんは1度目を開けたが、すぐ目を閉じてしまった。ごみ箱に、からになった薬の袋が大量に捨ててあり、机には遺書があった。救急搬送後、意識が清明となり、身体的問題がないため精神科病院に入院となった。

[第108回　午後問題　114]

　入院後3か月、Aさんは退院予定となり、元の職場に戻るための準備をすることになった。Aさんは「すぐに仕事に戻るのではなく、規則正しく生活することなどから、段階的に取り組むほうがいいのではないか」と訴えていた。

　Aさんの職場復帰を含めた退院後の生活を支援するために適切なのはどれか。

① 　自立訓練
② 　就労移行支援
③ 　就労継続支援
④ 　精神科デイケア

次の文を読み115の問いに答えよ。

　Aさん（70歳、男性）は、妻（68歳）と2人暮らし。3年前に筋萎縮性側索硬化症〈ALS〉と診断され、在宅で療養生活を続けていた。その後、Aさんは症状が悪化し、入院して気管切開下の人工呼吸療法、胃瘻による経管栄養法を受けることになった。妻は、退院後に必要なケアの技術指導、人工呼吸器や胃瘻の管理方法、緊急・災害時の対応について病棟看護師から指導を受けた。退院前カンファレンスにおいて、訪問看護のほかに必要な在宅サービスについて検討することになった。妻は慢性腎不全のため、週に3回の血液透析を受けており、1回に約6時間の外出が必要である。

[第108回　午後問題　115]

　Aさんが利用する在宅サービスで最も優先度が高いのはどれか。

① 　定期巡回・随時対応型訪問介護看護
② 　通所リハビリテーション
③ 　短期入所生活介護
④ 　療養通所介護

次の文を読み119〜120の問いに答えよ。

　Ａさん（55歳、男性、自営業）は、父親（78歳）と２人暮らし。Ａさんは、２年前から食後に心窩部痛を感じていたが、医療機関を受診していなかった。午後３時、Ａさんは胃部不快感を訴えた直後、突然コップ１杯程度の吐血があり倒れた。父親が救急車を呼び、救急病院に搬送された。到着時、意識はジャパン・コーマ・スケール〈JCS〉Ⅰ-3。バイタルサインは、体温36.4℃、呼吸数20/分、脈拍124/分、整、血圧86/50mmHg。経皮的動脈血酸素飽和度〈SpO₂〉95％。顔面は蒼白で、皮膚は湿潤している。四肢冷感を認める。眼瞼結膜は軽度貧血様であるが、黄染を認めない。腹部は平坦で腸蠕動音は微弱、心窩部に圧痛を認めるが、筋性防御はない。胃部不快感は受診前よりも改善している。担当した医師に父親が「息子は黒い便が出ると言っていた」と伝えた。

[第108回　午後問題　119]

　Ａさんは緊急入院となり、医師から「少なくとも２週間程度の入院が必要です」と説明を受けた。立ち会っていた看護師長にＡさんは「最近、父の物忘れがひどくて、１人でどこかに行ってしまったこともあるので、家に帰せません。何とかなりませんか」と訴えた。父親は要介護認定を受けているが、現在は介護保険サービスを利用せず、Ａさんが介護をしながら生活していた。

　Ａさんの父親に対する看護師長の対応で適切なのはどれか。

①　自院への入院を調整する。

②　地域包括支援センターに相談する。

③　精神保健福祉センターに相談する。

④　特別養護老人ホームに入所相談する。

[第108回　午後問題　120]

　Aさんは、医師から「検査の結果、スキルス胃癌でした。膵臓や広範囲な腹膜への転移があって手術ができない状態でした。おそらく余命半年だと思います」と告知され、1週後に退院となった。退院後3か月、Aさんは外来看護師に「ずいぶん腰痛と腹痛がひどく、腹水が溜まって動くのも大変になってきました。最期は人工呼吸器の装着など延命をしたくないのですが、それを意識がなくなったあとにも医師に伝える方法はありますか」と尋ねた。そこで、看護師はAさんにリビングウィルの説明をすることにした。

　Aさんに対して看護師が行うリビングウィルの説明で正しいのはどれか。

①　「法律で定められた文書です」

②　「父親のグリーフケアに必要な書類です」

③　「Aさんの自由意思で作成することができます」

④　「一度作成すると内容を変更することはできません」

〔第109回　看護師国家試験問題　抽出〕

[午前問題　1]

平成29年（2017年）の人口動態統計における主要死因別の死亡率で心疾患の順位はどれか。

① 1位
② 2位
③ 3位
④ 4位

[午前問題　3]

介護保険の第2号被保険者は、（　　）歳以上65歳未満の医療保険加入者である。（　　）に入る数字はどれか。

① 30
② 40
③ 50
④ 60

[午前問題　4]

健康保険法による療養の給付の対象はどれか。

① 手術
② 健康診査
③ 予防接種
④ 人間ドック

[午前問題　7]

平成29年（2017年）の国民生活基礎調査における平均世帯人数はどれか。

① 1.47
② 2.47
③ 3.47
④ 4.47

[第109回　午前問題　8]

　レスパイトケアの目的はどれか。

① 介護者の休息

② 介護者同士の交流

③ 介護者への療養指導

④ 療養者の自己決定支援

[午前問題　9]

　死の三徴候に含まれるのはどれか。

① 筋の弛緩

② 角膜の混濁

③ 呼吸の停止

④ 呼名反応の消失

[午前問題　14]

　医薬品、医療機器等の品質、有効性及び安全性の確保等に関する法律〈医薬品医療機器等法〉による毒薬の表示（別冊No.1）を別に示す。

　正しいのはどれか。

① A

② B

③ C

④ D

A　　白地・赤枠・赤字　　　　C　　赤地・白枠・白字

B　　白地・黒枠・黒字　　　　D　黒地・白枠・白字

[第109回　午前問題　25]

平成28年（2016年）の国民生活基礎調査で、男性の有訴者の症状が最も多いのはどれか。

① 腰痛

② もの忘れ

③ 体がだるい

④ 目のかすみ

⑤ 手足の関節が痛む

[午前問題　29]

公費医療と法の組合せで正しいのはどれか。

① 未熟児の養育医療—————————医療法

② 結核児童の療養給付—————————児童福祉法

③ 麻薬中毒者の措置入院—————————精神保健及び精神障害者福祉に関する法律〈精神保健福祉法〉

④ 定期予防接種による

　健康被害の救済措置—————————感染症の予防及び感染症の患者に対する医療に関する法律〈感染症法〉

[午前問題　30]

廃棄する物とその区分との組合せで正しいのはどれか。

① 滅菌パックの袋—————————産業廃棄物

② エックス線フィルム—————————一般廃棄物

③ 血液の付着したメスの刃—————————感染性産業廃棄物

④ pH12.5以上のアルカリ性の廃液—————————感染性一般廃棄物

[午前問題　31]

患者と看護師の間の専門的な援助関係で適切なのはどれか。

① 自然発生的に成立する。

② 援助方法は看護師に一任される。

③ 患者のニーズに焦点がおかれる。

④ 日常的な会話を中心に展開する。

[第109回　午前問題　34]

インシデントレポートで適切なのはどれか。

① 責任追及のためには使用されない。

② インシデントの発生から1か月後に提出する。

③ 主な記述内容はインシデントの再発防止策である。

④ 実施前に発見されたインシデントの報告は不要である。

[午前問題　51]

高齢者の性について正しいのはどれか。

① 女性の性交痛は起こりにくくなる。

② 男性は性ホルモンの分泌量が保たれる。

③ 高齢になると異性に対する羞恥心は減退する。

④ セクシュアリティの尊重はQOLの維持に影響する。

[午前問題　54]

認知症が疑われる人や認知症の人およびその家族を訪問し、複数の専門職でアセスメントや自立生活の支援を行うのはどれか。

① 成年後見人

② 介護認定審査会

③ 認知症対応型通所介護

④ 認知症初期集中支援チーム

[午前問題　56]

幼児を対象とする定期予防接種はどれか。

① DTワクチン（二種混合）

② ロタウイルスワクチン

③ BCGワクチン

④ 水痘ワクチン

[第109回午前問題　59]

配偶子の形成で正しいのはどれか。

① 卵子の形成では減数分裂が起こる。

② 精子の形成では極体の放出が起こる。

③ 成熟卵子はXまたはY染色体をもつ。

④ 精子は23本の常染色体と1本の性染色体をもつ。

[午前問題　63]

正常に経過している妊娠36週の妊婦が、次に妊婦健康診査を受診する時期として推奨されるのはどれか。

① 4週後

② 3週後

③ 2週後

④ 1週後

[午前問題　64]

災害派遣精神医療チーム〈DPAT〉で正しいのはどれか。

① 厚生労働省が組織する。

② 被災地域の精神科医療機関と連携する。

③ 発災1か月後に最初のチームを派遣する。

④ 派遣チームの食事は被災自治体が用意する。

[午前問題　65]

平成16年（2004年）に示された精神保健医療福祉の改革ビジョンの内容で正しいのはどれか。

① 地域生活支援の強化

② 任意入院制度の新設

③ 医療保護入院の明確化

④ 精神障害者の定義の見直し

[第109回　午前問題　67]

精神保健及び精神障害者福祉に関する法律〈精神保健福祉法〉に定められている隔離について正しいのはどれか。

① 隔離の理由は解除する時に患者に説明する。
② 開始した日時とその理由を診療録に記載する。
③ 隔離室には同時に2人の患者まで入室可能である。
④ 行動制限最小化委員会で開始の必要性を判断する。

[午前問題　69]

Aさん（68歳、男性）は、筋萎縮性側索硬化症〈ALS〉のため在宅療養中で、気管切開下で人工呼吸器を使用し、要介護5の認定を受けている。

Aさんに提供される訪問看護で適切なのはどれか。

① 医療保険から給付される。
② 特別訪問看護指示書を受けて実施される。
③ 複数の訪問看護事業所の利用はできない。
④ 理学療法士による訪問は給付が認められない。

[午前問題　72]

平成28年（2016年）の介護サービス施設・事業所調査における要介護度別利用者数の構成割合で、要介護5の利用者が最も多いのはどれか。

① 訪問介護
② 訪問看護
③ 居宅介護支援
④ 訪問入浴介護

[午前問題　73]

医療法における医療計画で正しいのはどれか。

① 国が策定する。
② 在宅医療が含まれる。
③ 3年ごとに見直される。
④ 病床の整備は含まれない。

[第109回　午前問題　74]

災害対策基本法に定められている内容で正しいのはどれか。

① 物資の備蓄

② 避難所の設置

③ 災害障害見舞金の支給

④ 救護班による医療の提供

[午前問題　75]

2015年の経済協力開発機構〈OECD〉の報告書の日本に関する記述で正しいのはどれか。

① 喫煙率が最も低い。

② 高齢化率が最も高い。

③ 人口千人当たりの病床数が最も少ない。

④ 国内総生産〈GDP〉に対する医療費の割合が最も高い。

[午前問題　86]

地域における医療及び介護の総合的な確保を推進するための関係法律の整備等に関する法律〈医療介護総合確保推進法〉で推進するのはどれか。**2つ選べ。**

① 子育て世代包括支援センター

② 地域包括ケアシステム

③ 子どもの医療費の助成

④ 地域生活支援事業

⑤ 地域医療構想

[午前問題　87]

アルコール依存症の一次予防はどれか。**2つ選べ。**

① 年齢確認による入手経路の制限

② スクリーニングテストの実施

③ 精神科デイケアへの参加

④ 小学生への健康教育

⑤ 患者会への参加

[第109回　午前問題　88]

医療法で規定されているのはどれか。**2つ選べ。**

① 保健所

② 特定機能病院

③ 地方衛生研究所

④ 市町村保健センター

⑤ 医療安全支援センター

[午前問題　90]

世界保健機関〈WHO〉の主要な活動はどれか。**2つ選べ。**

① 児童労働の撲滅

② 保健事業の技術的協力

③ 人類の飢餓からの解放

④ 感染症の撲滅事業の促進

⑤ 労働者の労働条件の改善

次の文を読み96の問いに答えよ。

　Aさん（56歳、男性、会社員）は、デスクワークが多い仕事をしている。40歳時の会社の健康診断で2型糖尿病と診断され、紹介されたクリニックで血糖降下薬を処方されて内服を継続していた。50歳ころから視力の低下と持続性蛋白尿を指摘され、腎臓内科を受診し食事指導を受けた。しかし、仕事が忙しく食事指導の内容を守れていなかった。1年前から、足のしびれが出現するようになった。

[第109回　午前問題　96]

　Aさんは、緊急血液透析によって全身状態が改善した。その後、シャント造設術を受け、週3回の血液透析となり、退院後は職場に近いクリニックで維持血液透析を受けることが決定した。Aさんから、退院後の生活について「仕事に復帰予定ですが、医療費の支払いが心配です」と発言があった。

　維持血液透析により身体障害者手帳を取得したAさんが利用できる医療費助成制度はどれか。

① 医療扶助

② 自立支援医療

③ 訪問看護療養費

④ 認定疾病に対する医療の給付

次の文を読み102の問いに答えよ。

　Aさん（80歳、男性）は、妻（80歳）と2人暮らし。血管性認知症でパーキンソニズムがみられる。認知症高齢者の日常生活自立度判定基準ランクⅡb、要介護2。普段は妻がAさんの身の回りの世話をしているが、妻が入院したため短期入所療養介護のサービスを受けることになった。入所時のAさんは歩行開始困難、加速歩行、すくみ足などの歩行障害がみられた。Aさんは「最近、家の中でつまずくことが多くなりました」と入所中の施設の看護師に話した。

[第109回　午前問題　102]

　Aさんは「もっと歩けるようになりたい。妻の負担にならずに生活できるようになりたい」と話している。

　退所後にAさんが利用する介護給付におけるサービスで最も適切なのはどれか。

① 訪問介護
② 療養通所介護
③ 通所リハビリテーション
④ 認知症対応型共同生活介護〈認知症高齢者グループホーム〉

　次の文を読み119の問いに答えよ。

　Aさん（75歳、女性）は、脂質異常症と高血圧症で通院中で、定期受診のため、外来待合室で順番を待っていた。Aさんは、待合室の雑誌を取ろうと立ち上がり、歩こうとしたところ、右足が思うように動かず引きずって歩いた。外来看護師が声をかけると、Aさんは「らいじょうぶ」と返答したが、ろれつが回らなかった。

[第109回　午前問題　119]

　検査の結果、Aさんは左脳の運動野に脳梗塞を発症していることが分かった。Aさんは3週間の入院治療を経て転院し、2か月間のリハビリテーションを行うことになった。

　転院先の医療機関に提供する情報で最も優先するのはどれか。

① 診療情報提供書
② 要介護認定の申請書
③ 医療相談員の相談記録
④ 使用中の車椅子の機種
⑤ 身体障害者手帳の申請書

[第109回　午後問題　1]

平成29年（2017年）の日本における簡易生命表で女性の平均寿命に最も近いのはどれか。

① 77年

② 82年

③ 87年

④ 92年

[午後問題　2]

平成29年（2017年）の国民健康・栄養調査で20歳以上の男性における喫煙習慣者の割合に最も近いのはどれか。

① 10%

② 20%

③ 30%

④ 40%

[午後問題　3]

じん肺に関係する物質はどれか。

① フロン

② アスベスト

③ ダイオキシン類

④ ホルムアルデヒド

[午後問題　4]

日本において国民皆保険制度となっているのはどれか。

① 医療保険

② 介護保険

③ 雇用保険

④ 労災保険

[第109回　午後問題　5]

保健師助産師看護師法で規定されている看護師の義務はどれか。

① 研究をする。

② 看護記録を保存する。

③ 看護師自身の健康の保持増進を図る。

④ 業務上知り得た人の秘密を漏らさない。

[午後問題　9]

平成29年（2017年）の日本の人口推計で10年前より増加しているのはどれか。

① 総人口

② 年少人口

③ 老年人口

④ 生産年齢人口

[午後問題　10]

医療法に規定されている診療所とは、患者を入院させるための施設を有しないもの又は（　）人以下の患者を入院させるための施設を有するものをいう。

　（　）に入る数字はどれか。

① 9

② 19

③ 29

④ 39

[午後問題　19]

患者とのコミュニケーションで適切なのはどれか。

① 否定的感情の表出を受けとめる。

② 沈黙が生じた直後に会話を終える。

③ 看護師が伝えたいことに重点をおく。

④ 患者の表情よりも言語による表現を重視する。

[第109回　午後問題　34]

国民健康保険で正しいのはどれか。

① 被用者保険である。

② 保険者は国である。

③ 高額療養費制度がある。

④ 保険料は加入者の年齢で算出する。

[午後問題　35]

高齢者の虐待防止、高齢者の養護者に対する支援等に関する法律〈高齢者虐待防止法〉で、措置された高齢者が入所する社会福祉施設はどれか。

① 有料老人ホーム

② 特別養護老人ホーム

③ 高齢者生活福祉センター

④ サービス付き高齢者向け住宅

[午後問題　36]

母子保健統計の算出方法で出生数を分母としているのはどれか。

① 妊娠満22週以後の死産率

② 周産期死亡率

③ 乳児死亡率

④ 死産率

[午後問題　37]

健康増進法に基づき実施されるのはどれか。

① 受療行動調査

② 特定保健指導

③ アレルギー疾患対策

④ 受動喫煙の防止対策

[第109回　午後問題　38]

　判断能力のある成人患者へのインフォームド・コンセントにおける看護師の対応で適切なのはどれか。

① 患者の疑問には専門用語を用いて回答する。

② 今後の治療に関しては医療者に任せるように話す。

③ 治療方針への同意は撤回できないことを説明する。

④ 納得ができるまで医師からの説明が受けられることを伝える。

[午後問題　46]

　医療施設において、患者の入院から退院までの看護を1人の看護師が継続して責任をもつことを重視した看護体制はどれか。

① 機能別看護方式

② 患者受け持ち方式

③ チームナーシングシステム

④ プライマリナーシングシステム

[午後問題　47]

　平成29年（2017年）の国民健康・栄養調査における成人の生活習慣の特徴で正しいのはどれか。

① 朝食の欠食率は40歳代が最も多い。

② 運動習慣のある人の割合は30歳代が最も多い。

③ 1日の平均睡眠時間は6時間以上7時間未満が最も多い。

④ 習慣的に喫煙している人の割合は10年前に比べて増加している。

[午後問題　54]

　平成28年（2016年）の国民生活基礎調査で、要介護者等との続柄別にみた主な介護者の構成割合のうち、「同居の家族」が占める割合に最も近いのはどれか。

① 20%

② 40%

③ 60%

④ 80%

［第109回　午後問題　56］

高齢者に対するエイジズムの説明で適切なのはどれか。

① 年齢にとらわれないこと

② 加齢に伴う心身機能の変化

③ 高齢という理由で不当な扱いをすること

④ 老化に関連した遺伝子によって引き起こされる現象

［午後問題　59］

平成28年度（2016年）の福祉行政報告例における児童虐待で正しいのはどれか。

① 主たる虐待者は実父が最も多い。

② 性的虐待件数は身体的虐待件数より多い。

③ 児童虐待相談件数は５年間横ばいである。

④ 心理的虐待件数は５年前に比べて増加している。

［午後問題　61］

平成28年（2016年）の人口動態統計における日本の出生で正しいのはどれか。

① 出生数は過去10年で最低である。

② 出生数は100万人を上回っている。

③ 合計特殊出生率は過去10年で最低である。

④ 第１子出生時の母の平均年齢は30歳未満である。

［午後問題　67］

精神障害の三次予防の内容で適切なのはどれか。

① うつ病患者の復職支援

② 住民同士のつながりの強化

③ 精神保健に関する問題の早期発見

④ ストレス関連障害の発症予防に関する知識の提供

[第109回　午後問題　69]

医療保護入院で正しいのはどれか。

① 入院の期間は72時間に限られる。

② 患者の家族等の同意で入院させることができる。

③ ２人以上の精神保健指定医による診察の結果で入院となる。

④ 精神障害のために他人に害を及ぼすおそれが明らかな者が対象である。

[午後問題　71]

訪問看護事業所で正しいのはどれか。

① 24時間対応が義務付けられている。

② 自宅以外への訪問看護は認められない。

③ 特定非営利活動法人〈NPO〉は事業所を開設できる。

④ 従事する看護師は臨床経験３年以上と定められている。

[午後問題　76]

　朝９時に大規模地震が発生した。病棟の患者と職員の安全は確認できた。病棟内の壁や天井に破損はなかったが、病院は、停電によって自家発電装置が作動した。

　病棟の看護師長が行う対応で適切なのはどれか。

① 災害対策本部を設置する。

② 災害時マニュアルを整備する。

③ 隣接する病棟に支援を要請する。

④ スタッフに避難経路の安全確認を指示する。

[午後問題　78]

看護師の特定行為で正しいのはどれか。

① 診療の補助である。

② 医師法に基づいている。

③ 手順書は看護師が作成する。

④ 特定行為を指示する者に歯科医師は含まれない。

[第109回　午後問題　89]

　健やか親子21（第2次）の基盤課題Bのうち、学童期・思春期の課題の指標となっているのはどれか。**2つ選べ**。

① 　十代の喫煙率

② 　十代の自殺死亡率

③ 　十代の定期予防接種の接種率

④ 　児童・生徒における不登校の割合

⑤ 　児童・生徒におけるむし歯（う歯）の割合

[午後問題　90]

　1,500mLの輸液を朝9時からその日の17時にかけて点滴静脈内注射で実施する。

　20滴で1mLの輸液セットを用いた場合の1分間の滴下数を求めよ。

　ただし、小数点以下の数値が得られた場合には、小数点以下第1位を四捨五入すること。

解答：①　②　滴/分

①	②
0	0
1	1
2	2
3	3
4	4
5	5
6	6
7	7
8	8
9	9

次の文を読み111の問いに答えよ。

　Aさん（22歳、女性、会社員）は、昼食後、自室に大量のお菓子とお酒を持ち込み、食べて飲んでいたところを母親に注意をされたことに腹を立て、母親の目の前でリストカットを始めた。慌てた母親は、父親とともにAさんを連れて救急外来に来院した。医師が傷の処置をしようとすると「死んでやる。触るな」と大声で騒ぎ暴れ始めたため、精神科病棟に緊急入院となった。

[午後問題　111]

　入院後3週、Aさんの精神状態は落ち着き、職場に早く戻りたいと意欲があったため、退院に向けての準備をすることになった。自傷行為は、入院前の1回のみだった。Aさんは「また過食をしないか心配だ」と看護師に訴えた。そのため主治医はAさんと話し合い認知行動療法が開始となった。

　Aさんの退院に向けて、医師、看護師のチームと連携するメンバーで最も適切なのはどれか。

① 栄養士
② 薬剤師
③ 臨床心理士
④ ゲートキーパー
⑤ 精神保健福祉相談員

次の文を読み114の問いに答えよ。

　Aさん（43歳、男性、会社員）は、妻（38歳）と2人暮らし。1年前から、仕事上の失敗を上司から叱責されることが続いていた。半年前からAさんの飲酒量は次第に増えていき、最近では酒気を帯びたままの出勤や、飲酒を原因とした遅刻や欠勤をすることが増えていた。ある夜、Aさんは居酒屋で多量に飲酒し、その場で意識が消失したため、救急車で救命救急センターへ搬送され、入院となった。器質的検査および生理的検査では異常が認められなかったが、入院翌日に飲酒の問題について同じ病院内の精神科を受診した結果、Aさんはアルコール依存症と診断された。

[第109回　午後問題　114]

　入院中にAさんは、退院後に再び飲酒してしまうのではないかという不安を看護師に訴えた。

　Aさんの断酒を支援するための看護師の提案で適切なのはどれか。

① 共同生活援助〈グループホーム〉への入居

② セルフヘルプグループへの参加

③ 行動援護の利用

④ 生活訓練の利用

次の文を読み117の問いに答えよ。

　Aさん（75歳、男性）は、妻（70歳）と2人暮らし。2型糖尿病の治療中で、2年前から1日2回朝・夕食前に混合型インスリン注射が開始となった。その後、糖尿病性網膜症による視力障害が進んだため、現在は妻と一緒に単位数や針の確認をし、インスリンの自己注射を実施している。

[第109回　午後問題　117]

　訪問看護が導入されて2か月、Aさんの妻が健康診査後の精査目的で数日間入院することになった。Aさんは妻の入院中もできる限り自宅で過ごしたいと考えている。妻の入院中の対応について、サービス担当者会議が開かれた。

　この時に訪問看護師が行うAさんへの提案で優先度が高いのはどれか。

① 通所介護を利用する。

② 訪問介護を利用する。

③ 配食サービスを利用する。

④ 訪問看護の回数を増やす。

第107回　看護師国家試験問題正解答

午前問題1	①	午前問題2	②：不適当	午前問題3	④	午前問題4	③
午前問題5	②	午前問題9	②	午前問題17	④	午前問題18	③and④：不適切
午前問題25	⑤	午前問題29	①	午前問題30	②	午前問題32	①
午前問題35	③	午前問題43	④	午前問題48	④	午前問題54	③
午前問題60	①	午前問題62	④	午前問題63	③	午前問題64	③
午前問題65	②	午前問題66	④	午前問題67	②	午前問題73	①
午前問題77	⑤	午前問題79	⑤	午前問題86	③,⑤	午前問題90	⑤,⑦
午前問題106	①	午前問題107	④	午前問題108	①	午前問題112	③
午前問題113	④	午後問題1	③	午後問題2	②	午後問題3	③
午後問題4	④：不適当	午後問題5	不適当	午後問題6	④	午後問題7	①
午後問題8	③	午後問題9	②	午後問題31	③	午後問題32	①
午後問題33	④	午後問題36	④	午後問題40	④	午後問題48	④
午後問題51	②	午後問題58	④	午後問題59	④	午後問題62	②
午後問題66	②	午後問題68	③	午後問題69	③	午後問題76	③
午後問題77	④	午後問題79	③	午後問題81	④	午後問題84	②,⑤

第108回　看護師国家試験問題正解答

午前問題1	①	午前問題2	③	午前問題4	①	午前問題6	②
午前問題10	③	午前問題11	③	午前問題15	②	午前問題21	③
午前問題24	④	午前問題32	②	午前問題33	③	午前問題34	③
午前問題35	①	午前問題44	③	午前問題46	③	午前問題54	③
午前問題58	②	午前問題59	①	午前問題63	③	午前問題64	③
午前問題67	③	午前問題68	②	午前問題69	①	午前問題70	①
午前問題74	④	午前問題75	①	午前問題77	①	午前問題78	①
午前問題81	②	午前問題87	③,④	午前問題90	②,④	午前問題106	①
午前問題107	②	午後問題1	②	午後問題2	③	午後問題3	②
午後問題4	②	午後問題5	③	午後問題10	①	午後問題22	③
午後問題29	②	午後問題30	①	午後問題31	④	午後問題48	④
午後問題51	④	午後問題53	③	午後問題58	③	午後問題63	④
午後問題65	②	午後問題68	①	午後問題69	④	午後問題70	④
午後問題71	②	午後問題72	④	午後問題73	③	午後問題86	①,⑤
午後問題114	④	午後問題115	④	午後問題119	②	午後問題120	③

第109回　看護師国家試験問題正解答

午前問題 1	②	午前問題 3	②	午前問題 4	①	午前問題 7	②
午前問題 8	①	午前問題 9	③	午前問題14	④	午前問題25	①
午前問題29	②	午前問題30	③	午前問題31	③	午前問題34	①
午前問題51	④	午前問題54	④	午前問題56	④	午前問題59	①
午前問題63	④	午前問題64	②	午前問題65	①	午前問題67	②
午前問題69	①	午前問題72	④	午前問題73	②	午前問題74	①
午前問題75	②	午前問題86	②,④	午前問題87	①,④	午前問題88	②,⑤
午前問題90	②,④	午前問題96	②	午前問題102	③	午前問題119	①
午後問題 1	③	午後問題 2	③	午後問題 3	②	午後問題 4	①
午後問題 5	④	午後問題 9	③	午後問題10	②	午後問題19	①
午後問題34	③	午後問題35	③	午後問題36	③	午後問題37	④
午後問題38	④	午後問題46	④	午後問題47	③	午後問題54	③
午後問題56	③	午後問題59	④	午後問題61	①	午後問題67	①
午後問題69	②	午後問題71	③	午後問題76	④	午後問題78	①
午後問題89	①,②	午後問題90	⑥,③	午後問題111	①,②	午後問題114	②
午後問題117	②						

第5編　附　論
看護を取り巻く社会の現況

第24章
「国民衛生の動向 2020/2021」より抜粋

1．人口静態

表24-1-1　わが国の人口の推移

	総人口[1] （千人）	人口増減率[2] （％）	人口密度 （1km²当たり）	人口性比 （女100対男）
昭和25年（1950）	83 200	1.75	226	96.3
30　（'55）	89 276	1.17	242	96.6
35　（'60）	93 419	0.84	253	96.5
40　（'65）	98 275	1.13	266	96.4
45　（'70）	103 720	1.15	280	96.4
50　（'75）	111 940	1.24	301	96.9
55　（'80）	117 060	0.78	314	96.9
60　（'85）	121 049	0.62	325	96.7
平成2　（'90）	123 611	0.33	332	96.5
7　（'95）	125 570	0.24	337	96.2
12（2000）	126 926	0.20	340	95.8
17　（'05）	127 768	△0.01	343	95.3
22　（'10）	128 057	0.02	343	94.8
27　（'15）	127 095	△0.11	341	94.8
令和元　（'19）*	126 167	△0.22	…	94.8

資料　総務省統計局「国勢調査報告」
＊は「人口推計（令和元年10月1日現在）」
注　1）各年10月1日現在人口（昭和45年までは沖縄県を含まない）。
　　2）人口増減率は、前年10月から当年9月までの増減数を前年
　　　人口で除したもの。

〔出典：厚生労働統計協会（2020）
　国民衛生の動向2020/2021、p. 46〕

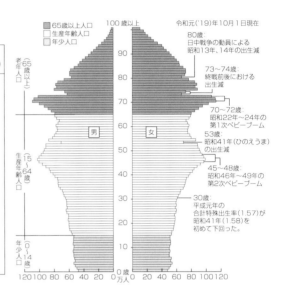

資料　総務省統計局「人口推計（令和元年10月1日現在）」

図24-1-1　わが国の人口ピラミッド

〔出典：厚生労働統計協会（2020）
　国民衛生の動向2020/2021、p. 46〕

表24-1-2　わが国の年齢3区分別人口と諸指標の推移

各年10月1日現在

	年齢3区分別人口（千人）				年齢3区分別人口構成割合（％）				指　　　数[3]			
	総　数	年少人口 （0～14歳）	生産年齢人口 （15～64歳）	老年人口 （65歳以上）	総　数	年少人口 （0～14歳）	生産年齢人口 （15～64歳）	老年人口 （65歳以上）	年少人口 指　数	老年人口 指　数	従属人口 指　数	老年化 指　数
昭和25年[1]　（'50）	83 200	29 428	49 658	4 109	100.0[1]	35.4	59.7	4.9	59.3	8.3	67.5	14.0
35　（'60）	93 419	28 067	60 002	5 350	100.0	30.0	64.2	5.7	46.8	8.9	55.7	19.1
45　（'70）	103 720	24 823	71 566	7 331	100.0	23.9	69.0	7.1	34.7	10.2	44.9	29.5
55[1]　（'80）	117 060	27 507	78 835	10 647	100.0[1]	23.5	67.4	9.1	34.9	13.5	48.4	38.7
平成2[1]　（'90）	123 611	22 486	85 904	14 895	100.0[1]	18.2	69.7	12.1	26.2	17.3	43.5	66.2
12[1]　（'00）	126 926	18 472	86 220	22 005	100.0[1]	14.6	68.1	17.4	21.4	25.5	46.9	119.1
17[1]　（'05）	127 768	17 521	84 092	25 672	100.0[1]	13.8	66.1	20.2	20.8	30.5	51.4	146.5
22[1]　（'10）	128 057	16 803	81 032	29 246	100.0[1]	13.2	63.8	23.0	20.7	36.1	56.8	174.0
27[1]　（'15）	127 095	15 887	76 289	33 465	100.0[1]	12.6	60.7	26.6	20.8	43.9	64.7	210.6
令和元　（'19）*	126 167	15 210	75 072	35 885	100.0[1]	12.1	59.5	28.4	20.3	47.8	68.1	235.9

資料　総務省統計局「国勢調査報告」
＊は「人口推計（令和元年10月1日現在）」
注　1）総数には年齢不詳を含む。また、年齢3区分別人口は、年齢不詳を按分した人口は用いていない。その構成割合は、年齢不詳を除いた
　　　人口を分母として算出している。
　　2）昭和45年までは沖縄県を含まない。

3）年少人口指数＝$\dfrac{年少人口}{生産年齢人口}\times100$　　　老年人口指数＝$\dfrac{老年人口}{生産年齢人口}\times100$

　　従属人口指数＝$\dfrac{年少人口＋老年人口}{生産年齢人口}\times100$　　　老年化指数＝$\dfrac{老年人口}{年少人口}\times100$

〔出典：厚生労働統計協会（2020）国民衛生の動向2020/2021、p. 46〕

表24－1－3　将来推計人口〈出生中位（死亡中位）推計〉

平成27～令和47（2015～2065）年

	人　口（千人）		年齢3区分割合（%）			指　　　　数（%）		
	総　数	うち65歳以上	0～14歳	15～64歳	65歳以上	年少人口	老年人口	従属人口
平成27年（2015）	127 095	33 868	12.5	60.8	26.6	20.6	43.8	64.5
令和7　（'25）	122 544	36 771	11.5	58.5	30.0	19.6	51.3	70.9
17　（'35）	115 216	37 817	10.8	56.4	32.8	19.2	58.2	77.4
27　（'45）	106 421	39 192	10.7	52.5	36.8	20.4	70.2	90.6
37　（'55）	97 441	37 042	10.4	51.6	38.0	20.1	73.7	93.8
47　（'65）	88 077	33 810	10.2	51.4	38.4	19.8	74.6	94.5

資料　国立社会保障・人口問題研究所「日本の将来推計人口」（平成29年推計）
注　　年齢3区分割合は、年齢不詳を按分補正した人口を分母として算出している。

〔出典：厚生労働統計協会（2020）国民衛生の動向2020/2021、p. 48〕

表24－1－4　労働力人口の推移

（単位　万人）　　　　　　　　　　　　　　　　　　　　　　　　　　　　各年平均

	15歳以上人　口	労　働　力　人　口			非労働力人　口	労働力人口比率(%)[1]	完全失業率(%)[2]
		総　数	就業者	完全失業者			
総　数							
昭和55年（1980）	8 932	5 650	5 536	114	3 249	63.3	2.0
平成2　（'90）	10 089	6 384	6 249	134	3 657	63.3	2.1
12（2000）	10 836	6 766	6 446	320	4 057	62.4	4.7
17　（'05）	11 008	6 651	6 356	294	4 346	60.4	4.4
22　（'10）	11 111	6 632	6 298	334	4 473	59.6	5.1
27　（'15）	11 110	6 625	6 401	222	4 479	59.6	3.4
令和元　（'19）	11 092	6 886	6 724	162	4 197	62.1	2.4
男							
昭和55年（1980）	4 341	3 465	3 394	71	859	79.8	2.0
平成2　（'90）	4 911	3 791	3 713	77	1 095	77.2	2.0
12（2000）	5 253	4 014	3 817	196	1 233	76.4	4.9
17　（'05）	5 323	3 901	3 723	178	1 416	73.3	4.6
22　（'10）	5 365	3 850	3 643	207	1 513	71.6	5.4
27　（'15）	5 365	3 773	3 639	135	1 588	70.3	3.6
令和元　（'19）	5 359	3 828	3 733	96	1 526	71.4	2.5
女							
昭和55年（1980）	4 591	2 185	2 142	43	2 391	47.6	2.0
平成2　（'90）	5 178	2 593	2 536	57	2 562	50.1	2.2
12（2000）	5 583	2 753	2 629	123	2 824	49.3	4.5
17　（'05）	5 685	2 750	2 633	116	2 930	48.4	4.2
22　（'10）	5 746	2 783	2 656	127	2 960	48.5	4.6
27　（'15）	5 746	2 852	2 764	89	2 891	49.6	3.1
令和元　（'19）	5 733	3 058	2 992	66	2 670	53.3	2.2

資料　総務省統計局「労働力調査」（基本集計）

注　　1）労働力人口比率＝$\frac{労働力人口}{15歳以上人口} \times 100$　　2）完全失業率＝$\frac{完全失業者}{労働力人口} \times 100$

　　　3）15歳以上人口には労働力状態不詳を含む。

〔出典：厚生労働統計協会（2020）国民衛生の動向2020/2021、p. 47〕

表24－1－5　世帯構造別にみた世帯数の推移

| | 総　数 | 単　独世　帯 | 核　家　族　世　帯 | | | | 三世代世　帯 | その他の世帯 | 平均世帯人員 |
			総　数	夫婦のみの　世　帯	夫婦と未婚の子のみの世　帯	ひとり親と未婚の子のみの世帯			
			推　計　数　（千世帯）						
平成 4 年(1992)	41 210	8 974	24 317	7 071	15 247	1 998	5 390	2 529	2.99
7 （'95）	40 770	9 213	23 997	7 488	14 398	2 112	5 082	2 478	2.91
10 （'98）	44 496	10 627	26 096	8 781	14 951	2 364	5 125	2 648	2.81
13 (2001)	45 664	11 017	26 894	9 403	14 872	2 618	4 844	2 909	2.75
16 （'04）	46 323	10 817	28 061	10 161	15 125	2 774	4 512	2 934	2.72
19 （'07）	48 023	11 983	28 658	10 636	15 015	3 006	4 045	3 337	2.63
22 （'10）	48 638	12 386	29 097	10 994	14 922	3 180	3 835	3 320	2.59
25 （'13）	50 112	13 285	30 164	11 644	14 899	3 621	3 329	3 334	2.51
28 （'16）	49 945	13 434	30 234	11 850	14 744	3 640	2 947	3 330	2.47
令和元（'19）	51 785	14 907	30 973	12 639	14 718	3 616	2 627	3 278	2.39
			構　成　割　合　（％）						
平成 4 年(1992)	100.0	21.8	59.0	17.2	37.0	4.8	13.1	6.1	・
7 （'95）	100.0	22.6	58.9	18.4	35.3	5.2	12.5	6.1	・
10 （'98）	100.0	23.9	58.6	19.7	33.6	5.3	11.5	6.0	・
13 (2001)	100.0	24.1	58.9	20.6	32.6	5.7	10.6	6.4	・
16 （'04）	100.0	23.4	60.6	21.9	32.7	6.0	9.7	6.3	・
19 （'07）	100.0	25.0	59.7	22.1	31.3	6.3	8.4	6.9	・
22 （'10）	100.0	25.5	59.8	22.6	30.7	6.5	7.9	6.8	・
25 （'13）	100.0	26.5	60.2	23.2	29.7	7.2	6.6	6.7	・
28 （'16）	100.0	26.9	60.5	23.7	29.5	7.3	5.9	6.7	・
令和元（'19）	100.0	28.8	59.8	24.4	28.4	7.0	5.1	6.3	・

資料　厚生労働省「国民生活基礎調査」（大規模調査）
注　平成 7 年の数値は、兵庫県を除いたものである。
　　平成28年の数値は、熊本県を除いたものである。

〔出典：厚生労働統計協会（2020）国民衛生の動向2020/2021、p .48〕

表24－1－6　世帯構造別にみた65歳以上の者のいる世帯数の推移

| | 全世帯数 | 65　歳　以　上　の　者　の　い　る　世　帯 | | | | | | | （再掲）65歳以上の者のみの世　帯 |
		総　数	全世帯に占める割合（％）	単　独世　帯	夫婦のみの世　帯	親と未婚の子のみの世　帯	三世代世　帯	その他の世帯	
			推　計　数　（千世帯）						
平成 4 年(1992)	41 210	11 884	28.8	1 865	2 706	1 439	4 348	1 527	3 666
7 （'95）	40 770	12 695	31.1	2 199	3 075	1 636	4 232	1 553	4 370
10 （'98）	44 496	14 822	33.3	2 724	3 956	2 025	4 401	1 715	5 597
13 (2001)	45 664	16 367	35.8	3 179	4 545	2 563	4 179	1 902	6 636
16 （'04）	46 323	17 864	38.6	3 730	4 931	2 931	3 919	2 031	7 855
19 （'07）	48 023	19 263	40.1	4 326	5 732	3 418	3 528	2 260	8 986
22 （'10）	48 638	20 705	42.6	5 018	6 190	3 836	3 348	2 313	10 188
25 （'13）	50 112	22 420	44.7	5 730	6 974	4 442	2 953	2 321	11 594
28 （'16）	49 945	24 165	48.4	6 559	7 526	5 007	2 668	2 405	13 252
令和元（'19）	51 785	25 584	49.4	7 369	8 270	5 118	2 404	2 423	14 856
			構　成　割　合　（％）						
平成 4 年(1992)	・	100.0	・	15.7	22.8	12.1	36.6	12.8	30.8
7 （'95）	・	100.0	・	17.3	24.2	12.9	33.3	12.2	34.4
10 （'98）	・	100.0	・	18.4	26.7	13.7	29.7	11.6	37.8
13 (2001)	・	100.0	・	19.4	27.8	15.7	25.5	11.6	40.5
16 （'04）	・	100.0	・	20.9	29.4	16.4	21.9	11.4	44.0
19 （'07）	・	100.0	・	22.5	29.8	17.7	18.3	11.7	46.6
22 （'10）	・	100.0	・	24.2	29.9	18.5	16.2	11.2	49.2
25 （'13）	・	100.0	・	25.6	31.1	19.8	13.2	10.4	51.7
28 （'16）	・	100.0	・	27.1	31.1	20.7	11.0	10.0	54.8
令和元（'19）	・	100.0	・	28.8	32.3	20.0	9.4	9.5	58.1

資料　厚生労働省「国民生活基礎調査」（大規模調査）
注　1 ）平成 7 年の数値は、兵庫県を除いたものである。平成28年の数値は、熊本県を除いたものである。
　　2 ）「親と未婚の子のみの世帯」とは、「夫婦と未婚の子のみの世帯」および「ひとり親と子のみの世帯」をいう。

〔出典：厚生労働統計協会（2020）国民衛生の動向2020/2021、p .49〕

2．人口動態

表24－2－1　人口動態統計の概況

	実数		率	
	令和元年(2019)*	平成30('18)	令和元年(2019)*	平成30('18)
出　　生	865 234	918 400	7.0	7.4
死　　亡	1 381 098	1 362 470	11.2	11.0
乳 児 死 亡	1 654	1 748	1.9	1.9
自 然 増 減	△ 515 864	△ 444 070	△ 4.2	△ 3.6
死　　産	19 449	19 614	22.0	20.9
周 産 期 死 亡	2 956	2 999	3.4	3.3
婚　　姻	598 965	586 481	4.8	4.7
離　　婚	208 489	208 333	1.69	1.68

	令和元年(2019)*	平成30('18)
合計特殊出生率	1.36	1.42

資料　厚生労働省「人口動態統計」
注　　率の計算式は464頁を参照。
　　*　概数である。

〔出典：厚生労働統計協会（2020）
国民衛生の動向2020/2021、p. 55〕

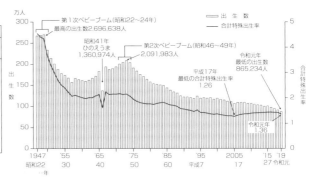

資料　厚生労働省「人口動態統計」
注　　令和元年は概数である。

図24－2－1　出生数と合計特殊出生率の推移

〔出典：厚生労働統計協会（2020）国民衛生の動向2020/2021、p. 55〕

表24－2－2　性別にみた死因順位別死亡数・死亡率（人口10万対）

	令和元年(2019)*						平成30('18)	
	総　数		男		女		総　数	
	死亡数	死亡率	死亡数	死亡率	死亡数	死亡率	死亡数	死亡率
全　死　因	1 381 098	1 116.2	707 408	1 174.9	673 690	1 060.5	1 362 470	1 096.8
悪性新生物〈腫瘍〉	(1) 376 392	304.2	(1) 220 315	365.9	(1) 156 077	245.7	(1) 373 584	300.7
心　疾　患	(2) 207 628	167.8	(2) 98 150	163.0	(2) 109 478	172.3	(2) 208 221	167.6
老　　　衰	(3) 121 868	98.5	(5) 31 724	52.7	(3) 90 144	141.9	(3) 109 605	88.2
脳 血 管 疾 患	(4) 106 506	86.1	(4) 51 742	85.9	(4) 54 764	86.2	(4) 108 186	87.1
肺　　　炎	(5) 95 498	77.2	(3) 53 064	88.1	(5) 42 434	66.8	(5) 94 661	76.2
誤 嚥 性 肺 炎	(6) 40 354	32.6	(6) 22 882	38.0	(6) 17 472	27.5	(7) 38 460	31.0
不 慮 の 事 故	(7) 39 410	31.9	(7) 22 517	37.4	(7) 16 893	26.6	(6) 41 238	33.2
腎　不　全	(8) 26 644	21.5	(10) 13 575	22.5	(10) 13 069	20.6	(8) 26 081	21.0
血管性及び詳細不明の認知症	(9) 21 370	17.3	(15) 7 575	12.6	(8) 13 795	21.7	(9) 20 521	16.5
アルツハイマー病	(10) 20 716	16.7	(17) 7 176	11.9	(9) 13 540	21.3	(12) 19 095	15.4

資料　厚生労働省「人口動態統計」（＊は概数である）
注　　1）死因分類は、ICD-10（2013年版）準拠（平成29年適用）による。
　　　2）（　）内の数字は死因順位を示す。
　　　3）男の8位は「慢性閉塞性肺疾患（COPD）」で死亡数は14 816、死亡率は24.6。9位は「自殺」で死亡数は13 661、死亡率は22.7である。
　　　4）「結核」は死亡数が2 088、死亡率は1.7で第31位である。
　　　5）「熱中症」は死亡数が1 221、死亡率は1.0である。

〔出典：厚生労働統計協会（2020）国民衛生の動向2020/2021、p. 61〕

表24－2－3　性・部位別にみた悪性新生物死亡数の推移

	昭和55年（1980）	平成2（'90）	12（2000）	22（'10）	30（'18）	令和元（'19）＊
男						
悪性新生物〈腫瘍〉	93 501	130 395	179 140	211 435	218 625	220 315
胃	30 845	29 909	32 798	32 943	28 843	28 044
肝 1)	9 741	17 786	23 602	21 510	17 032	16 751
膵	4 483	7 317	10 380	14 569	17 938	18 124
肺 2)	15 438	26 872	39 053	50 395	52 401	53 330
大　腸 3)	7 724	13 286	19 868	23 921	27 098	27 409
その他	25 270	35 225	53 439	68 097	75 313	76 657
女						
悪性新生物〈腫瘍〉	68 263	87 018	116 344	142 064	154 959	156 077
胃	19 598	17 562	17 852	17 193	15 349	14 887
肝 1)	4 227	6 447	10 379	11 255	8 893	8 514
膵	3 352	6 001	8 714	13 448	17 452	18 232
肺 2)	5 856	9 614	14 671	19 418	21 927	22 055
大　腸 3)	7 015	11 346	16 080	20 317	23 560	24 000
乳　房	4 141	5 848	9 171	12 455	14 653	14 838
子　宮	5 465	4 600	5 202	5 930	6 800	6 803
その他	18 609	25 600	34 275	42 048	46 325	46 748

資料　厚生労働省「人口動態統計」
注　　1）肝及び肝内胆管を示す。2）気管、気管支及び肺を示す。
　　　3）結腸と直腸S状結腸移行部及び直腸を示す。
　　　＊概数である。

〔出典：厚生労働統計協会（2020）国民衛生の動向2020/2021、p. 62〕

表24－2－4　妊産婦死亡率（出産10万対）の推移

	妊産婦死亡率		妊産婦死亡率
昭和30年（1955）	161.7	平成2年（'90）	8.2
35　（'60）	117.5	7　（'95）	6.9
40　（'65）	80.4	12（2000）	6.3
45　（'70）	48.7	17　（'05）	5.7
50　（'75）	27.3	22　（'10）	4.1
55　（'80）	19.5	27　（'15）	3.8
60　（'85）	15.1	30　（'18）	3.3

資料　厚生労働省「人口動態統計」
注　　妊産婦死亡については460頁の解説を参照。

〔出典：厚生労働統計協会（2020）
　　国民衛生の動向2020/2021、p. 70〕

表24－2－5　年次別妊産婦死亡率（出生10万対）の国際比較

	昭和50年（1975）	60（'85）	平成7（'95）	17（2005）		27（'15）	
日　　　　本	28.7	15.8	7.2		5.8		3.9
カ　ナ　ダ	7.5	4.0	4.5	'04)	5.9	'13)	6.0
アメリカ合衆国	12.8	7.8	7.1		18.4		28.7
フ　ラ　ン　ス	19.9	12.0	9.6		5.3	'14)	4.6
ド　イ　ツ 1)	39.6	10.7	5.4		4.1		3.3
イ　タ　リ　ア	25.9	8.2	3.2	'03)	5.1		3.3
オ　ラ　ン　ダ	10.7	4.5	7.3		8.5		3.5
スウェーデン	1.9	5.1	3.9		5.9		0.9
ス　イ　ス	12.7	5.4	8.5		5.5		6.9
イ　ギ　リ　ス 2)	12.8	7.0	7.0		7.1		4.5
オーストラリア	5.6	3.2	8.2	'04)	4.7		2.6
ニュージーランド	23.0	13.5	3.5		10.4	'13)	17.0

資料　厚生労働省「人口動態統計」
　　　UN「Demographic Yearbook」
注　　1）1985年までは旧西ドイツの数値である。
　　　2）1985年まではイングランド・ウエールズの数値である。
　　　3）各国データは、30人以下の死亡数に基づき死亡率が算出されているものを含む。

〔出典：厚生労働統計協会（2020）国民衛生の動向2020/2021、p. 70〕

3．健康状態と生活習慣病

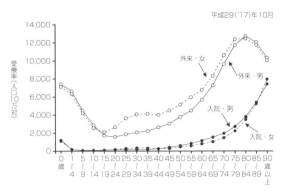

平成29（'17）年10月

資料　厚生労働省「患者調査」

図24－3－1　性・年齢階級別にみた受療率（人口10万対）―入院・外来―

〔出典：厚生労働統計協会（2020）国民衛生の動向2020/2021、p. 86〕

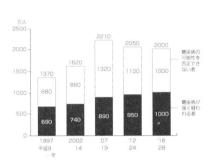

資料　厚生労働省「国民健康・栄養調査」

図24－3－2　年次別にみた糖尿病の状況

〔出典：厚生労働統計協会（2020）
　国民衛生の動向2020/2021、p. 91〕

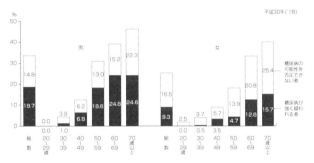

平成30年（'18）

資料　厚生労働省「国民健康・栄養調査」

図24－3－3　性別にみた糖尿病の状況

〔出典：厚生労働統計協会（2020）
　国民衛生の動向2020/2021、p. 91〕

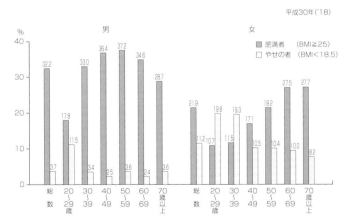

平成30年（'18）

資料　厚生労働省「国民健康・栄養調査」

図24－3－4　性・年齢階級別にみた肥満者とやせの者の割合

〔出典：厚生労働統計協会（2020）国民衛生の動向2020/2021、p. 93〕

表24－3－1　わが国の喫煙習慣者の割合の推移

(単位　%)

	平成7年 ('95)	12 ('00)	17 ('05)	22 ('10)	27 ('15)	28 ('16)	29 ('17)	30 ('18)
男	52.7	47.4	39.3	32.2	30.1	30.2	29.4	29.0
女	10.6	11.5	11.3	8.4	7.9	8.2	7.2	8.1

資料　厚生労働省「国民健康・栄養調査」
注　　調査対象は20歳以上。なお、調査方法は平成15年から変更。

〔出典：厚生労働統計協会（2020）国民衛生の動向2020/2021、p. 102〕

4．医療保険・介護保険・公的扶助

表24－4－1　医療保険適用人口の推移

各年度末現在

	総　人　口[1] （千人）	医療保険 適用者 総　数	医　　療　　保　　険				
			被　用　者　保　険			国民健康 保　険	後期高齢者 医　　療
			総　数	被保険者	被扶養者		
医 療 保 険 適 用 者 数 （千人）							
昭和55年度（'80）	117 415	117 035	72 499	31 752	40 747	44 536	・
60　（'85）	121 315	120 742	75 448	33 630	41 819	45 294	・
平成2　（'90）	123 840	124 260	81 191	37 927	43 265	43 069	・
7　（'95）	125 637	125 307	82 066	40 347	41 719	43 240	・
12　（'00）	127 040	126 351	78 723	39 242	39 481	47 628	・
17　（'05）	127 723	127 176	75 549	38 715	36 834	51 627	・
22　（'10）	127 708	126 907	73 797	39 749	34 048	38 769	14 341
27　（'15）	126 975	126 141	75 217	41 964	33 254	34 687	16 237
29　（'17）	126 493	125 886	77 192	44 290	32 902	31 475	17 219
構 　成 　割 　合 　（%）							
昭和55年度（'80）	…	100.0	61.9	27.1	34.8	38.1	・
60　（'85）	…	100.0	62.5	27.9	34.6	37.5	・
平成2　（'90）	…	100.0	65.3	30.5	34.8	34.7	・
7　（'95）	…	100.0	65.5	32.2	33.3	34.5	・
12　（'00）	…	100.0	62.3	31.1	31.2	37.7	・
17　（'05）	…	100.0	59.4	30.4	29.0	40.6	・
22　（'10）	…	100.0	58.2	31.3	26.8	30.5	11.3
27　（'15）	…	100.0	59.6	33.3	26.4	27.5	12.9
29　（'17）	…	100.0	61.3	35.2	26.1	25.0	13.7

資料　厚生労働省「医療保険に関する基礎資料」
注　　1）総務省統計局「人口推計月報」による翌年度4月1日現在の総人口である。
　　　2）平成19年度以前は、75歳以上の者等は、被用者保険、国保のいずれかに加入していたが、20年度以降は後期高齢者医
　　　　療制度に属している。

〔出典：厚生労働統計協会（2020）国民衛生の動向2020/2021、p. 233〕

表24－4－2　医療扶助費・人員の推移

	被保護実人員 （千人） （A）	医療扶助人員 （千人） （B）	(B)/(A) （%）	扶助費総額 （年額） （億円） （A'）	医療扶助費 （年額） （億円） （B'）	(B')/(A') （%）
昭和60年度（'85）	1 431	910	63.6	15 027	8 464	56.3
平成7　（'95）	882	680	77.1	14 849	8 819	59.4
12　（'00）	1 072	864	80.6	19 393	10 711	55.2
17　（'05）	1 476	1 208	81.8	25 942	13 470	51.9
22　（'10）	1 952	1 554	79.6	33 296	15 701	47.2
27　（'15）	2 164	1 776	82.1	36 977	17 785	48.1
29　（'17）	2 125	1 765	83.1	36 611	17 810	48.6
30　（'18）	2 097	1 751	83.5	36 062	17 816	49.4

資料　厚生労働省「福祉行政報告例」（平成23年度以前）、「被保護者調査」（平成24年度以降）、「生活保護費負担金事業実績報告」
注　　人員は1カ月平均である。

〔出典：厚生労働統計協会（2020）国民衛生の動向2020/2021、p. 239〕

表24－4－3 被用者保険の種類別適用者

平成30('18)年3月末現在

	適用者(千人)			構成割合
	総数	被保険者	被扶養者	(％)
総　　　　　数	77 192	44 290	32 902	100.0
協会けんぽ(一般)	38 930	23 203	15 726	50.4
組　合　健　保	29 479	16 486	12 993	38.2
法3条2項被保険者	17	12	5	0.0
船　員　保　険	121	58	63	0.2
共　済　組　合	8 645	4 531	4 115	11.2

資料　厚生労働省「医療保険に関する基礎資料」
注　　四捨五入により、合計が総数に合わない場合がある。

〔出典：厚生労働統計協会（2020）
国民衛生の動向2020/2021、p. 233〕

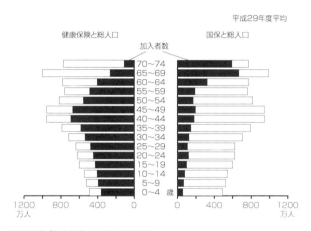

資料　厚生労働省「医療保険に関する基礎資料」
注　　総人口は10月1日現在

図24－4－1　年齢階級別にみた健康保険と国民健康保険の加入者数

〔出典：厚生労働統計協会（2020）国民衛生の動向2020/2021、p. 233〕

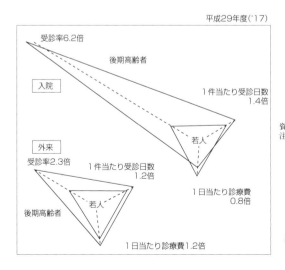

資料　厚生労働省「医療保険に関する基礎資料」
注　1）後期高齢者とは後期高齢者医療制度の被保険者であり、若人
　　　とは後期高齢者医療制度以外の医療保険加入者である。
　　2）入院は、入院時食事療養費・入院時生活療養費（医科）を含
　　　んでおり、外来は、入院外（医科）および調剤費用額の合計で
　　　ある。
　　3）後期高齢者の1人当たり医療費は94.5万円となっており、若
　　　人の1人当たり医療費22.1万円の4.3倍となっている。

図24－4－2　医療費三要素の比較

〔出典：厚生労働統計協会（2020）
国民衛生の動向2020/2021、p. 235〕

表24－4－4　年齢階級別にみた国民医療費と人口1人当たり国民医療費

平成29年度（'17）

	総　数			医科診療医療費(再掲)			歯科診療医療費(再掲)			薬局調剤医療費(再掲)		
	国民医療費 (億円)	構成割合 (%)	人口1人 当たり 国民医療費 (千円)	国民医療費 (億円)	構成割合 (%)	人口1人 当たり 国民医療費 (千円)	国民医療費 (億円)	構成割合 (%)	人口1人 当たり 国民医療費 (千円)	国民医療費 (億円)	構成割合 (%)	人口1人 当たり 国民医療費 (千円)
総　数	430 710	100.0	339.9	308 335	100.0	243.3	29 003	100.0	22.9	78 108	100.0	61.6
65歳未満	171 173	39.7	187.0	115 891	37.6	126.6	17 497	60.3	19.1	32 585	41.7	35.6
0～14歳	25 395	5.9	162.9	17 608	5.7	112.9	2 407	8.3	15.4	4 821	6.2	30.9
15～44	52 690	12.2	122.7	34 069	11.0	79.3	7 016	24.2	16.3	10 074	12.9	23.5
45～64	93 088	21.6	282.0	64 215	20.8	194.5	8 074	27.8	24.5	17 690	22.6	53.6
65歳以上	259 537	60.3	738.3	192 444	62.4	547.5	11 506	39.7	32.7	45 523	58.3	129.5
70歳以上(再掲)	210 475	48.9	834.2	156 889	50.9	621.8	8 468	29.2	33.6	36 690	47.0	145.4
75歳以上(再掲)	161 129	37.4	921.7	121 023	39.3	692.3	5 746	19.8	32.9	27 517	35.2	157.4

資料　厚生労働省「国民医療費」
〔出典：厚生労働統計協会（2020）国民衛生の動向2020/2021、p. 242〕

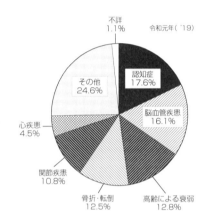

資料　厚生労働省「国民生活基礎調査」

図24－4－3　介護が必要となった原因

〔出典：厚生労働統計協会（2020）
国民衛生の動向2020/2021、p. 93〕

表24－4－5　要介護（要支援）度別認定者数の推移

（単位　千人）　　　　　　　　　　　　　　　　　　　　　　各年4月末現在

	総数	要支援1	要支援2	要介護1	要介護2	要介護3	要介護4	要介護5
平成12年(2000)	2 182	291	・	551	394	317	339	290
17 （'05）	4 108	674	・	1 332	614	527	497	465
22 （'10）	4 870	604	654	852	854	713	630	564
27 （'15）	6 077	874	839	1 176	1 062	793	730	604
31 （'19）	6 594	927	926	1 326	1 139	869	804	602

資料　厚生労働省「介護保険事業状況報告月報」
注　　1）数値は四捨五入してあり、合計しても総数に合わない場合がある。
　　　2）平成12、17年の「要支援1」は、「要支援」である。
　　　3）平成18年4月1日に有効期間満了前の要支援者は、当該有効期間満了日までの間は、「経過的要介護」とし
　　　て予防給付ではなく、介護給付の対象となる。
〔出典：厚生労働統計協会（2020）国民衛生の動向2020/2021、p. 253〕

平成31('19)年4月サービス分

資料　厚生労働省「介護保険事業状況報告月報」

図24－4－4　受給者数と保険給付額の状況

〔出典：厚生労働統計協会（2020）国民衛生の動向2020/2021、p. 253〕

5．社会保障給付費・社会保障関係費

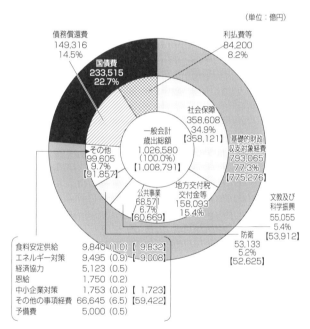

（単位：億円）

資料　財務省ホームページ
注　　1）計数については、それぞれ四捨五入によっているので、端数において合計とは合致しないものがある。
　　　2）一般歳出*における社会保障関係費の割合：56.5%
　　　　　＊一般歳出は、基礎的財政収支対象経費から地方交付税交付金等を除いたもの：634,972億円（61.9%）【617,184】
　　　3）【　】は臨時・特別の措置を除いた計数

図24－5－1　令和2年度一般会計歳出の構成

〔出典：厚生労働統計協会（2020）国民衛生の動向2020/2021、p. 16〕

表24－5－1　社会保障給付費の部門別推移

	社会保障給付費（億円）					構成割合（％）				国内総生産（億円）	国民所得（億円）
	総　数	医　療	年　金	福祉その他	（再掲）介護対策	医　療	年　金	福祉その他	（再掲）介護対策		
昭和40年度（'65）	16 037	9 137	3 508	3 392	-	57.0	21.9	21.2	-	337 653	268 270
45 （'70）	35 239	20 758	8 562	5 920	-	58.9	24.3	16.8	-	752 985	610 297
50 （'75）	118 192	57 321	38 047	22 825	-	48.5	32.2	19.3	-	1 523 616	1 239 907
55 （'80）	249 016	107 598	103 330	38 089	-	43.2	41.5	15.3	-	2 483 759	2 038 787
60 （'85）	356 798	143 595	167 193	46 009	-	40.2	46.9	12.9	-	3 303 968	2 605 599
平成2 （'90）	474 153	186 254	237 772	50 128	-	39.3	50.1	10.6	-	4 516 830	3 468 929
7 （'95）	649 842	246 608	330 614	72 619	-	37.9	50.9	11.2	-	5 162 017	3 784 796
12 （'00）	783 985	266 049	405 367	112 570	32 806	33.9	51.7	14.4	4.2	5 284 466	3 859 685
17 （'05）	888 529	287 444	461 194	139 891	58 701	32.4	51.9	15.7	6.6	5 256 427	3 873 699
22 （'10）	1 053 646	336 439	522 286	194 921	75 082	31.9	49.6	18.5	7.1	4 994 289	3 618 953
26 （'14）	1 121 734	367 767	535 104	218 863	91 896	32.8	47.7	19.5	8.2	5 182 352	3 794 509
27 （'15）	1 168 403	385 605	540 929	241 869	95 060	33.0	46.3	20.7	8.1	5 329 830	3 900 253
28 （'16）	1 184 089	388 128	543 800	252 162	97 063	32.8	45.9	21.3	8.2	5 367 950	3 911 856
29 （'17）	1 202 443	394 195	548 349	259 898	101 016	32.8	45.6	21.6	8.4	5 474 085	4 041 977

資料　国立社会保障・人口問題研究所「平成29年度社会保障費用統計」。国内総生産および国民所得は、昭和40・45・50年度は経済企画庁「長期遡及主要系列国民経済計算報告」、昭和55年度以降は内閣府の各年版「国民経済計算年報」による。

注　　1）四捨五入の関係で、総数が一致しない場合がある。
　　　2）平成23年度集計時に新たに追加した費用について、17年度まで遡及した。
　　　3）平成27年度から、保育に要する費用に加え、小学校就学前の子どもの教育に要する費用も計上している。
　　　4）平成27年度から、集計の対象とする地方単独事業の範囲を変更した。

〔出典：厚生労働統計協会（2020）国民衛生の動向2020/2021、p.454〕

第6編　附　論

看護行為の法社会学的一考察

看護行為の法社会学的一考察

JANSP Vol.2 NO.1 pp. 85-90より

　日常、反復継続して行われている看護行為が円滑に遂行されるための看護職者の条件とは何であろうか。看護職者に係わらず医療従事者すべてにいえることだが、人間の生から死に至るまでを専門的資格を持って係わるために必要な認識とは何か。この認識を獲得するまでに解決しなければならない諸問題を、専門教育的、学校教育的、家庭教育的、社会教育的観点から分析してみる。

　誤った認識のうちに看護行為がなされた場合には法的にまた倫理的に制裁を受けることになる。適切な医療知識・技術以前に、正しい倫理的意思決定プロセスを経た認識のうちに看護行為がなされるようにするには、法とその存立基盤を十二分に認識する必要がある。かといって、実定法を概念的に解釈して杓子定規的な行為を一方的に為すのは医療現場の実態と乖離することにもなる。そこで、法をその成立基盤と遊離しないように眺めつつ、いかにすればトラブルを回避できるかに接近してみたい。

　当面の目標は、法を何のために学ぶのかを思考してゆく中で、医療人である前に社会的人間としてのあるべき姿を模索してゆくことである。社会的存在としての法の目的は、患者の存在に対する水平の視座をいかにすれば確保できるかを解決して初めて達成される。

　無意識のうちに様々な行動を起こしている人間の意識の根底にあるものと、人間存在を規定する諸概念との乖離と融合のリピートを、成育史に既定される自己の存在から解明しておこう。そうすれば、なぜ看護師に主体性が必要か理解できることになる。

【導入】

　看護事故が後を絶たないのはなぜか。その原因はどこにあるのかを考えるうちにひとつの解法のヒントが見えてきた。それは、看護行為が法によって保護されているにも拘らず、看護師自身がそのことを強く意識していないことである。つまり、看護行為の成立条件である、患者に対する様々な注意義務を、果たして自己の行為として認識し、専門職としての自覚のもとに履行しているのかである。平たく言えば、本心から、喜んで、目の前に存在する患者のために精一杯を尽くしているのだろうか。こういう疑問から、本考察は始まる。

　鶏（求められる看護師像）が先に存在するのか、それとも、卵（看護師になるためのmotivationの存在）が先に存在するのか。教条的立場で論ずれば前者ありき、であろうが。生身の人間をその対象とする職業において、人間が好きでない人にこの職業（看護職）は向かないのではないだろうか。仮に学問としての看護学に興味があって入門した人

間が国家試験合格後現場に就職しないという事態が生じた場合、これを個人の自由として認めてよいのであろうか。答えは否であろう。看護は明らかに経験科学であるから、現場を知らずして、現場とのつながりなくして語りえないからである。患者が何を求めているかを見抜き最善の行為を行なうことこそが、その実体である。人が好き、その人のために尽くしたいという思い。その原点に立ち返って、さらに看護行為の実態に迫ってみたい。

看護行為とはこうあるべきだという問題から出発すると、行為を支える意識と行為の表象との間に乖離を生じ、予見できない行為を招来する可能性が生じる。しかし、看護行為の社会的性格、とりわけ法律的意味をある程度認識しておくことは、行為の根底にある意識を覚醒させることができ、意識と表象との間に乖離ではなく逆に融合を生み出すことになる。そうすれば、miss（不注意）は起こりえても、error（過失）にまで発展することはないであろう。看護行為の法律的意味は、「善良なる管理者としての注意義務」を果たすことである。つまり、「人にしてもらいたいと思うところ」をごく自然に「人にする」ことである。当たり前のようであるがこれが結構難しい。しかしこれをクリアーしたナイチンゲールはいみじくも、「看護」とは、「本能的行為」だ、と断じた。蓋し名言、やはり問題解決能力の出自は、自分のように、人（看護の対象）を慈しむ心ではないだろうか。

以下に論点を整理してみると、

◎看護師の為す看護行為について、

（１）その法律的根拠は何か？

そろそろ保健師助産師看護師法第５条、第31条、第37条の解釈論争に法的決着をつけるべきだ。通達・通知解釈の変更だけでは十分とはいえず現場は混乱するばかりである。「看護行為」を積極的に定義すべきか否かは半世紀以上前からの課題だが、法が行為規制法であるという理由でなんら定義されていない。是非大幅な法改正が必要となろう。また、「医療行為」との連関をどう決着するかも、看護行為の定義に深く関わっているので、あわせて法改正を必要とするであろう。

前述したように、法律に裏打ちされているが、看護行為は事実行為なので法の中での積極的定義は無理かとも考えられるが、ならば施行令、施行規則でこと細かく定義すればよい。かといって細目規定することで限定的解釈を強いるのもいかがなものかとの批判もあるが、現場を熟知した看護師自身が法改正すれば、少なくとも戦後間もない頃の法律からは脱却できるのではないだろうか。現法は戦後間もないころに急造されたから、不備が多い。看護学が経験科学であればなおのこと、現法を必要に応じて改正することは、ひいては患者のためになるのである。現法を例えば、看護行為法、看護師養成法、看護事故防止法といった法律に改編するのも一案である。

　（2）医療契約上の法的義務の中味は何か？

　看護師の法的義務は、委任契約としての診療契約における受任者（多くは医療機関や医師）の履行補助者としての注意義務をさす。

　この注意義務の中味は、結果回避義務であり、結果予見義務であるが、この業務上の注意義務の本質は「善良なる管理者としての注意義務」とされる。「善良なる」とは、「他者を自己と同一視できる力」である。もっと言えば、患者のニーズを積極的傾聴法によって聴き、看護行為で実現することこそが、看護職としてのミッションである。

　この実現には、同一化できない他者を、同一視できるスキルが必要となる。個人差はあるが、看護師養成校の3〜4年で果たして習得しうるのか大いに疑問である。看護の教育機関入学前、卒業後の修練に課題が残る。

　（3）看護行為を支えるmotivation の中味は何か。

　健康啓蒙者としての看護師を目指す原点の再確認を常に行なうこと。これも注意義務のひとつである。注意義務の完全履行には、生と死にかかわるプロとして、常に「信頼を得て誠実に行為したか」を自己に問いかける姿勢が必要となる。その姿勢の裏づけとなる適性はいかにして獲得したか、いかにして獲得できるかは、多分に個人の成育史にかかわるように思われるので、看護職者個人の自分史にゆだねる。「きつい」「きたない」「きけん」と評される看護行為を、「感謝」「感激」「感動」と捉えて行動していた、ある赤十字病院のナースは、いつどこでその誠実さを獲得したであろうか。誠意をもって患者のことば、からだを聴きこころ動かされるとき、注意義務はほとんど果たされたといって過言ではない。そういう意味において、自己の成育史において、はたまた現実の社会において他者と共感し合えるような体験をすることは大切だといえる。体感の蓄積が自己の啓発システムを構築することになるのであるから、看護職養成校において、「面接法」による看護の学びは必須であるし大いにやってもらいたい。蛇足になるが、コミュニケーション能力には個人差があるが、高等学校卒業後養成校入学までの2年間ぐらい、例えば諸外国の兵役義務やボランティア活動義務のような制度を取り入れて、社会参加させコミュニケーションの基礎を学ばせるのも解決策のひとつといえよう。

【発展】

　看護師が、看護行為に対する社会的責任を自覚することや、「看護師」の自立の基盤を整備することは、看護師のmotivationをより確たるものにすることができるのは誰も否定し得まい。昨今頻発している看護事故（看護過誤とは区別する）を未然に防ぐための方策を考えていく過程で、ヒトたる「看護師の注意義務とは、患者のからだを自分のからだと同じように考えることだ」という倫理的価値観のあり方に到達したことには一定の意味が

あり、その内容を解明することは、「看護の自立」をより確たるものとすることに繋がるといえる。そこで、看護師に課せられた社会的責任にはどのようなものがあるか再確認しておきたい。また、看護師の存立基盤にも触れてみたい。

（１）社会的責任

看護師に課せられた注意義務を履行できなかったときには、異常な事態が生じるが、二通りある。過誤といえる、errorな状態、この場合には、必ず法的責任が問われる。民事責任、刑事責任、行政責任がそれである。これに対して、不注意といえる、missな状態、この場合には、必ずしも法的責任は問われない。しかし、胸に手を当ててみて自責の念に駆られない人はいないであろう。なれば、それも責任である。それこそが、表には出てこない倫理的責任、言い換えれば道義的責任である。常に自己に誠実な行動をしたかを問いかけていれば起こりえない責任であるともいえる。何れにしても、異常な事態は、看護職者のもつ倫理観と法的感覚との間にズレが生じることで招来されるのである。

倫理観に裏打ちされた注意義務の内容は個々の事例で千差万別であるが、状況に応じた医療サービスの内容のアウトラインを倫理的指針として確定することは重要な課題となる。緩和ケアにおける注意義務を例にとると、①患者の知る権利、知りたくない権利をどのように保護するか。また保護するのはなぜなのか。これに一定の認識を持ち、注意深く実践することができるか。②インフォームドコンセントの法理を当てはめるべきか否か。その由来、意義、意味について十分な知識があるのか。果たして日本文化にそぐうものなのか。③患者の自己決定権（L. M. D）の保護についてどの程度の認識があるのか。④安楽死と尊厳死についての理解は十分か。自宅で安楽に死ぬことができなくなった現実をどう受け止めるか。⑤患者の自殺を察知する。等々、枚挙に暇がないが、須らく患者の訴え（権利の主張）を傾聴する―verbal communication 又は non-verbal communication によって患者のニーズを感知するには、一社会人として日本国憲法の人権感覚（真の意味での基本的人権の尊重）を身につけることですが―ことから、何をなすべきかを考えることが肝要である。

（２）看護師の自立の基盤整備

社会的責任の認識と平行して、看護師の存立基盤についても理解を深めるべきであろう。たとえば労働条件を一切考慮に入れないで患者のケアができますか。患者の存在と、看護師の存在は同時であり、サービスの要求者とサービスの供給者の関係を考慮すると、ニーズに対するクイックレスポンスこそが看護行為の完結―注意義務の履行―を示す指標となる。この完結こそが「看護の自立」である。それを支える、要因には、①看護＝労働環境の総合的検証、評価　②養成校卒業後の継続教育（個人の責任においての場合と、医療機関等での場合）　③人材の確保と適正配置　④看護職予備軍の選抜、養成方法の再検

証　⑤労働条件（労働時間、労働密度等）の改善—緩和ケアにおいては、患者のからだ・ことばを傾聴する時間の確保が急務といったことがらがある。詳細は、別の稿に譲る。

【分析】

　看護師が正しい倫理的価値観を持って行為することが、社会的責任を果たすことになることは当然である。しかし、一朝一夕にできるものでも作られるものでもない。まさしく自然体の生活の中からしか体得できないものであるが、今一度倫理的価値観の中味及び獲得過程を検証すると次のようになる。倫理的価値観の中味は—（ⅰ）プロである前に、一人の人間であること。（ⅱ）看護の対象は、学びの対象でもあることの認識を持つこと。（ⅲ）只管聞くことの意味を認識すること。（ⅳ）自立した専門職としての自覚を持ち行動すること。—のように分類できようか。より詳しくは、看護師の倫理規定（日本看護協会）を参照していただきたい。仮に倫理的価値観を持ちえていても、看護師の大半が働く病院の医療契約書には、単に医療者側が「治療する」としか書かれていないにもかかわらず、様々なケアを医師や看護師が個別具体的に実施しなければ、義務を履行したことにならないことが、法律と看護を遊離させる原因になっていることは、看護事故が後を絶たないことから明白である。100点満点の医療行為は望めないのが現実である。しかし、上記の要因を完遂すれば、法的義務が完全に履行されることになるだけでなく、仮に“事故”が生じても免責される可能性すら生じるというのは言い過ぎではあるまい。

　問題は、上記要因（集約すれば「生命倫理観」と表現できよう）をどこでどのように獲得するかである。

　次に倫理的価値観の獲得過程を検証してみる。

①専門教育機関

　教育機関は多種多様あるのに、国家試験がひとつしかないことについてこれまでに深く議論されたことがないのはどうしてであろうか。逆に考えれば、国家試験が一本化されているからこそ、各学校独自のポリシーで看護職の養成ができると善に解釈できるが。しかし、たとえば、留年者・退学者・国家試験受験回避者の続出が日常化している現状を監督官庁である厚生労働省・文部科学省はどう考えているのか。やはり教育機関・教育機構をある程度集約して、最終的には全国均一のサービスが行なえる看護師の養成を行なうべきであろう。ただ、画一化が人間性の埋没化を惹起するのは歴史が証明していることなので、千差万別の患者、多種多様の病態に適応できる正しい倫理観・道徳観を持った応用力のある看護師の養成が、高度医療化社会、少子高齢社会の要請でもあることに鑑みれば、独立行政法人の形で看護教育機構を設置し全国の大学、短大、専門学校の教育を統括するのがベターか。その実現のためには、看護師養成校の入試制度を再検討—例えば高等学校

卒業までの学力の均一化、均質化をその狙いとする大学入試センター試験からの脱却―する問題も生ずる。となれば、保健師助産師看護師法の大改正、関連する医療法規の大改編も必要となるであろう。そうなれば、看護師養成法（アメリカ連邦法）の研究が参考になる。時間と手間はかかるが、既存の概念を打破することが、患者のためのよりよい医療を実現する基盤を造ることになるのであるから、この際荒療治するべきであろう。なお、教育機関での３～４年間で果たして生命倫理観が備わるのか疑問も残るが、それまでの個人の成育史の検証も不可欠である。―養成校入学試験における面接試験に工夫が必要になるが。

②学校教育（専門教育機関までの）の現場

生命倫理観の詳細な中味については別項に譲るとして、専門的教育機関（看護職養成校）までの教育現場で、看護職予備軍にどのようにすれば正しい倫理観を教授できるか。これまでほとんど手付かずの研究分野である。この世から、医者がいなくなっても看護師は必ず残る。とすれば、どのようにして適性のある看護師を発掘・養成してゆくかは国家的プロジェクトに値する大問題である。人間としての患者のすべての動静を観察し的確な処置を心から行いうる人間作りに必要なのは、世のIT化によって希薄になりつつあるアナログ感覚を取り戻す倫理教育であり、ゲーム・パソコンの爆発的普及で蔓延化しているバーチャルワールドから、生身の人間とコミュニケートするリアルワールドへの回帰の観念の確立、世界的教育者であるペスタロッチの言う、教える⇔学ぶ意味の再確認、体験学習・職業体験の機会の付与などである。

③家庭教育

現状（少子高齢化、核家族化）を踏まえたうえでの、コミュニケーション能力の養成が必要になる。家庭は、子供にとって最初の社会教育の場であるから。そこでは、人が人を好きになることの意味、人が人を受け容れることの意味を体感できる家庭を作り、本当の優しさを学んで欲しい。その価値を決めるのは相手なのだと感じることで。そのためには、ほとんど偶然に親になった親が職業としての"親業"を学ぶ機会も必要になろう。国の母子（父子）保健施策の一環で即可能である。次から次へと子供は生まれるのであるから、家庭教育こそ応急処置が必要なのである。"三つ子の魂百まで"、これはこと看護師養成教育に限って言えるものではないが。

④社会教育（①②以外）の現場

生命倫理観とはこうあるべきだという基準はない。ただ、患者に対してどうあるべきかという意味において、正しい倫理的価値観としての生命倫理観は構築すべきであろう。とはいえ、個人の宗教観、文化観、習慣などによってその獲得過程は様々であり、画一的に概念化ができる代物ではない。死が不可避で、親がそれ以上の処置を望まない乳児に対し

て、徒労に終わるであろう最高水準のスパゲティ症候群的医療を施すことは、明らかに生命倫理観に反する。これは一例であるが、様々な事例を通してコンセンサスをとり、あるべき生命倫理観を作り上げることは、人間としての看護師の義務である。まちの保健室構想実現を待たずに、看護師が病院を出て地域社会で生命倫理観の普及啓蒙活動に参加できるよう法整備すべきである。

【展望】

　これまでの考察を整理してみる。看護行為とは、善良なる管理者としての注意義務を果たすことで、この注意義務の履行にあたっては人間としての正しい生命倫理観に根ざしていることが要求された。この生命倫理観は、基本的生活習慣のある家庭で萌芽し、様々な体験学習を通して開花し、看護とは経験科学でもあると認識されることで結実するにいたる。経験科学としての看護を、看護師は、患者のそばで心身両面の生活を24時間支援することで実践することから、看護師には医師以上の人格が要求される（見藤説）のは当然ではあるが、その責務性は重大である。考えてみれば、ターミナルケアにおいて医師よりも鋭い感性を発揮できたりする看護師が存在することがその証左である。この人格の中味こそが、患者を自己と同一視できる力であり、患者の目線と同じ目線で向き合い、何を訴えようとしているかを、行間を読むように心で聴く力、つまり看護力なのである。

　この看護力をもってすれば、もうこれ以上頑張れない状況にいる患者の思い、感じ、訴えを受容し、共感し合えることで、患者の中にkatharsis（カタルシス）が生じる。患者の家族に対するケアにおいても同様のことがいえる。対応する看護師もこの浄化の経験がなければ、患者と同じ視座には立ちにくい。そこで、たとえばエンカウンターグループなどのワークショップなどに積極的に出かけ自己開発の研鑽を積むことが肝要になる。

　患者に対する水平の視座とは、まさに同じ目線で語り合うことである。正しい生命倫理観に裏打ちされた看護行為には非がない。これは法律以前の問題であり、そもそも事実行為である看護行為に法律が介入する余地などなかったはずである。しかし、明治維新以後、新たな文明を手に入れた日本人は、すべての事象を法律で解明しようとした。医学の分野においても、看護の分野においても同様であった。確かに拗れた人間関係を修復したり、財産関係を安定化させたりするためには法律は必要かもしれない。否むしろ、悲しいかな法律がなければ社会生活は営めなくなっているのが実情だ。医療現場において職業人としての看護師が患者と同じ視座で誠心誠意を尽くして看護行為を行い所期の目的を達成するのであれば、事故は未然に防げるし、法的手段を用いずともほとんどの場合は解決できる。正しい倫理観はそっくりそのまま法律たりえるのだ。

　看護師教育の専門基礎分野は、国家試験のための保健医療福祉分野の知識の詰め込みに

終始せず、いかにすれば注意義務を果たせるのかを学ぶ看護事故防止法を看護倫理観とともに学ぶ機会にすべきである。現実には、看護職養成校では大学、短大、専門学校を問わず、法と倫理を学ぶ機会が1年間（1年未満）で、しかもそれぞれを別々に学んでいる。展望とすれば、法と倫理は入学直後と卒業直前でそれぞれ1年間位は学び、自己啓発を繰り返してゆく必要がある。―現に1年次で課すところもあれば、最終学年次で課すところもある。また、自分探しのワークショップは、履修必修単位として設定すべきであろう。

　現役の看護職には、sabbatical yearの特典を付与し、様々な規模・形態の医療機関及び行政機関での研修を通して、あるいは"看護教育機構"での看護事故防止法の単位取得を義務付けたり、生命倫理観の習得・醸成、スキル向上を図るべきである。なお、これら実現の暁には、免許更新制度を導入したり、開業権を付与したりといった看護制度も含めた医療制度の大幅な改革もすべきであろう。

【彷徨】

　これまで、意識の根底にある思いを実現する方策について述べてきたが集約すれば、正しい生命倫理観を身につけ、看護師に課せられた注意義務を患者のニーズに合わせて履行することであるといえる。したがって、思い（看護行為の範疇の理解―どこまでが求められる行為なのか）を実現する困難さも、思いが実現できない困難さ（例えば医師の指示に疑念を抱いたときに従順であるべきなのか。拒否、反論のいずれかの行動選択はできないのか。）も同価値だとすれば、後者を解消することが看護師に課せられた当面のミッションであろう。

　看護師の主体性の確立に必要なのは、「自分が好きで、それ以上に人が好き」であることと、「それが故に何をすべきかを感じ、行動に移すエネルギーを持つこと」である。そのエネルギーこそが、motivationであり、 positive thinkingである。倫理の壁を求めながら彷徨うと、時に法律の壁にぶつかることもあろう。倫理の許容力の大きさに自分の意識がついていかず、看護行為の存在を規定する法律の理不尽さに涙するときもあろう。しかし、絶えず思いを実現することをやめないで前向きに考えることは、むしろ思いの中で法と倫理を乖離させるのではなく、融合することにつながる。安楽死か否か認識できない現場で、医師の行なう安楽死行為を制止できなかった看護師の思いはさぞ無念極まりなかったはずだが、もう一歩踏み出すことが今後は求められる。仮に法的責任を問われる事態に発展したとしても。捨てなければ得られないとは聖書のことばだが、毒キノコを最初に食べた人には勇気があった。おかげで安全なおいしいキノコで免疫力を高めることができるのであるから。これまでみてきた法律も実はキノコ同様生き物なのです。時間の流れによって、変化するものなのです。つまり、現存する法律は決して無欠陥ではないし、論理

的に完結しているものでもない。ならば、よりよいものを求めてゆくことは現在を生きる
者の義務でもある。　　　　　　　　　　　　　　　　　　　　　　　　　　　　以上

（参考文献）

見藤隆子「人を育てる看護教育」（医学書院）青木幸昌他「緩和医療のすすめ」（最新医学社）
川島みどり「看護の自立」（勁草書房）良村貞子「アメリカにおける医療過誤と看護婦の責任」
（北大図書刊行会）

第7編　資料集

1－1　世界白地図
1－2　婚姻届
1－3　離婚届
1－4　妊娠届出書
1－5　死産届
1－6　死産証書（死胎検案書）
1－7　出生届
1－8　終末期医療に関する要望書
1－9　死亡届・死亡診断書（死体検案書）
1－10　輸血拒否と免責に関する証明書

2－1　国家試験願書（共通）
2－2　看護師国家試験受験写真用台紙
2－3　保健師免許申請書
2－4　助産師免許申請書
2－5　看護師免許申請書
2－6　診断書（免許申請時　共通）
2－7　業務従事者届
2－8　籍（名簿）登録抹消（消除）申請書
2－9　臓器移植記録書

3－1　生活保護申請書

1－1　世界白地図

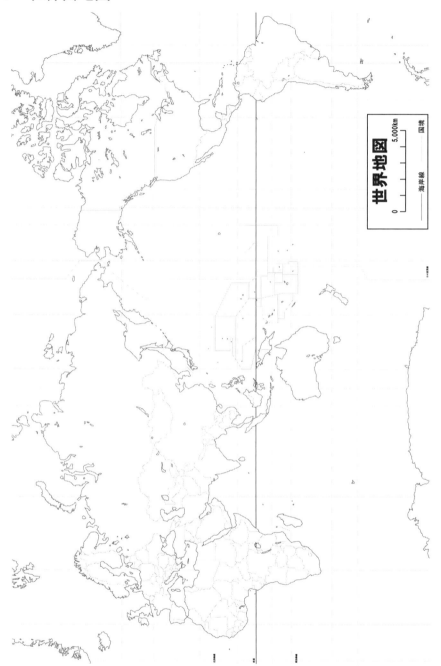

世界地図

—— 海岸線　　5,000km
—— 国境
0

1－2　婚姻届

婚姻届の記入例・様式

記入の注意

鉛筆や消えやすいインキで書かないでください。

この届は、あらかじめ用意して、結婚式をあげる日または同居を始める日に出すようにしてください。その日が日曜日や祝日でも届けることができます。

札幌市内の区役所に届け出る場合、届書は1通でけっこうです。（その他のところに届け出る場合は、直接、郵送、提出先にお確かめください。）

この届書を本籍地でない役場に出すときは、戸籍謄本または戸籍全部事項証明書が必要です。

→「署名の氏名」には、戸籍のはじめに記載されている人の氏名を書いてください。

→□には、あてはまるものに✓のようにしるしをつけてください。まだ戸籍の筆頭者となっていない場合は、新しい戸籍がつくられますので、希望する本籍を書いてください。

外国人と婚姻する人が、まだ戸籍の筆頭者となっていない場合には、新しい戸籍がつくられますので、希望する本籍を書いてください。

→再婚のときは、直前の婚姻について書いてください。
内縁のものはふくまれません。

届け出られた事項は、人口動態調査（統計法に基づく基幹統計調査、厚生労働省所管）にも用いられます。

婚姻によって、住所や世帯主が変わる方は、あらたに住所変更届、世帯主変更届の手続きが必要となりますので、ご注意ください。

なお、婚姻と同時にこれらの届を出すときは、住所、世帯主欄は、変更後の住所、世帯主を書いてください。

就業時間以外（土曜日、日曜日、祝日等）の住民異動届は受け付できませんので後日届出願います。

日中連絡のとれるところ
電話（　　）
自宅・勤務先・呼出（　　　方）

● 署名は必ず本人が自署してください。
● 印は各自別々の印を押してください。
● 届出のとき持参するもの
　①夫・妻の戸籍謄本または戸籍全部事項証明書　各1通
　　（札幌市の区役所に届け出る場合、札幌市に本籍がある方については必要ありません）
　②夫・妻の印鑑

婚姻届

平成　年　月　日届出
　　　　　　　長　殿

受理 平成 年 月 日 第 号	発送 平成 年 月 日 長 印
送付 平成 年 月 日 第 号	通
書類調査 戸籍記載 記載調査 調査票 附票 住民票 通知	

	夫になる人	妻になる人
(1) 氏名 （よみかた）	氏　名	氏　名
生年月日	年 月 日	年 月 日
(2) 住所（住民登録をしているところ）	番地 番 号　世帯主の氏名	番地 番 号　世帯主の氏名
(3) 本籍（外国人のときは国籍だけを書いてください）	番地 番　筆頭者の氏名	番地 番　筆頭者の氏名
父母の氏名 父母との続き柄	父　母　続き柄 男	父　母　続き柄 女
(4) 婚姻後の夫婦の氏・新しい本籍	□夫の氏 □妻の氏　新本籍　　番地 番	
(5) 同居を始めたとき	年 月（結婚式をあげたとき、または、同居を始めたときのうち早いほうを書いてください）	
(6) 初婚・再婚の別	□初婚 □再婚 〔□死別 □離別 年 月 日〕	□初婚 □再婚 〔□死別 □離別 年 月 日〕
(7) 同居を始める前の夫婦のそれぞれの世帯のおもな仕事と	1.農業だけまたは農業とその他の仕事を持っている世帯 2.自由業・商工業・サービス業等を個人で経営している世帯 3.企業・個人商店等（官公庁は除く）の常用勤労者世帯で勤め先の従業者数が1人から99人までの世帯 4.3にあてはまらない常用勤労者世帯及び会社団体の役員の世帯 5.1から4にあてはまらないその他の仕事をしている者のいる世帯 6.仕事をしている者のいない世帯	
(8) 夫妻の職業	（国勢調査の年…　年の4月1日から翌年3月31日までに届出をするときだけ書いてください） 夫の職業　　　　　　妻の職業	
その他		
届出人署名押印	夫　　　　　　印　　妻　　　　　　印	
事件簿番号		

	住定 年 月 日
夫	・　　・
妻	・　　・

字訂正 字加入 字削除	届出印

証　人

署名押印	名 印	名 印
生年月日	年 月 日	年 月 日
住所	番地 番 号	番地 番 号
本籍	番地 番	番地 番

1－3　離婚届

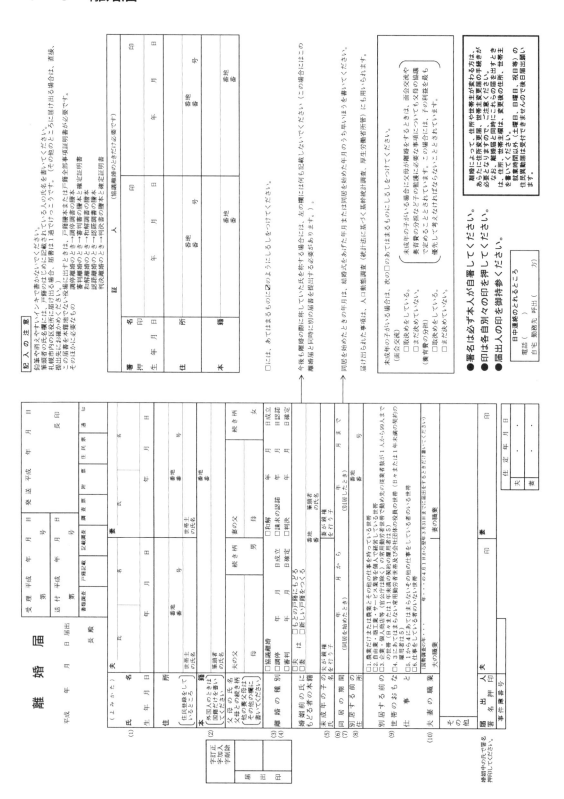

1－4　妊娠届出書

妊　娠　届　出　書

◆妊娠・出産等について後日、堺市から様子をお伺いする場合もありますので、ご理解の程よろしくお願いします。
◆ご記入いただいた内容については、健康・育児相談、乳児家庭全戸訪問、その他子育て支援業務に使用することがあります。

注意　届出人氏名を妊婦本人が自書する場合は、押印を省略することができます。

個人番号												

フリガナ											姓と名の間は1マスあけ、濁点は1マス使ってください。

妊婦氏名		職業	

生年月日 （右詰め）	昭和・平成・西暦 □□□□ 年 □□ 月 □□ 日 （　　　歳　）

居住地	堺市　　　　区

世帯主氏名		電話（左詰め） ※－（ハイフン）は省略	
続柄		妊娠の診断を受けた 医療機関	
妊娠週数 （右詰め）	□□ 週　（　　　か月　）	医師および助産師の 氏名	

分娩予定日 （右詰め）	平成・西暦 □□□□ 年 □□ 月 □□ 日

性病に関して、今までに健康診断を受けたことがありますか。	ある（　　年　月頃）・ない	妊娠回数 （今回の妊娠を含む）	□回
結核に関して、今までに健康診断を受けたことがありますか。	ある（　　年　月頃）・ない	子どもの数 （胎児は含まない）	□人

上記のとおり届出します。平成・西暦 □□□□ 年 □□ 月 □□ 日

堺市長殿　　　　　　　　　　　　　　　　届出人氏名　　　　　　　　　　㊞

併せて、母子保健法第13条の規定に基づき堺市が実施する妊婦に対する健康診査の受診票の交付を申請（□する／□しない）。

◆堺市では妊娠中からあなたの子育て支援を行っています。答えられる範囲で以下の項目に○か☑をご記入ください

★窓口に来られた方は妊婦さんの（　本人　・　夫　・　その他　〔続柄　　　　　　〕）

1. 妊娠して今の気持ちはいかがですか。　　　　　□ うれしい　□ 不安　　□ とまどいがある　　□ その他
2. 出産する医療機関は決まっていますか。　　　　□ はい（医療機関名：　　　　　　　　）　□ いいえ
3. 現在、妊娠は順調ですか。　　　　　　　　　　□ はい　□ いいえ { □ 高血圧症候群　　　　　　　　　　　　　　　　　　　　　　　　　　　　　　　　　　　　□ 産婦人科的合併症　　□ その他
4. 妊娠以外で継続的に医療機関に通院していますか。　□ いいえ　□ はい（疾患名：　　　　　　　　　）
5. 現在、アルコールは飲んでいますか。　　　　　□ いいえ　□ はい（　　　　　　　本・合／日くらい）
6. 現在、たばこは吸いますか。　　　　　　　　　□ いいえ　□ はい（　　　　　　　　本／日くらい）
7. 同居の方は、たばこを吸いますか。　　　　　　□ いいえ　□ はい（夫・実父・実母・義父・義母・その他　）
8. 今まで、こころの不調で受診したことがありますか。　□ いいえ　□ はい（　　　　　　　　　　　　　）
9. 妊娠中から産後にかけて援助してくれる人がいますか。　□ はい（夫・実父・実母・義父・義母・その他）　□ いいえ
10. 経済的な不安はありますか。　　　　　　　　　□ いいえ　□ はい（　　　　　　　　　　　　　　）
11. 出産時、里帰り出産する予定はありますか。　　□ いいえ　□ はい（連絡先：　　　　　　　　　　）
12. 近々、転居の予定がありますか。　　　　　　　□ いいえ　□ はい（転居先：　　　　　　　　　　　）
13. 妊娠、出産、育児について困っていること、相談したいことがありましたらご記入ください。

14. 過去1年間で歯科検診を受けたことがありますか？　□ はい　　□ いいえ　　　　面 □　　　F □

手帳交付番号	妊婦受診票交付番号	
□□□ ～ □□□	□□□□	□□□□□□

受付担当	番号確認：個□　通□　住□　住証□　住基□　　　　　代理人有□
	本人確認1つ：個□　運□　パ□　手帳（身・精・療）□　在□　他□
	2つ：保険□　年手□　児扶□　特児扶□　他□

H29.3　子育成　9,200枚

1－5　死産届、1－6　死産証書（死胎検案書）

1－7　出生届

出生証明書について

出生を証する書面としては、原則として外国官公署の発行する出生登録証明書を添えて出していただきますが、外国の証明書には翻訳者を明らかにした訳文を添付してください。

ただし、医師の作成する出生証明書であっても差し支えありません。なお、医師が日本語で記入することができるときは、下記の出生証明書欄を使用しても差し支えありません。

記入の注意

1. 届書はすべて日本字で書いてください。また鉛筆や消えやすいインキで書かないでください。
2. 子が生まれた日からかぞえて3か月以内に出生届の大使館又は、(総)領事館に出してください。
3. 外国で生まれ、出生によって外国の国籍をも取得した子について、日本国籍を留保しようとするときは、3か月以内に届出を行わないと日本国籍を留保できなくなりますので、届出が遅れないよう特に注意してください。この場合は、必ず父又は母(又はその法定代理人)が「日本国籍を留保する」欄に署名してください。
4. 子の名は常用漢字、人名用漢字、かたかな、ひらがなで書いてください。
5. よみかたは左横書きで、子の名については片かなで書いてください。
6. 生まれたところは、生まれたときに戸籍に書いてあるところを書いてください。
7. 父母の本籍は、届出のときに戸籍に書いてあるところを書いてください。

出生証明書

		子の氏名				男女の別	1男　2女
(10)		生まれたとき	平成　年　月　日	午前　午後　時　分			
		生まれたところ及びその種別	1病院　2診療所　3助産所　4自宅　5その他				
			番地　番　号				
		出生したところの種別1〜3施設の名称					
(11)		体重及び身長	体重　グラム		身長　センチメートル		
(12)		単胎・多胎の別	1単胎　2多胎(　子中第　子)				
(13)		母の氏名		妊娠週数　満　週			
(14)		この母の出生した子の数	出生子(この出生子及び出生後に死亡した子を含む)　死産児(妊娠満22週以後)　人　胎				
(15)			上記のとおり証明する。				
		1医師　2助産師　3その他	平成　年　月　日				
			(住所)　番地　番　号				
			(氏名)　印				

出生証明書記入の注意

1. 夜の12時は「午前0時」、昼の12時は「午後0時」と書いてください。
2. 出生証明書(11)欄の体重及び身長は、立会者が医師又は助産婦以外の者で、わからなければ記入しなくてもさしつかえありません。
3. 出生証明書(14)欄のこの母の出生した子の数は、当該母又は立会人などから聞いて書いてください。
4. この出生証明書の作成者の順序は、この出生の立会者が医師・助産婦とともに立会った場合は例えば医師については1、2、3の順序に従って書いてください。

1－8　終末期医療に関する要望書

この「要望書」を使用される方へ

◇この「要望書」は、「兵庫・生と死を考える会」の会員の希望により「見本」として作成されました。このまま「コピー」して利用することも可能です。これを参考にして「手書き」で作成することも可能です。

◇「末期状態にある患者の治療行為の中止のためには患者の意思表示が必要である。事前の文書による意思表示は推定的証拠となる」という、1995年3月28日の横浜地裁の判決があります。

◇「要望書」は、本人および2人の証人が署名捺印したものを本人が所持し、そのコピーを家族、友人等に預けておくとともに同様に証人に提示していただくようにお願いしておきます。

◇「要望書」作成の大きな目的は、自分の希望を家族等に正しく伝えておくことですので、内容に関して家族等と話し合っておくことが大切です。「証人」は家族医等に依頼することが勧められます。

◇「要望書」はいつでも破棄・再作成でき、最新のものが効力を持ちます。

兵庫・生と死を考える会
657-0066
神戸市灘区篠原中町1-29-107
TEL & FAX : 078-806-5306
E-mail : seitoshi@portnet.ne.jp
URL : http://www.portnet.ne.jp/~seitoshi/
(事務所は祝祭日以外の火・水・金曜日の10:00～16:00に開いております)

終末期医療に関する要望書

この「要望書」には、私が現在の医学では回復の見込みがない状態になったとき、私に死が迫ったときのための私の要望が述べられています。私は、そのような状態になったときにも、最善の努力を払い一生を人として扱うよう望んでいます。同時に、同僚の皆々様の努力が、この会においてられるものの最後の望みをくみ入れて下さいますようにお願いいたします。

1) 病名・病状について（希望する番号に○、他のものに×をつける）
　1．自分に詳しく知らせて下さい。
　2．家族にだけ詳しく説明して下さい。
　3．＜その他＞（自分の言葉で）

2) 生命の無意味な引き延ばしができないような治療方法は用いないで下さい。ただし、痛みがひどい場合は、あらゆる手段を用いて十分な鎮痛の処置をして下さい。

3) 私が数カ月にわたっているいわゆる植物状態に陥ったとき、私の死を無意味に引き延ばさないで下さい。

＜本人署名＞
　氏　名　　　　　　　印　（　　年　　月　　日　生）
　住　所　〒
　電　話
　署名年月日　　　　　年　　月　　日

この「要望書」は、私が熟慮の上、精神的に健全な時に作成し、署名したものであるということを、下記の二人の証人が証明してくださいます。

＜証人1＞
　氏　名　　　　　　　印　（続柄：　　　　年齢：　　　　）
　住　所　〒
　電　話
　署名年月日　　　　　年　　月　　日

＜証人2＞
　氏　名　　　　　　　印　（続柄：　　　　年齢：　　　　）
　住　所　〒
　電　話
　署名年月日　　　　　年　　月　　日

兵庫・生と死を考える会

1－9　死亡届・死亡診断書（死体検案書）

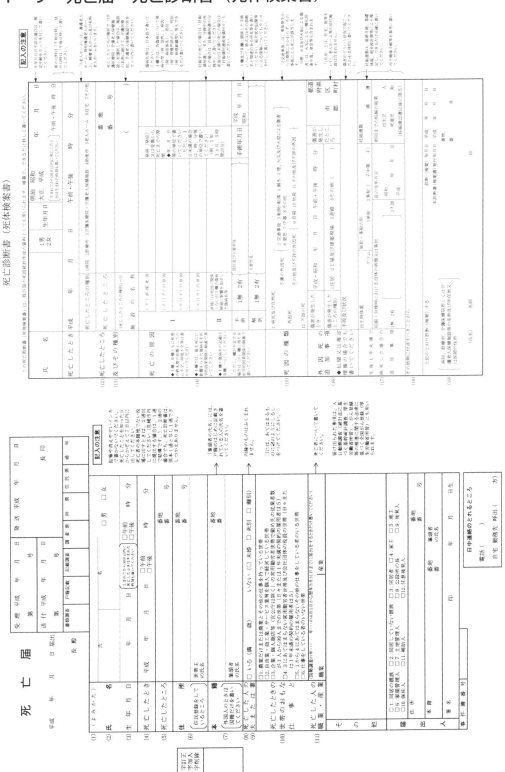

1－10　輸血拒否と免責に関する証明書

（様式1）

輸血拒否と免責に関する証明書（例）

_____（処置、手術など）について

説明日　　　年　　月　　　日

説明者　_____科

主治医（署名）_____

主治医（署名）_____

○○病院長殿

私は、私の健康と適切な治療のため、以下の種類の血液製剤を以下のように輸血する可能性や必要性があることについて説明をうけました。

（血液製剤の種類、投薬量等具体的に記入）

　しかしながら、私は、信仰上の理由に基づき、私の生命や健康にどのような危険性や不利益が生じても、輸血を使用しないよう依頼いたします。

　私は、輸血を拒んだことによって生じるいかなる事態に対しても、担当医を含む関係医療従事者及び病院に対して、一切責任を問いません。

　なお、私が拒む輸血には（○で囲む）、全血、赤血球、白血球、血小板、血漿、自己血（術前貯血式、術中希釈式、術中回収式、術後回収式）、血漿分画製剤（アルブミン、免疫グロブリン、凝固因子製剤、その他 _____ ）があります。

　輸液や血漿増量剤による処置は差し支えありません。

署名日

年　　月　　　日

患者氏名（署名）_____

代理人氏名（署名）_____ 患者との続柄 _____

2−1　国家試験願書（共通）

第二号様式

保健師（助産師、看護師）国家試験願書

| 収　入 |
| 印　紙 |

受験地

本　　　　　　　　籍（国籍）		
住　　　　　　　　所	電話 （　　　）	
ふ　り　が　な 氏　　　　　　　　名		年　　月　　日生
学　　　　　　　　歴 〔中学校若しくは義務教育学校卒業又 は中等教育学校前期課程修了から記 入してください。〕		
職　　　　　　　　歴		

　上記により、保健師（助産師、看護師）国家試験を受験したいので申請します。

　　　　　平成　　　年　　　月　　　日

　　　　　　　　　　　　　　　　　　　　　　　氏　名　　　　　　　印

厚生労働大臣　殿

（注意）　1　用紙の大きさは、日本工業規格A列4番とすること。
　　　　　2　字は、インク、ボールペン等（黒又は青に限る。）を用い、かい書ではつきり
　　　　　　と書くこと。
　　　　　3　収入印紙には、消印をしないこと。
　　　　　4　氏名については、記名押印又は署名のいずれかにより記載すること。

2－2　看護師国家試験受験　写真用台紙

記載上の注意

1. 記入は黒または青のボールペンを用い文字は楷書でていねいに濃く記入すること。ただし、※印欄は記入しないこと。
2. 不動文字は該当するものを○で囲むこと。
3. 合格発表時の住所（合格証書・成績表等の欄）は、変更を認めないので転居等が予想される場合でも、合格証書・成績通知が確実に配達される住所を詳細に記載すること。また、郵便番号は必ず記入すること。
4. 氏名は戸籍（日本の国籍を有しない者は在留カード等）に記載されている文字で正確に記入すること。
5. 日本の国籍を有しない者の生年月日については、西暦で記入すること。
6. 卒業学校・養成所名は省略することなく正確に正式の名称を記入すること。

写真貼付欄
（枠内に貼付のこと）

出願前6か月以内に脱帽して正面から撮影した縦6cm、横4cmのもので、その裏面には撮影年月日及び氏名を明記し、所定の枠内に貼付すること。
（スナップ写真は不可）

平成　　年　　月　　日撮影

本人確認のため運転免許証、パスポート等の本人確認が出来る書類の提示を求める場合があります。

この写真は、受験者本人に相違ないことを証明する。
平成　　年　　月　　日
学校・養成所所長　　　　　　　印

第105回　看護師国家試験受験写真用台紙

本籍地（都道府県名のみ記入すること。）
都道府県

※コード

受験番号

合格発表時の住所（合格証書・成績通知送付先）【都道府県の該当文字を○で囲む。】
〒　□□□-□□□□
都道府県

様方

フ リ ガ ナ		
氏　名	氏　　　名	性別　男　女
生年月日	昭和　平成　　年　　月　　日	
卒業学校・養成所名		
卒業年月	昭和　平成　　年　　月　卒業・卒業見込	
卒業学校番号		

卒業区分　［番号を○で囲む。］
1. 大学　　　2. 短期大学(3年)　　3. 短期大学(2年)　　4. 養成所(3年)
5. 養成所通信制(2年)　6. 通信制(2年)　7. 高等学校専攻科(5年一貫)　8. 高等学校専攻科(5年一貫)
9. EPA(帰国者)　10. EPA(2013年入国)　11. EPA(2014年入国)　12. EPA(2015年入国)
13. EPA(帰国者)　14. EPA(その他)　15. 受験資格認定

◎4枚1組で切離さずに提出すること。

2－3　保健師免許申請書

保健師免許申請手続

有資格者として業務を行うためには、免許申請を行い、厚生労働省で管理する有資格者の籍簿に登録されることが必要です。国家試験合格後、速やかに免許申請を行ってください。

※免状印鑑を行うる前に業務に従事した場合、罰則等の対象となります。免許申請後、登録が完了したか否かについては登録済証明書等で確認してください。

I　免許申請に必要な書類について

(1) 免許申請書（所定の用紙を使用してください）
(2) 診断書（所定の診断書を使用して、発行の日から1ヶ月以内のものを添付してください）
(3) 戸籍の抄本又は謄本（外国籍の方は住民票の写し）

※コピー不可　発行の日から6ヶ月以内のものを添付してください

II　免許申請書の書き方について

III　免許申請書の提出方法について

IV　登録済証明書について

収入印紙
（収入印紙は消印しないでください）

保　健　師　免　許　申　請　書

登録番号

受験地コード　受験番号

本籍（国内のみ）　都道府県
住所　都道府県
ふりがな　氏
氏名
性別　男　女
生年月日　明治・大正・昭和・平成

都道府県の受付印　保健所の受付印

上記により、保健師免許を申請します。

年　月　日

厚生労働大臣　殿

2－4　助産師免許申請書

助産師免許申請手続

有資格者として業務を行うためには、免許申請を行い、厚生労働省で管理する有資格者の籍簿に登録されることが必要です。国家試験合格後、速やかに免許申請を行ってください。

※免許申請を行わず、登録される前に業務に従事した場合、反則処分の対象となりますので、免許申請後、登録が完了したか否かについては登録済証明書等で確認してください。

I　免許申請に必要な書類について

(1) 免許申請書（所定の用紙を使用してください）
(2) 診断書（所定の診断書を使用し、発行の日から1ヶ月以内のものを添付してください）
(3) 住民票の写し（本籍（外国籍の方は国籍）が記載されたもの、個人番号が記載されていないものに限る。）または戸籍抄（謄）本

※ここでいう不可　発行の日から6ヶ月以内のものを添付してください。
※出願後の本籍または氏名の変更を希望する場合は免許証の氏名を（旧姓の併記を希望する場合）

II　免許申請書の書き方について

(1) 当該する不動文字を○印で囲み、数字は右詰で記入してください。
(2) 生年月日については、日本語の場合は平成のみ、外国籍の方は西暦で記入してください。
(3) 氏名欄には住所の写しまたは戸籍抄（謄）本を参照し、本に記載されている文字で正確に記入してください。

III　免許申請書の提出方法について

IV　登録済証明書について

2－5　看護師免許申請書

看護師免許申請手続

看護師として業務を行うためには、免許申請を行い、厚生労働省で管理する有資格者の名簿に登録されることが必要です。国家試験合格後、登録される前に業務に従事した場合、法取消の対象となります。免許申請後、登録が完了したか否かについては登録済証明書等で確認してください。

看護師免許申請書

都道府県

都道府県

厚生労働大臣　殿

厚生労働省の受付印　都道府県の受付印　保健所の受付印

上記により、看護師免許を申請します。

平成　　年　　月　　日

2－6　診断書（免許申請時　共通）

診　断　書　（共通）

氏名		性別	男　女
生年月日	昭和・平成・西暦　　年　　月　　日	年齢	才

上記の者について、下記のとおり診断します。

1. 視覚機能
   目が見えない　□該当しない　□該当する

2. 聴覚機能
   耳が聞こえない　□該当しない　□該当する

3. 音声・言語機能
   口がきけない　□該当しない　□該当する

4. 精神機能
   精神機能の障害　□該当しない　□該当する　□専門家による判断が必要

5. 麻薬又はあへんの中毒
   □なし　□あり

診断年月日	平成　　年　　月　　日		
医師	病院、診療所又は介護老人保健施設等の名称		
	所在地　〒		
	診療科		
	氏名　　　　　　　印	TEL	

【注意事項】
※必ずどちらかに☑を記載してください。
※業務を行うにあたり支障がないと診断した場合は「該当しない」を選択してください。
　なお、既往歴があっても業務を行うにあたり支障がないと診断した場合は「該当しない」を選択してください。
※「該当する」「専門家による判断が必要」の場合の内容は、該当項目に係る診療科の主治医又は専門医にご記載ください。
※委員会の診断書（裏面）をあわせて提出してください。
※診断医師の氏名が自署で記載した場合は、診断医師の印の押印を省略することができます。
※本様式は、保健師免許申請用、医師法に基づいて診断項目は変わるので、注意してください。（様式不問）も可（提出は任意書。）
※障害の状況や合理的配慮について、本人より意見等があれば、別途添付（様式不問）も可（提出は任意書。）

「該当する」「専門家による判断が必要」に☑の場合は、
該当項目に係る診療科の主治医又は専門医が裏面を記載してください。

➡

表面項目の「該当する」「専門家による判断が必要」に☑がついた場合のみ記載。

武面の者について、下記のとおり診断します。

診断名：

1. 現在の具体的な治療内容（治療期間、服薬名及び量）

2. 症状の安定性

3. 補助的又は代替的な手段があればその具体的内容
   ※本人からの聴取を踏まえて記載してください。

4. 業務への支障の程度

5. その他特記事項

診断年月日	平成　　年　　月　　日		
医師	病院、診療所又は介護老人保健施設等の名称		
	所在地　〒		
	診療科		
	氏名　　　　　　　印	TEL	

【注意事項】
※診療科が一致する主治医又は専門医が記載してください。
※診断医師の氏名が自署で記載したものでない場合には、必ず診断医師個人の印を押印してください。（表面の診断書と同一医師による診断の場合は省略可）。

診断書　書式例

診　断　書

氏　名		性　別	男　　女
生年月日	年　　月　　日	年　齢	才

上記の者について、下記のとおり診断します。

1. 精神機能の障害（□にチェックを付けること）
　□　明らかに該当なし
　□　専門家による判断が必要
　（専門家による判断が必要な場合において、診断名及び現に受けている治療の内容並びに現在の状況（できるだけ具体的に記載して下さい。（注1））

2. 麻薬、大麻、あへん若しくは覚せい剤の中毒者ではない。

診断年月日	平成　　年　　月　　日

病院、診療所又は介護老人保健施設等の
　名　称
　所在地
　Tel　（　　　）　　　　　　（注2）
医師の氏名　　　　　　　　　　印
　（注3）

(注1) 精神機能の障害により許可（登録、届出）された業務を適切に行うことができるかを、専門家の意見を聞くにあたって必要な認知、判断及び意思疎通を適切に行うにあたって必要な認知、判断能力を具体的にお書き下さい。

(注2) 必要に応じて、診断書を作成した医師から精神機能の障害の程度・内容をお聞きする場合がありますので、電話番号は必ず記載して下さい。

(注3) 診断医師の氏名欄について、診断医師が自筆で記入したものでない場合には、必ず診断医師の印を押印してください。

2－7　業務従事者届

従事期間等	1　従事期間1年未満（従事開始の理由　ア　新規　イ　再就業　ウ　転職　エ　その他） 2　従事期間1年以上2年未満（従事開始の理由　ア　新規　イ　再就業　ウ　転職　エ　その他） 3　従事期間2年以上
看護師の特定行為研修の修了状況	特定行為研修の修了の有無　　1.有　　2.無 修了した特定行為区分 1　呼吸器（気道確保に係るもの）関連　2　呼吸器（人工呼吸療法に係るもの）関連 3　呼吸器（長期呼吸療法に係るもの）関連　4　循環器関連 5　心嚢ドレーン管理関連　6　胸腔ドレーン管理関連 7　腹腔ドレーン管理関連　8　ろう孔管理関連 9　栄養に係るカテーテル管理（中心静脈カテーテル管理）関連　10　栄養に係るカテーテル管理（末梢留置型中心静脈注射用カテーテル管理）関連 11　創傷管理関連　12　創部ドレーン管理関連 13　動脈血液ガス分析関連　14　透析管理関連 15　栄養及び水分管理に係る薬剤投与関連　16　感染に係る薬剤投与関連 17　血糖コントロールに係る薬剤投与関連　18　術後疼痛管理関連 19　循環動態に係る薬剤投与関連　20　精神及び神経症状に係る薬剤投与関連 21　皮膚損傷に係る薬剤投与関連
備考	

第三号様式（第三十三条関係）

（保健師、助産師、看護師、准看護師）業務従事者届

（　　年12月31日現在）

ふりがな	
氏名	
住所	
性別	1.男　2.女
生年月日	1.平成　2.昭和　3.大正　年　月　日（　歳）

免許の種類

		登録番号	登録年月日
保健師籍	厚生労働省　都道府県	第　　　　号	1.平成　2.昭和　年　月　日
助産師籍	厚生労働省　都道府県	第　　　　号	1.平成　2.昭和　年　月　日
看護師籍	厚生労働省　都道府県	第　　　　号	1.平成　2.昭和　年　月　日
准看護師籍	都道府県	第　　　　号	1.平成　2.昭和　年　月　日

主たる業務　1　保健師業務　2　助産師業務　3　看護師業務

業務に従事する場所

1　病院
2　診療所　（ア　有床　イ　無床　）
3　助産所　（ア　有床　イ　無床　）
　分娩の取扱いあり　（ア　開設者　イ　従事者　ウ　出張のみによる者　）
　分娩の取扱いなし　（ア　開設者　イ　従事者　ウ　出張のみによる者　）
4　訪問看護ステーション　（ア　管理者　イ　従事者　）
5　介護保険施設等
　ア　介護老人保健施設　イ　介護医療院
　ウ　指定介護老人福祉施設（特別養護老人ホーム）　エ　居宅サービス事業所
　オ　居宅介護支援事業所　カ　その他（　　）
6　社会福祉施設　（ア　老人福祉施設　イ　児童福祉施設　ウ　その他　　）
7　保健所、都道府県又は市区町村　（ア　保健所　イ　都道府県（アを除く）　ウ　市区町村（アを除く）　）
8　事業所
9　看護師等学校養成所又は研究機関
10　その他

所在地	都道府県	電話番号　（　　）　－
名称		

雇用形態	1　正規雇用　2　非正規雇用（1又は3に該当しない者）　3　派遣（紹介予定派遣を含む）
常勤換算	1　フルタイム労働者　2　短時間労働者（0.　　）人　　※記入例参照

資料集

資
料
集

(注意)

1　該当する文字又は数字を〇で囲むこと。

2　年齢は、届出年の12月31日現在の満年齢を記載すること。

3　「免許の種別」の欄は、保有する全ての免許について記載すること。

4　「主たる業務」の欄は、保健師免許、助産師免許及び看護師免許のうち2以上の免許を有する場合について、その主たる業務の一つについて記載すること。

5　「業務に従事する場所」の欄は、2以上の場所で業務に従事している場合については、その主たる場所の一つについて記載すること。

6　「3　助産所」の「分娩の取扱いなし」については、分娩の取扱いの実績の有無にかかわらず、現在、分娩の依頼に応ずる体制がある場合は、「分娩の取扱いあり」の項目に記載すること。

7　事業所内に設置された診療所については、「2　診療所」ではなく「8　事業所」に含むものとすること。

8　「5　介護保険施設等」は、「1　病院」、「2　診療所」、及び「4　訪問看護ステーション」に該当するものを除くものとすること。

9　「6　社会福祉施設」は、「1　病院」から「5　介護保険施設等」までに該当するものを除くものとすること。

10　「雇用形態」は、次により記載すること。
・「1　正規雇用」とは、施設が直接雇い入れた者であって、契約期間が限定されていない者を指すこと。
・「2　非正規雇用（1又は3に該当しない者）」とは、パートタイマー、アルバイト、準社員、嘱託、臨時社員など名称にかかわらず、「1　正規雇用」に該当しない者を指すこと（紹介予定派遣を含む。）」
・「3　派遣（紹介予定派遣を含む）」とは、派遣会社から派遣されている者を指すこと。

11　「常勤換算」、「雇用形態」は、次により記載すること。
・「1　フルタイム労働者」とは、1週間の所定労働時間が40時間程度（1日8時間・週5日勤務等）の者を指すこと。
・「2　短時間労働者」とは、フルタイム労働者と比較して、1週間の所定労働時間が短い者を指すこと。
また、（　）は常勤換算した数値を記入すること。この場合、小数点以下第2位を四捨五入し、小数点以下第1位まで記入することとするが、0.1に満たない場合は0.1と記入すること。

常勤換算 ＝ 　短時間労働者の1週間当たりの労働時間　
　　　　　　　フルタイム労働者の1週間当たりの所定労働時間

例）フルタイム労働者の1週間の所定労働時間が40時間で、
　　①週2日8時間勤務の場合（アルバイト等）
　　②週5日6時間勤務の場合（育児短時間勤務等）

①8時間×2日
②6時間×5日　＝　①　0.4人
　　40時間　　　　　②　0.8人

12　「従事開始の理由」は、次により記載すること。
・「ア　新規」とは、免許取得後、初めて保健師、助産師、看護師又は准看護師として従事した場合（ただし、2以上の免許を有する場合、最初の免許を取得後に従事した場合とする。）を指すこと。
・「イ　再就業」とは、現在の就業場所に従事開始前1年間に保健師、助産師、看護師又は准看護師として従事していない場合（「ア　新規」を除く。）を指すこと。
・「ウ　転職」とは、現在の就業場所に従事開始前1年間に保健師、助産師、看護師又は准看護師として従事したことがある場合を指すこと。
・「エ　その他」は、「ア　新規」、「イ　再就業」及び「ウ　転職」のいずれにも該当しない場合を指すこと。

13　「看護師の特定行為研修」とは、保健師助産師看護師法（昭和23年法律第203号）第37条の2第2項第4号に規定する研修を指し、同項第3号に規定する特定行為区分（同条同項第2号に規定する特定行為区分）の区分ごとに行うこと。
・「特定行為区分」の欄は、該当する全ての特定行為区分について記載すること。

343

2－8　籍（名簿）登録抹消（消除）申請書

［様式1］

申　立　書

　　　　　　　　籍（名簿）登録抹消（消除）申請にあたり、免許証を添付しなければならないところ、
のため添付した際には、ただちに返納いたします。

当該免許証を発見した際には、ただちに返納いたします。

届出者氏名

平成　　年　　月　　日

厚生労働大臣　　殿

［様式2］

遅　延　理　由　書

　　　　　　　　（登録名氏名）は、平成　　年　　月　　日（生亡を不知・失念・
）のため、今日まで遅延いたしま
に申請しなければならないところ、（法令を不知・失念・　　　　　　　　）のため、今日まで遅延いたしました。

届出者氏名

平成　　年　　月　　日

厚生労働大臣　　殿

籍（名簿）登録抹消（消除）申請手続

I　籍（名簿）登録抹消（消除）申請に必要な書類について

(1) 籍（名簿）登録抹消（消除）申請書（所定の用紙を使用してください）
(2) 死亡又は失踪による場合、死亡又は失踪宣告を受けたことを証する書類
　　（死亡診断書、死体検案書又は戸籍抄（謄）本若しくは失踪宣告を証明らかにする書類）
(3) 免許証の原本（添付できない場合は申立書［上記様式1］）
(4) 提出期限（変更を生じた日から起算して30日以内）を経過している場合は、遅延理由書［上記様
　　式2］

II　籍（名簿）登録抹消（消除）申請書の書き方について

(1) 該当する不動文字を○で囲み、数字は右側につめて記入してください。
(2) 登録者の氏名は免許証に記載されている文字を用いて記入してください。
(3) 生年月日について、日本国籍の方は元号、外国籍の方は西暦で記入してください。
(4) 外国籍の方は本籍欄に国籍を記入してください。
(5) 氏名及び続柄については、申請者の住所、氏名及び続柄を記入してください。
(6) 申請年月日については、下欄の右側に元号を記入してください。

III　籍（名簿）登録抹消（消除）申請書の提出方法について

上記から、籍（名簿）登録抹消（消除）申請書、死亡又は失踪を証する書類、免許証の原本をそろえ、右
上部のホチキス位置で留め、住所地を管轄する保健所に提出してください。
なお、臨床工学技士・表数委員名簿についての書類を管轄で学生労働省に郵送してください。

令和中に関する個人情報は、資料制度適正化に利用します。

抹消（消除）年月日

籍（名簿）登録抹消（消除）申請書

（職種）

登録番号	第		号	登録年月日	明治　大正　昭和　平成　　年　　月　　日

本籍（国籍）		都道府県

ふりがな	（氏）	（名）
登録者の氏名		

登録者の生年月日	明治　大正　昭和　平成　西暦　　年　　月　　日

抹消（消除）理由の生じた年月日	昭和　平成　　年　　月　　日

抹消（消除）理由	死亡・失踪・その他

上記により、　　籍（名簿）の登録を抹消（消除）して申請します。
免許証及び関係書類を添えて申請いたく。

平成　　年　　月　　日

住所		都道府県
氏名		
電話	（　　）	

厚生労働大臣　　殿

厚生労働省の受付印	都道府県の受付印	保健所の受付印	
		都道府県コード	
		続柄	

2－9 臓器移植記録書

感染症検査（HIV抗体、HTLV-I抗体、HBs抗原、HCV抗体など）

HIV抗体 （ ＋ ・ － ・ ± ・ 未 ）
HTLV-I抗体 （ ＋ ・ － ・ ± ・ 未 ）
HBs抗原 （ ＋ ・ － ・ ± ・ 未 ）
HCV抗体 （ ＋ ・ － ・ ± ・ 未 ）

その他の検査の結果

移植を行うことに承諾がある （ 承諾がある ・ 承諾がない ）

承諾者の氏名
住所
移植を受けた者との続柄

臓器のあっせんを行った者

氏名 公益社団法人 日本臓器移植ネットワーク
住所 〒108-0022 東京都港区海岸3-26-1 バーク芝浦

移植医が特に必要と認めた事項

記録作成日 年 月 日 記録作成者（移植医） 氏名 印
（記名押印又は自筆署名）

JOTNW?2013.04.01修正

臓 器 移 植 記 録 書

移植を受けた者

氏名
住所
性別
生年月日 年 月 日生

移植日時

移植手術開始日時 年 月 日 午前・午後 時 分
血流再開日時 年 月 日 午前・午後 時 分
移植手術終了日時 年 月 日 午前・午後 時 分

移植が行われた医療機関

名称 所在地
移植医 氏名
住所
（又は所属医療機関の所在地及び名称）

移植した臓器の名称
（左右の別及び部位の別を含む）

移植を行う必要性

移植を受けた者に対する検査の結果

血液学的検査（血液型、HLAタイプなど）
血液型 （ A・B・O・AB ） Rh （ ＋ ・ － ）
HLA A B DR

血液生化学的検査（T-Bil, Alb, GOT, LDH, Cr, BUNなど）
T-Bil mg/dl GOT IU/1 GPT IU/1
LDH IU/1 Alb g/dl
Cr mg/dl BUN mg/dl

JOTNW?2013.04.01修正

3－1　生活保護申請書

生 活 保 護 申 請 書

_____ 年　　　月　　　日

宛先 ＿＿＿＿＿＿＿＿＿＿＿＿ 福祉事務所所長

申請者氏名 ＿＿＿＿＿＿＿＿＿＿＿ ㊞　　　　　　住所 ＿＿＿＿＿＿＿＿＿＿＿＿＿＿

連絡先 ＿＿＿＿＿＿＿＿＿＿＿＿＿＿　　　　要（被）保護者との関係 ＿＿＿＿＿＿＿＿

次の通り生活保護法による保護を申請します。

現住所								
世帯員の名前		氏　名	続柄	性別	生年月日	年齢	職業	健 康 状 態
保護を受けたい理由								
援助者の状況（家族）		氏　名	続柄	年齢	職業	現　住　所		

索　引

［英数字］

ACP ……………………………………… 48
L.M.D（自己決定権）…………………… 30

【あ】

赤ちゃんポスト …………………………… 70
朝日訴訟 …………………………… 60, 198
アスペルガー症候群 …………………… 215
アドボカシー（権利擁護）……… 32, 216, 241
安楽死 …………………… 25, 222, 319

【い】

育児休業介護休業法 …………… 128, 162
育児放棄 …………………………… 203, 234
育成医療の給付 ………………………… 173
医原性自殺防止義務 ………………… 36, 37
医師の指示 ………… 34-37, 40, 51, 98, 111
異常と正常 …………………………… 18
異常妊産婦等の処置禁止 …………… 101, 112
移送費 ……………………………… 180, 181
遺族基礎年金 …………………………… 184
遺族厚生年金 …………………………… 183
一時保護 …………… 201, 213, 218, 244
遺伝子治療 ………………………………… 18
医道審議会 …………………… 82, 89, 125
委任契約 ……………………… 61, 318
医薬品・医療機器等の品質、有効性及び安全
　　性の確保等に関する法律（旧薬事法）
　　……………………………… 126, 150
医療安全 …………………… 45, 47, 96
医療関係職種 …………………………… 149
医療監視員 ……………………………… 148
医療契約 ……………………… 30, 53, 318
医療行為に関する業務関係図 ………… 36
医療事故 …………………… 38, 52, 62, 67

医療提供施設 ……………………… 147, 245
医療提供の理念 ………………………… 147
医療ネグレクト ………………………… 203
医療扶助 ………… 171, 173, 190, 191, 243
医療法 ………… 14, 126, 147, 238, 239, 245
医療保険給付率 ……………… 173, 180, 181
医療保険窓口負担割合 …………………… 8
医療保護施設 ……………………… 190, 243
医療保護入院 …………………………… 138
インフォームドコンセント … 28, 30, 319
インフルエンザ ………………… 142-145

【え】

衛生上危険な行為 ……………………… 98
エックス線写真 ………………………… 238
エンゼルプラン ………………………… 199
エンバーミング ………………………… 48

【お】

応急入院 ………………………………… 138
応招義務 ……………………… 101, 112

【か】

解雇制限 ………………………………… 159
解雇の予告 ……………………………… 159
戒告 …………… 10, 55, 73, 78, 80, 83, 113
介護給付 …………… 138, 182, 185, 239, 240
介護認定審査会 ………………………… 182
介護扶助 …………………… 171, 173, 190
介護放棄 ………………………………… 234
介護保険審査会 ………………………… 182
介護保険の申請手続き ……………… 182, 188
介護保険法 ……… 7, 9, 43, 56, 124, 127, 172, 182,
　　　　　　　186, 199, 239-242, 245
介護医療院 ……………… 147, 224, 239, 245
介護療養型医療施設 ……………… 224, 239
介護老人福祉施設 ……………… 223, 239, 240

介護老人保健施設 …………… 147, 224, 239, 245
各科診療日誌 ……………………………… 238
学習障害 …………………………………… 215
学校教育法 ……… 7, 69, 88, 124, 128, 140, 164
学校保健安全法 ……… 124, 125, 132, 140, 165
環境衛生法 ………………………………… 153
環境基本法 ………………… 58, 128, 141, 156
監護教育権 ………………………………… 202
看護業務 …………………… 96, 99, 115, 116
看護記録 …………………………………… 238
看護行為の意義 ……………………………… 32
看護行為の社会的適合性 …………………… 39
看護行為の法的性格についての考察 ……… 32
看護行為の法的適合性 ……………………… 38
看護行為の倫理的適合性 …………………… 38
看護師等確保推進者 ……… 117-119, 163, 244
看護師等就業協力員 ………………… 117, 163
看護師等の人材確保の促進に関する法律
……… 4, 12, 74, 94, 114, 125, 149, 163, 244
看護師の業務独占 …………………………… 77
看護師の定義 ……………………………… 34, 75
看護の日 …………………………………… 163
間接的安楽死 ………………………………… 25
感染症指定医療機関 ……………………… 143
感染症の種類 ……………………………… 145
感染症の予防及び感染症の患者に対する医療
に関する法律 ………………… 126, 142
感染性廃棄物 ………………………… 15, 154

【き】
企業年金 …………………………………… 183
基本的人権の尊重 ………………… 57, 319
救急救命処置録 …………………………… 238
救命救急センター ………………………… 246
救急病院／救急診療所 …………………… 246
救護施設 …………………… 190, 197, 243
休日等歯科診療所 ………………………… 246

休日夜間急患センター …………………… 246
教育職員免許法 …………………… 128, 165
教育扶助 …………………………………… 190
協会けんぽ〔全国健康保険協会〕………… 180
行政上の責任 ……………………… 52, 53, 55
行政処分 ……… 10, 73, 77, 81, 83, 102, 112, 113
行政処分後の業務再開に関する事項
………………………… 10, 80, 81, 113
行政処分前の意見聴取 ……………………… 79
行政罰 ……………………………………… 68
業務災害 …………………………………… 185
業務従事者届 ……………… 76, 78, 79, 97, 104
業務上過失致死罪 ……………………… 67, 72
業務独占 ………… 4, 10, 67, 95, 96, 111
居所指定権 ………………………………… 202
緊急措置入院 ……………………………… 138
緊急措置入院費用 ………………………… 173

【く】
熊本水俣病事件 …………………… 72, 157
組合管掌保険 ………………… 171, 172, 180
グループホーム ………… 138, 217, 224, 240
グリーフケア ………………………… 48, 282

【け】
経済的虐待 ………………………… 218, 234
刑事責任 ……… 52, 53, 55, 81, 101, 219, 319
刑事責任年齢 ……………………………… 70
刑事罰 …………………………… 101, 104
軽費老人ホーム（A型）………………… 242
軽費老人ホーム（B型）………………… 242
軽費老人ホーム（ケアハウス）………… 242
結核患児 …………………………………… 173
結核登録票 ………………………………… 238
検疫法 …………………………… 126, 146
健康管理手帳 ………………… 160, 238
健康増進法 ……… 58, 98, 125, 132, 133,

172, 181, 238

健康手帳 ……………………………… 133, 238

健康で文化的な最低限度の生活 ……… 60, 189

健康保険法 ………… 8, 127, 172, 180, 188, 246

検査所見記録 ………………………………… 238

権利能力の始期 ……………………… 6, 16, 62

権利擁護（アドボカシー）……… 32, 216, 241

権利濫用の禁止 ……………………………… 61

【こ】

公害医療手帳 ………………………… 157, 238

公害関係法規 ………………………………… 156

公害健康被害の補償等に関する法律 … 127, 157

高額療養費 …………………………… 180, 181

後期高齢者医療制度

　………………… 5, 7, 9, 136, 172, 179, 181, 199

公共職業安定所〔ハローワーク〕

　………………………… 12, 117, 119, 184

合計特殊出生率 ……………………… 199, 200

後見人 ……………… 137, 202, 203, 207, 223

高次脳機能障害 ……………………………… 215

公序良俗 ……………………………………… 57

更生医療の給付 ……………………………… 173

更生施設 ……………………… 190, 197, 243

厚生年金保険法 …………………… 127, 171, 183

公的扶助 ………………… 169-171, 189, 196

高度救命救急センター ……………………… 246

広汎性発達障害 ……………………………… 215

公費負担 ………………… 137, 138, 173, 182

幸福追求権 ………… 18, 19, 21, 28, 30, 57, 58

高齢社会対策基本法 ……………… 125, 136, 163

高齢者虐待防止法 ………………… 199, 224, 234

高齢者の医療の確保に関する法律

　………………… 8, 125, 136, 172, 181, 200, 238

ゴールドプラン ……………………………… 199

ゴールドプラン 21 …………………………… 199

国民皆保険・皆年金制度 …………………… 198

国民健康保険法 ……… 8, 127, 172, 181, 188, 246

国民年金 ………………………………… 7, 171, 183

国民年金基礎年金 …………………………… 183

国民年金法 …………………………… 127, 171, 184

個人情報保護法 ……………………………… 58

国家公務員等共済組合 ……………… 171, 172

国家試験受験資格 …………………………… 10, 88

後法優越の原理 …………………………… 20, 56

雇用保険の給付の種類 ……………… 171, 184

雇用保険の対象者 …………………………… 184

雇用保険法 ……………… 127, 162, 171, 184, 186

【さ】

再教育研修

　……… 10, 53, 78, 79, 81, 83-85, 94, 107, 113

再教育研修命令 …………………… 81, 112, 113

罪刑法定主義 …………………………… 67, 68

財産管理権 …………………………………… 202

在宅介護支援センター ……………………… 241

裁判例（帝王切開術説明義務違反）………… 29

裁判例（乳房温存療法）……………………… 29

債務不履行責任 ……………… 52, 53, 61, 62

再免許申請 …………………… 10, 77, 80, 81, 113

裁量権 ………………………………………… 28

産前産後の休業 ……………………… 76, 159

３年以内の業務停止

　………………… 10, 53, 55, 73, 78, 83, 113

【し】

資格喪失証明書 ……………………… 180, 183

子宮頸がん予防接種 ………………………… 145

自己決定権（L.M.D）……… 28-30, 57, 58, 319

自己負担割合 ………………… 5, 173, 223

時差出勤制 …………………………………… 161

自殺対策基本法 …………………… 127, 141

死産の届出に関する規程 ………… 6, 16, 24, 126

資質の向上 ………………… 12, 74, 94, 114-116

自傷他害の虞 ………………………………… 138
事情変更の原則 ………………………………… 62
次世代育成支援対策推進法 ………… 127, 163
自然の摂理 ………………………… 19, 21, 57
市町村給付 ……………… 9, 172, 179, 182, 217
市町村健康センター ………………………… 245
失業給付 ………………………………… 171
執行猶予 …………………… 52, 53, 69, 78, 219
失踪の宣告 ……………………………… 63
指定感染症 ……………………………… 142
指定訪問看護ステーション ………………… 136
私的自治の原則 ………………………… 61
児童委員 …………………………… 197, 201
児童家庭支援センター ……………… 202, 243
指導監督 ………………………………… 61
児童（乳幼児）虐待 … 4, 22, 201, 205, 206, 234
児童虐待防止法 ………… 103, 199, 202, 203, 234
児童厚生施設 ……………………… 202, 243
児童自立支援施設 ………………… 202, 243
児童相談所 ……………… 201-205, 208, 234, 243
児童手当 …………………………… 127, 171
児童福祉施設 ……………………… 201-203, 243
児童福祉法 ………… 6, 127, 149, 173, 197, 198,
　　　　　　　　　　　　200, 201, 215, 243
児童扶養手当 ………………… 127, 171, 233
児童養護施設 ……………… 70, 202, 203, 243
社会生活上の事故 ………………… 169, 178, 196
社会手当 …………………………… 169, 171, 196
社会的弱者 ………………… 169, 196, 231, 234
社会的制裁 ……………………………… 53
社会福祉協議会 ………… 197, 198, 232, 243
社会福祉事業 ………………………… 197
社会福祉主事 ……………………… 197, 243
社会福祉の歴史 ……………………… 196
社会福祉法 ………… 57, 127, 197, 198, 243
社会防衛の医療費 …………………… 173
社会保険 ……… 3, 124, 169, 171-173, 178, 179
社会保障（制度）…… 3, 32, 33, 57, 60, 168, 169,
　　　　　　　　　　178, 196, 200, 227, 228, 231
宗教的輸血拒否 ……………………… 30, 31
住宅扶助 ………………………………… 243
宿所提供施設 ……………………… 190, 243
受験資格（国家試験・知事試験）
　　　　　　　　　……… 10, 85-87, 148, 165
授産施設 ……………………… 138, 190, 219, 243
主治医 ……………… 43, 53, 54, 98, 99, 112,
　　　　　　　　　　　182, 188, 219, 246
手術記録 ………………………………… 238
受胎調節の実地指導 ……………… 133, 212
恤救規則 ………………………………… 198
出産育児一時金（家族出産育児一時金）
　　　　　　　　　……………… 180, 181
出産扶助 ………………………………… 190
出生前診断 ……………… 20, 67, 68, 102, 212
受動喫煙防止義務 …………………… 133
守秘義務 ……… 4, 12, 71, 103, 106, 112, 203
守秘義務免責規定 …………………… 213
准看護師の定義 ……………………… 76
障がい ……………… 20, 145, 215, 229, 232, 234
障害基礎年金 ………………………… 184
障害厚生年金 ………………………… 183
障害児福祉手当 ……………………… 171
障害者基本法 ……………… 127, 199, 216
障害者虐待防止センター ………… 218, 234, 244
障害者虐待防止法 …… 103, 216, 218, 234, 244
障害者週間 ……………………………… 216
障害者総合支援法
　　　　… 5, 127, 137, 173, 197, 200, 215-217
紹介状 ………………………………… 238
障害手当金 ……………………………… 183
少子化社会対策基本法 ………… 125, 135, 163
使用者責任 …………………………… 53, 61, 62
照射録 ………………………………… 238
情状酌量 ………………………………… 53

小児慢性特定疾病 ……………………………… 174

傷病手当金 ………………………………… 180, 181

静脈注射 …………… 25, 32, 33, 40, 45, 54, 56

ショートステイ ………………………………… 240

職域保険 …………………………… 171, 172, 179

職業許可権 ……………………………………… 202

助産施設 ……………………… 201, 202, 243

助産師の定義 ………………………………… 75, 95

助産所 ………………… 103, 114, 135, 158, 245

助産録 ………………………… 103, 112, 238

処方箋 ………………………………… 152, 238

私立学校教職員共済組合 ………………… 171, 172

知る権利・知りたくない権利 …… 19, 28, 58, 319

新エンゼルプラン ……………………………… 199

新型インフルエンザ等感染症 …… 142, 143, 146

新感染症 ………………………………… 143, 173

信義誠実の原則 ………………………………… 61

親権 …………………………… 6, 65, 202, 203

親権者 ………………… 65, 69, 137, 207, 234

親権停止 ………………………………………… 30

人工授精（AID AIH） ………………… 19, 21

人工妊娠中絶 …… 6, 14, 15, 19, 69, 102, 133, 212

身上監護権 ……………………………………… 202

心神耗弱者 ………………………………… 69, 220

心神喪失者 …………………………… 69, 219, 220

心神喪失者等医療観察法 ……………………… 219

新生児（新産児） ………… 44, 75, 101, 110, 207

身体障害者 …………… 173, 215, 216, 218, 238

身体障害者手帳 …………………………… 215, 238

身体障害者福祉法 ‥ 127, 198, 200, 215, 218, 238

診療所 …………………… 103, 114, 147, 158, 245

診療の補助 ………… 11, 34-36, 40, 41, 45, 75,
99, 110, 111, 188, 246

診療の補助の法的性格 …… 40, 41, 45, 69, 75, 99

診療録〔カルテ〕 ………………… 42-44, 238

【す】

水痘予防接種 ………………………………… 145

スキルミクス ……………………………………… 32

【せ】

生活扶助 ……………………………… 190, 243

生活扶助の加算 ……………………………… 190

生活保護の 4 原則 …………………………… 189

生活保護の 4 原理 …………………………… 189

生活保護の種類 ……………………………… 171

生活保護法
……… 60, 124, 127, 189, 197, 198, 200, 243

生業扶助 ……………………………… 190, 243

生殖補助医療 ………………………… 4, 19-21, 102

精神科病院 ……………… 137, 224, 245, 246

精神障害者社会復帰促進センター …… 137, 245

精神障害者授産施設 ………………………… 138

精神障害者生活訓練施設 …………………… 138

精神障害者地域生活支援センター ……… 138

精神障害者福祉工場 ………………………… 138

精神障害者福祉ホーム ……………………… 138

精神障害者保健福祉手帳 …………… 138, 215

精神通院医療の給付 ………………………… 173

精神保健及び精神障害者の福祉に関する法律
（精神保健福祉法）……… 125, 137, 173, 215,
216, 219, 238, 245, 246

精神保健指定医 ……………………………… 138

精神保健福祉センター …………… 137, 138, 245

生存権 …………………………… 57, 58, 60, 189

性同一性障害 …………………………………… 21

正当業務行為 …………………………… 67, 104

生命の尊厳 …………………………… 17, 33, 56

生命の萌芽 ……………………………… 13, 16

生命倫理観 ………………………… 21, 38, 320-323

政令指定都市 ………………… 130, 173, 243

籍の登録事項 ……………………………… 78, 79

積極的安楽死 ……………………………… 25, 68

接近禁止命令 …………………………………… 214
絶対的医行為 ……………………………… 36, 75, 99
説明義務 ………………………………………… 28, 29
善良なる管理者としての注意義務
　　　　　………………………… 62, 317, 318, 322

【そ】
臓器移植記録 ………………………………… 24, 238
臓器提供拒否権 ………………………………… 22, 24
臓器摘出条件 …………………………………… 23
臓器の移植に関する法律 …………………… 23, 126
葬祭扶助 ……………………………………… 171, 190
相対的医行為 ……………………………… 36, 37, 99
相対的欠格事由 ………………………………… 77, 79
措置入院 ……………………………………… 138, 173
損害賠償責任 ………………………………… 30, 101
尊厳死 ……………………………………… 26, 222, 319

【た】
退院患者の診療経過要約 …………………… 238
体外受精 ……………………………………… 19
待機児童 ……………………………………… 202
胎児の権利能力 ……………………………… 16, 66
胎児の認知 …………………………………… 17
堕胎罪 ……………………………… 20, 56, 68, 71
男女雇用機会均等法 ………………………… 161

【ち】
地域医療支援病院 …………………………… 245
地域支援事業 ………………………………… 182, 241
地域生活定着支援センター ………………… 216, 244
地域福祉の基本原則 ………………………… 197
地域福祉の担い手 …………………………… 197
地域包括支援センター
　　　　　………………… 182, 223, 224, 234, 241
地域保険 …………………………………… 171, 172, 179
地域保健法 ……………………………… 125, 130, 245

地域密着型サービス ……………… 114, 182, 240
知的障害 ……………………………………… 137, 215
知的障害者 …………………………… 56, 215-217, 238
知的障害者福祉法 ………………… 127, 200, 215
地方公務員等共済組合 …………… 171, 172, 186
着床前診断（出生前診断の適法性）…… 20, 68
注意義務違反 …………………………… 51, 53, 55
注意欠如多動性障害 ………………………… 215
中核市 …………… 131, 173, 197, 232, 243, 245
中絶胎児 ………………………………… 14, 15, 16
懲戒権 ……………………………………… 69, 202, 203
調剤済処方箋 ………………………………… 238

【つ】
通勤災害 ……………………………………… 185
通告 ……………………………………………… 203
通達 ………………………………………… 40, 56, 238

【て】
定期予防接種対象疾病 ……………………… 145
デイサービスセンター ……………………… 240-242
手帳 ……………………………………… 215, 218, 238

【と】
問い合わせ義務 ……………………………… 152
道義的責任 ……………………………… 52, 53, 319
統合失調症 …………………………………… 137, 215
特定感染症指定医療機関 …………………… 143
特定機能病院 ………………………………… 245
特定健康診査 …………………… 98, 133, 136, 181
特定行為の制限 …………………… 34, 98, 99, 112
特定疾病 ……………………… 9, 172, 182, 186, 188
特定非営利活動促進法（NPO法人）… 127, 198
特定保健指導 …………………… 98, 133, 136
特別児童扶養手当 …………………………… 127, 171
特別障害者手当 ……………………………… 171
特別法優先の原理 …………………………… 56, 95

特別養護老人ホーム ………… 197, 223, 239, 242

【な】

ナースセンター ………… 4, 118, 121, 163, 244

内診（行為）……………… 32, 33, 41, 67, 95

難病患者 ……………………………… 5, 215

【に】

入院勧告 ………………………………… 143

入院時食事療養費、入院時生活療養費

…………………………………… 180, 181

乳児 ……… 132, 159, 201, 202, 207, 244, 321

乳児院 …………………………………… 202, 243

乳幼児（児童）虐待

……………… 4, 22, 201, 204-206, 234

任意入院 ………………………………… 138

妊産婦 ……… 101, 158, 190, 201, 202, 207

妊娠満 22 週未満 ………………… 13, 133, 212

認知症高齢者 ……………………………… 4, 224

認知症疾患医療センター ……………… 223, 246

【ね】

ネウボラ ………………………… 208, 209

ネグレクト ………………… 203, 218, 234

【の】

脳死と臓器移植 …………………………… 22

脳死判定拒否権 ………………………… 22, 24

ノーマライゼーション ………………… 216

【は】

肺炎球菌予防接種 ……………………… 145

廃棄物処理法 ……………………… 14, 154

配偶者からの暴力及び被害者の保護に関する

法律（DV 防止法）……………………… 213

配偶者暴力相談支援センター …… 213, 234, 244

パターナリズム ……………………… 38, 39

発達障害者支援法 ………………… 199, 215

バリアフリー …………………………… 216

ハンセン病訴訟 ……………………………… 59

【ひ】

ビー型（Ｂ型）肝炎訴訟 ……………… 151

被災者福祉 ……………………………… 227

被爆者健康手帳 ………………………… 238

秘密漏示 …………………………………… 70

病院 …………… 4, 12, 148, 158, 244

病院日誌 ………………………………… 238

被用者年金一元化法 …………………… 186

品位損失行為 ………… 10, 73, 81, 102, 113

貧困者福祉 ……………………………… 231

【ふ】

福祉三法 ………………………………… 198

福祉六法 …………………………… 198, 200

福祉八法 ………………………………… 199

福祉事務所 …………… 138, 197, 201, 203, 213,

232, 234, 242-244

福祉事務所の査察指導員 ……………… 197, 243

福祉的医療費 …………………………… 173

婦人相談所 ……………………… 213, 244

婦人保護施設 …………………… 197, 244

不妊手術 ………………………… 69, 133, 212

不法行為責任 ………… 30, 52, 53, 62

扶養義務 …………………… 65, 137, 189

【ほ】

保育所 …………………… 162, 201, 202, 243

保育ママ ………………………………… 202

訪問看護（医療保険利用）……………… 186

訪問看護（介護保険利用）……………… 186

訪問看護ステーション ………… 136, 188, 246

訪問看護療養費 ………………… 180, 181, 188

保険外併用療養費 ……………… 180, 181

保健師助産師看護師法上の行政処分
　　　　　　……………… 10, 77-81, 83, 113
保健師助産師看護師法上の刑事処分 ……… 112
保健指導 ……………… 44, 75, 98, 101, 110, 130,
　　　　　　　　　140, 149, 160, 161, 207
保健師の定義 ……………………………… 75, 95
保健所 ……………… 98, 130, 201, 209, 211, 243
保護施設 ………………………………… 190, 217
保護者 ……………… 70, 137, 143, 201-203, 234
保護者規定（保護者制度）………… 137, 219
保護責任者遺棄罪 ………………… 67, 68, 70
保護命令制度 …………………………… 213
母子加算 …………………………… 190, 191, 200
母子休養ホーム ……………………………… 244
母子健康センター ……………………………… 244
母子健康手帳 ……………… 6, 135, 207, 238
母子生活支援施設 …………………… 202, 243
母子福祉センター ……………………………… 244
母子保健法
　　　…… 6, 125, 132, 135, 161, 173, 207, 238, 244
補足性の原理 ……………………………… 189
母体保護法 … 6, 14, 20, 56, 69, 102, 125, 133, 212
墓地埋葬等に関する法律 …………………… 128

【ま】
マターナリズム ……………………………… 38, 39

【み】
民事責任 ………… 52, 53, 55, 62, 81, 101, 319
民生委員（児童委員）………………… 197, 201
民生委員法 …………………………… 127, 198

【む】
無症状病原体保有者 ……………………… 143

【め】
名称使用違反 ……………………… 95, 104, 112

名称独占 ………… 10, 75, 95, 104, 111, 202
免許申請条件 ……………………………… 113
免許の効力発生時期 ……………………… 76
免許の取消し ……… 10, 53, 73, 80, 81, 83, 113

【や】
薬害肝炎救済法 …………………… 126, 151
薬剤師法 ……………… 34, 35, 126, 152, 238
薬事関係法規 ……………………………… 150

【ゆ】
輸血拒否事件 ………………………… 30, 31

【よ】
養育医療 ……………………………… 207
養育医療の給付 ………………………… 173
要介護認定 ……………………… 9, 43, 188
養護教諭 ……………………… 111, 140, 165
養護老人ホーム ………………… 197, 242
幼児 ……………………… 201, 207, 244
要支援認定 ………………………… 9, 43
要保護児童 ……………………… 171, 201, 204
予防給付 ……………………………… 182
予防接種法 ……………… 6, 7, 126, 144, 151

【り】
履行補助者 …………………… 53, 61, 318
離職票 ……………………………… 184
療育医療 ……………………………… 207
療育手帳 ……………………… 56, 215, 238
療育の給付 ……………………………… 173
臨床研修の努力義務 ……………… 10, 74, 94
倫理的責任 ………………………… 53, 319

【ろ】
老人介護支援センター …………… 241, 242
老人短期入所施設 ……………………… 242

老人デイサービスセンター ············· 240, 242

老人福祉センター ································ 242

労働安全衛生法 ················ 128, 158, 160, 238

労働衛生の三管理 ····························· 160

労働基準法 ····················· 6, 7, 128, 158, 185

労働契約 ··· 159

労働時間 ····························· 158, 159, 320

労働者災害補償保険法 ········ 127, 158, 171, 185

労働条件の原則 ································ 158

老齢加算 ··· 190

老齢基礎年金 ································ 7, 184

老齢厚生年金 ···································· 183

老齢福祉年金 ···································· 171

参考文献

・石原　明『法と生命倫理20講　第2版』日本評論社，2000年.

・『社会保障の手引　施策の概要と基礎資料　平成26年2月改訂』中央法規出版，2014年.

・菅野　耕毅『看護事故判例の理論—医事法の研究Ⅳ』信山社，1997年.

・見藤　隆子『シリーズ　看護の原点　人を育てる看護教育』医学書院，1987年.

著者略歴

　前　島　良　弘　　（看護教育研究家）
　　兵庫県宝塚市に生まれる
　　1980年中央大学法学部法律学科卒業
　　現在、看護師養成校非常勤講師（担当：関係法規、社会保障制度論）

主な論文・著作
〔論文〕
　　「医療行為の果たす社会的役割と医療従事者の教育養成制度の法社会学的一考察」
　　　　　　　　　　　　　　　　　　　　　　（JANSP Vol. 2 No. 1 p.85〜p.90）

　　「看護大学の入試にセンター試験採用は妥当か─潜在する有為な看護職予備軍を適正
　　に選抜するために」　　　　　　　　（看護教育2001 Vol. 42 No. 1 p.54〜p.56）

　　「国試対策ゼミナール　社会保障制度と生活者の健康」
　　　　　　　　　　　　　　　　　　　　（Nursing College 2008. 3 p.80〜p.89）

〔著書〕
　　『看護学生必携　看護学生のための法規と社会保障制度』（単著、ふくろう出版、
　　2014（第3版））
　　『看護学生・看護職必携　看護のための法と社会保障制度』（単著、ふくろう出版、
　　2015）

実践版　看護学生・看護職必携

新版 看護を学ぶための法と社会保障制度
—生活者の健康を主体的に支援するために—

2019 年 3 月 25 日　初版発行
2021 年 3 月 25 日　新版発行

著　　者　　前島　良弘

発　　行　　ふくろう出版
　　　　　　〒700-0035　岡山市北区高柳西町 1-23
　　　　　　　　　　　　友野印刷ビル
　　　　　　TEL：086-255-2181
　　　　　　FAX：086-255-6324
　　　　　　http://www.296.jp
　　　　　　e-mail：info@296.jp
　　　　　　振替　01310-8-95147

印刷・製本　　友野印刷株式会社
ISBN978-4-86186-808-5 C3032　©MAEJIMA Yoshihiro 2021

定価はカバーに表示してあります。乱丁・落丁はお取り替えいたします。